나이 들어서야 알게 된다

나이 들어서야 알게 된다
초판발행 | 2020년 06월 25일
편집 | 양재오
번역 | 양재오
발행인 | 박찬우
편집인 | 우현
펴낸곳 | 파랑새미디어

등록번호 | 제313-2006-000085호
서울특별시 마포구 서교동 357-1 서교프라자 318
전화 | 02-333-8311
팩스 | 02-333-8326
메일 | adam3838@naver.com

가격 : 15,000원
ISBN : 979-11-5721-130-2 03230

나이 들어서야 알게 된다

21세기 그리스도인의 눈으로 바라보는

삶과 세상

양재오 편집 · 번역

차례

머리말

　여기에 실린 글은 모두 이른바 새천년이 시작되는 서기 2,000년
이후의 것이다.

　내가 한국외방선교회 사제로 서품 되고 선교사로 타이완(台灣)에
서 살게 된 후, 처음 해야 했던 일은 말을 배우는 일이었다. 나이가
들어 어떤 연유로 다른 문화권에서 새로운 언어를 처음부터 배운
경험이 있는 사람은 그 나이에 낯선 언어를 배우고 익히는 고충을
쉽게 공감할 수 있을 것이다. 그러나 말을 배우는 일에 고충이 따
르는 것만은 아니다. 일정한 시간이 지나면 그 언어문화에 점차 적
응되고 성취감도 느끼게 된다.

　타이완 현지 교회 안팎에서 발행되는 각종 간행물을 구독하는
과정에서, 어떤 때에 눈길이 한 번 더 가는 글을 읽고 그냥 지나치
기 뭣해서, 그러한 글을 한글로 번역하기 시작했고, 그것이 일종의
취미 가운데 하나가 되었다. 다시 말하면 그것이 꼭 그렇게 하지
않으면 안 되는 일이어서가 아니라, 그렇게 함으로써 즐거움을 가
져다주는 일이 된 것이다.

　그러한 글 가운데 어떤 것들은 시의성(時宜性)을 띄었고, 또 어떤
것들은 시의(時宜)와 상관 없는 것들도 있다. 그리고 시의성을 띤
글 가운데서도 시간을 초월하여 여전히 읽고 음미할 만한 가치가
있는 것도 있다.

여기 실린 글은 이처럼 그동안 내 눈길을 끈 글을 번역하여 내 블로그에 올린 것들 가운데서, 지금도 여전히 읽어 볼 만하다고 여기는 것들을 가려서 뽑은 것이다. 편집하는 과정에서 서로 상관이 있는 글을 분류하여 그룹으로 나누었다. 그리고 차례[목차]를 통하여 일목요연하게 분류된 글을 보며, 이 시대의 그리스도인으로서 내 관심사가 자연스레 드러난 것을 볼 수 있는 것도 흥미로운 일이다.

2020년 초여름
타이완 먀오리 퉁뤄 台灣 苗栗 銅鑼에서
양재오 보나벤투라 신부

21세기 그리스도인의 눈으로 바라보는 삶과 세상

I

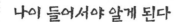

나이 들어서야 알게 된다

　사람은 노년이 되어 생명은 마침내 소진된다는 것을 문득 깨달을 수 있다. 이런 깨달음은 그에게 이전에 해 본 적이 없는 일을 하고 싶게 만든다. 그래서 때로는 심지어 그가 이전에 전혀 생각해보지 못했던 일을 시도하게 한다.

　사람은 노년이 되어 참된 자기 모습을 알게 되고, 비로소 그 자신이 되어, 너그러움과 편안함과 성실한 자세로 자신을 받아들인다.

　사람은 노년이 되어 지난날 동분서주하며 온 힘을 다해 바꾸려했던 것이 다른 것이 아니라, 바로 그 자신이었다는 것을 마침내깨닫는다. 수십 년 세월 따라 바뀌어 온 것은 바로 잠잠히 흐르는물 같은 '마음의 고요'라는 것을 깨닫는다.

　사람은 노년이 되어 수많은 강물이 모두 마침내 큰 바다로 모여든다는 것이 무엇을 말하는 것인지 참되게 깨닫고, 만물이 그 근원인 하나로 돌아간다는 것이 무엇을 말하는지 깨닫는다.

　사람은 노년이 되어 노년은 노년의 풍경이 있고 젊음은 아름다울지라도 그것은 세월 따라 지나가고 빛이 바랜다는 삶의 이치를깨닫기 시작한다. 그리고 그런 가운데서도 변하지 않는 '젊은 마음'은 생명 가운데 변하지 않는 풍경이라는 것을 깨닫는다.

　사람은 노년이 되어 냉정히 결혼과 가정에 대하여 되돌아보게 된다. 그들은 이 세상 남자 마음에 꼭 드는 여자가 없다는 것을, 또한 이 세상 여자 마음에 꼭 드는 남자도 없다는 것을 안다.

사람은 노년이 되어 자신을 위로할 줄 알게 되고, 끝없이 이어질 것 같은 암흑 속에서도 자신을 위하여 스스로 희망의 등불을 켜는 법을 배운다.

사람은 노년이 되어 사람과 세상사를 대하는 일이 과거에 생각했던 것처럼 그리 간단한 일이 아니라는 것을 알게 되어, 다른 사람의 이목을 무시하고, 마음 내키는 대로 일을 처리해서는 안 된다는 것을 안다.

사람은 노년에 접어들며 세상사가 흑과 백으로 뚜렷이 나뉠 수 없는 경우가 있다는 것을 알게 되고, 검은색과 흰색 가운데 일련의 중간색이 있다는 것을 알아가게 된다.

인생은 노년에 이르러 인생에서 성공과 실패, 기쁨과 고통, 영욕 성쇠 모두 강물처럼 그렇게 흘러가 버린다는 것을 깨닫기 시작한다.

인생은 노년에 이르러 어디에선가 온 것은 곧 어디론가 떠나가 버릴 것이기 때문에, 마침내 깊은 물이 고요히 흐르는 이치를 깨달으며 고요함 가운데 머물 줄 알게 된다.

사람은 노년이 되어 노쇠해지는 것이 중년에 시작되는 것이 아니라 생활의 피곤함에서 시작된다는 것을 알아가게 된다.

사람은 노년이 되어 고독·적막·고통·실패가 인생에서 빠질 수 없는 조미료 같은 것이라는 것을 알게 된다. 이에 다른 사람을 잘 대해주는 것이 곧 자신의 인생을 잘 대면하는 것이라는 것을 알게 된다.

사람은 노년이 되면 소년기의 자유분방함이나 청년기의 낭만으로 되돌아갈 수 없음을 알지만, 그 대신 삶과 삶에 대한 다른 차원의 느낌과 깨달음 그리고 이해에 도달하게 된다.

사람은 노년이 되면 어린 시절의 함박웃음과 청년기의 아름다움을 되찾을 수 없지만, 대신 늘 깊은 밤 꿈속의 더듬이로 그것들과 만난다.

사람은 노년이 되면 차분히 자신의 '평범함'을 마주 대할 수 있다. 그들은 누구나 다 성공할 수 없고, 누구나 다 큰 업적을 남길 수 없다는 것을 알게 된다.

그러나 사람이 사람답게 된다는 것은 일생일대의 큰 과업이므로, 오직 스스로 그 성취를 위해 분발했고 노력을 다했다면, 그것이 설령 만족스러운 결실을 가져오지 못했다 한들 어찌하겠는가!

사람은 노년이 되면 마음이 큰 바다와 같이 넓어져 많은 것을 담아내니, 세상만사를 받아들일 수 있고, 마음에 깊이 새겨진 상처의 주인공도 용서할 수 있게 된다.

사람은 노년이 되면 인생에서 가장 실질적인 것, 가장 내재적인 것, 가장 중심이 되는 것이 무엇인지 깨달을 수 있고, 아름다운 꽃과 그 풍부한 결실이 함께 생명의 그물(網) 속에서 삶에 자양분을 주고, 삶을 풍요롭게 하고, 삶을 실현하게 할 수 있다는 것을 깨닫는다.

黃根華가 지은 <等你老了才明白>를 한글로 옮겼다. (2011년6월17일 오후 신주에서)

생각할 시간을 가져라

생각할 시간을 가져라
그것은 힘의 원천이다

기도할 시간을 가져라
그로써 영혼이 위로받는다

웃음을 지어라
그것은 영혼에게 들려주는 음악이다

여가를 내서 놀아라
그것은 젊어지는 비결이다

사랑할 시간을 가져라
그것은 하느님이 베푸시는 특별한 은총이다

독서할 시간을 마련해라
그것은 지혜의 원천이다

사람들과 소통하고 대화할 시간을 가져라
그것은 기쁨의 원천이다.

일에 몰두하라
그것은 성공의 전주곡이다.

선행을 하라
그것은 천국에 들어가는 입장권이다

작자 미상의 금언(金言)으로, 나누고 싶어 한글로 옮겼다. (2009년12월6일 신주
에서)

집에 창문이 없으면

집에 창문이 없으면,
따사로운 햇볕이 집 안으로 들어올 도리가 없고,
신선한 공기 또한 들어올 방법이 없다.

우리네 사람도 그와 같으니,
마음의 창문이 열려 있지 않을 때,
숨이 막힐 듯 답답하다.
마음의 창문이 활짝 열렸을 때,
마음은 소통이 될 수 있고,
마음의 눈은 더욱 맑고 깨끗해진다.

일단 창문이 열리면,
마음의 공간이 확 트이고 밝아져,
우리가 대면하는 일들을 더욱더 투명하게 꿰뚫어 볼 수 있다.

이로써 우리는 비움(室)의 이치를 새롭게 이해할 수 있으며,
있음(有)의 번뇌를 스러지게 할 것이다.

만일 마음의 저변에 있는 비움의 이점을 볼 것 같으면,
그때 당신은 곧 바로 비움의 경지로 비상할 것이다.

<心窓> 台灣: 聞道出版社 編印(主曆 2002年)《聖經記事日曆》에 실린 것을
  한글로 옮겼다. (2002년1월15일 신주에서)

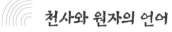

천사와 원자의 언어

무엇이 우리의 마음에 감동을 안겨주고,
무엇이 우리를 미혹하고,
무엇이 우리의 상처받은 마음을 어루만져서 치료해 주는가?

어느 한 순간에 음악은 우리의 영혼을 고양시킬 수 있다. 음악은 우리 마음속에 있는 옳고 그름을 식별하고 판단할 수 있는 천부적인 지능(良知)과 동정심과 사랑을 일깨울 수 있고, 우리 마음을 씻어내어서 우리가 보다 총명한 사람이 될 수 있게 해준다.

음악은 우리 마음의 우울증을 털어낼 수 있으며, 우리 지난 시절의 연인이나 이미 세상을 떠난 친구에 대한 기억을 다시 불러일으킬 수 있다. 음악은 우리 마음 저 깊은 곳에 숨어있는 놀기 좋아하는 어린아이, 기도하는 영혼, 춤추기 좋아하는 세포들을 일깨울 수 있다. 그것은 심지어 중풍을 앓는 이가 다시 언어 표현 능력을 되찾도록 도움을 줄 수도 있다.

음악이 하나의 신성한 공간을 제공하여, 그것을 통하여 우주의 오묘하고 신비로운 전당을 느낄 수 있다. 그것은 아마 우리 마음속에 있는 지극히 단순하고 은밀한 한 모퉁이어서, 아무도 그 깊고 은밀한 곳을 측량해 낼 수 없다.

음악은 식물의 성장을 도울 수 있고, 그것은 우리의 이웃으로 하여금 일손을 놓게 하고, 칭얼대는 아기를 잠들게 할 수 있고, 병사로 하여금 용감하게 전장에 뛰어들게 할 수도 있다.

음악은 사악한 영을 쫓아낼 수 있고, 성모 마리아의 위대함을 찬미할 수 있고, 부처님의 중생제도를 기원할 수 있으며, 영도자의 의지를 낚아챌 수 있으며, 민족의식에 영향을 줄 수도 있다. 그것은 사람의 마음을 미혹시킬 수 있고, 그 마음을 어루만져 줄 수 있고, 더욱이 생명에 새 기운을 불어넣어 줄 수 있고, 한 생명의 장래를 바꾸어 놓을 수도 있다.

음악과 그 효과는 이것에 그치지 않는다. 그것은 하늘과 땅의 소리요, 밀물과 썰물의 소리이며, 폭풍우의 소리인가 하면, 멀리 지나가는 기차가 빠~앙~ 하고 내지르는 기적소리이고, 목수가 나무 토막을 툭~툭 두드리고는 쓱~쓱~ 잘라내는 그 소리이다.

출생에서 죽음에 이르기까지, 심장의 고동에서 상상력이 질주하는 데까지, 생명의 매 순간은 소리와 율동으로 충만해 있다. 음악은 우주 만물의 숨결이요, 천사와 원자의 언어이며, 생명·꿈·영혼과 별들의 결합체이다.

The Mozart Effect: Tapping the Power of Music to Heal the Body, Strengthen the Mind, and Unlock the Creative Spirit(Published by William Morrow Publishers Inc.)의 중국어 역본 林珍如·夏荷立 譯《音樂身心靈療法》(台北: 先覺出版社,1999) 5-6쪽의 번역이다. (2001년 늦가을 타이완 신주에서)

꽃 파는 어느 분이 나에게 말해주었습니다

꽃 파는 어느 분이 나에게 말해주었습니다. 낮에 피는 꽃은 거의 모두 향기가 있답니다. 그런데 그 색깔이 농염하고 아름다울수록 향기는 덜하다네요.

그분의 결론은 이렇습니다. "사람도 똑같아요. 소박(樸素)하고 단순(單純)한 사람일수록 그만큼 그 내면의 향기가 짙습니다."

꽃 파는 어느 분이 나에게 이렇게 말씀하시더군요. "밤에 향기를 내는 것도 실은 낮처럼 향기가 짙지만, 그 냄새를 맡기가 쉽지 않습니다."

그분의 결론은 이렇습니다. "낮에는 사람들의 마음이 너무 들떠 있어서 (그런 들뜬 마음이 가라앉지 않은 상태에서) 밤에 풍기는 향그러운 냄새를 맡지 못하는 것이지요. 만일 누군가 낮에도 그 마음이 차분히 가라앉아서 한낮의 소란스러움과 그 들뜸에서 거리를 유지할 수 있다면, 밤에 풍겨오는 그 향기를 맡을 수 있을 것입니다. 계수나무꽃[桂花]과 칠리향(七里香)은 푹푹 찌는 듯한 여름의 한낮에도 향이 있습니다."

꽃 파는 어느 분이 나에게 말해주었습니다. 이른 아침 연꽃[蓮花]을 살 때는 활짝 핀 것을 고르라더군요!

그분의 결론은 이렇습니다. "아침은 연꽃이 향(香)을 발산하는 가장 적합한 때입니다. 만일 한 송이 연꽃이 아침에 향을 발산하지 않는다면, 아마 점심과 저녁때도 발산하지 않을 것입니다. 우리가 사람을 볼 때도 마찬가지 이치입니다. 한 사람이 젊은 시절에 기개와 의지가 없으면, 중년 혹은 만년이 되어서는 그 의지와 기개를 갖기가 더욱 어렵지요."

꽃 파는 어느 분이 나에게 말씀하시기를, 비싼 꽃일수록 그만큼 쉽게 시들어버린다고 하더군요. 하여, 꽃을 사려는 사람들에게 이렇게 말해주고 싶답니다. "젊은 시절[靑春]을 애틋하게 보듬으세요. 청춘은 제일 보배롭고 소중한 한 송이 꽃이지만, 그만큼 쉽게 시들어버리기 때문이지요."

꽃 파는 어느 분이 나에게 말해주었습니다. "장미꽃은 가시를 가지고 있답니다. 마치 각 사람의 성격 가운데 당신이 참고 받아들이기 어려운 부분이 있듯이 말입니다. 한 송이 장미꽃을 아끼고 사랑한다는 것은 그것의 가시를 제거해버리려 애쓰는 것이 아니랍니다. 그것은 오히려 어떻게 그 가시에 찔려 상처를 입지 않을는지 배우는 것이지요. 그리고 자신의 몸에 있는 가시로 마음으로 사랑하는 사람을 찌르지 않도록 하는 법을 배우는 것이랍니다."

台灣: 聞道出版社 編印 主曆 2002年,《聖經記事日曆》 가운데 있는 <有一位花販告訴我>를 한글로 옮겼다. (2002년1월15일 신주에서)

심미안을 스스로 습득하는 길

우리가 아름다움의 느낌[美感] 곧 심미안을 증진시키려면 예술적 안목을 키우고 그것을 디자인[설계] 할 수 있는 고등교육을 반드시 받아야 한다거나, 미학(美學) 강좌에 참석해야 한다거나, 그 분야에서 뛰어난 전문가가 개설한 교과과정에 꼭 참석해야 한다고 생각한다. 심미안은 고상하고 기품있는 것이어서, 보통 사람이 그러한 것을 획득한다는 것은 매우 요원한 일이라고 여긴다. 심미안은 정말 스스로 습득하고 배양할 수 없다는 말인가? 보통 사람은 생활 가운데서 그러한 미적 감각의 오묘한 맛을 볼 수 없다는 것인가? 만일 고관과 귀족만이 그러한 미적 감각을 지니고 맛볼 수 있다면, 이 세상에서 산다는 것이 참으로 슬픈 일이 아닐 수 없다.

타이완에서 씨엔 플라워(CN Flower)라는 꽃집을 설립한 링종용(凌宗湧)은 중국대륙과 타이완과 홍콩과 마카오를 오가며 활동하는 꽃꽂이 장식 디자이너(Floral Designer)이다. 그는 하얏트 호텔(Hyatt), 아만 호텔(AMAN), 더블유 호텔(W Hotel), 푸춘산쥐(富春山居) 같은 최고급 호텔의 공간과 루이비통(LV), 에르메스(HERMES), 까르띠에(Cartier) 등 이름있는 명품의 디자인 전문가이다. 꽃으로 하는 그의 작품은 일반 예술과 디자인 유파의 경계를 넘어서, 사람들에게 놀라움을 안겨주는 창의력과 생명력이 있다. 그러나 이미 이 분야에서 거장 그룹에 속해 있는 그가 잡화점 가겟집 아들로, 심미안을 기르고 디자인을 할 수 있는 정규 교육과정의 혜택을 받지 못하고, 스스로 그러한 것을 습득하고 배양했다는 것을 많은 사람이 모른다.

　타이베이의 양명산(陽明山)에 있는 씨엔 화원(CN花園)에 가면, 산중에 있는 그의 집을 둘러볼 수 있다. 화로 위에 놓인 구리 항아리에서 끓이는 뜨거운 차와 박하잎 향기가 온 실내를 가득 채우는 그 향기를 맡을 수 있고, 질박하고 단단한 나무로 만든 식탁[테이블]에 놓인 과일과 다과를 볼 수 있다. 실내에 있는 꽃 장식품은 모두 계절 따라 화원과 그 주변에서 자라는 것들에서 채취한 식물이다. 이곳에 유행 따라 플라스틱으로 만든 시들지 않는 그러한 조화는 없다. 열어젖혀 땅바닥에 내려앉은 창과 문은 실내와 실외를 하나로 연결해 주어 대기의 흐름이 흐르게 하고, 테라스에 펼쳐진 침대식 의자에 앉아서 맞은 편에 펼쳐진 산봉우리와 그 위에 흘러가는 뜬 구름을 바라보니, 마치 도연명(陶淵明)이 읊었듯이 "동쪽 울타리 아래 국화를 따서 한가하게 느긋이 남산을 바라본다"(採菊東籬下, 悠然見南山)는 유유자적이 아닐 수 없다. 산중에 있는 집에서 박하향 곁들인 국화차를 마시며 예쁜 다과를 맛보고, 산자락에 있는 죽자호(竹子湖) 위에 드리운 구름을 감상하니, 오전 한나절 자연 한가운데서 그 아름다움으로 속진의 때를 씻어내어, 생기가 돌고 상쾌한 느낌이 든다. 그야말로 이것은 일종의 아름다움으로 구원을 받는 느낌이다.

　링종용은 대학에서 정규 교육을 받지 않은 미학(美學)의 거장이다. 마치 건축계의 안도 타다오(安藤忠雄)와 같다. 그들은 모두 스스로 노력하여 오늘의 결과들을 성취했다. 안도 타다오는 자신이 건축을 공부한 과정을 말했는데, 그 하나는 '독서'이고, 다른 하나는 '여행'이었다. 그래서 그는 "여행이 한 사람을 만들어낸다"고 말한다. 링종용의 독학[自學]의 과정은 대자연(大自然)을 본받는 것이다. 그의 창작은 거의 다 대자연에서 영감(靈感)을 추구하고, 거기서 필요한 답을 얻는다. 그가 출간한 새 책《메이르메이르(每日美日)》가운데서 그의 꽃꽂이 예술 창작(花藝創作)에 대하여 말한다. "꽃꽂이 예술가가 할 수 있는 것은 오직 대지[땅]와 접점을 찾아 접속하는 일이고, 대지와 식물에 대한 직감[직관]에 의거하여, 대자연을 건축물 안으로 들여와, 적합하게 드러내는 일이다."

그가 정규 교육과정 출신이 아니고, 정형화된 기존의 격식과 규정의 제한에 구속받지 않기 때문에, 자연 가운데서 모색하여 자기 자신만의 미학[심미안]을 드러내고, 사람들이 경탄하게 되는 작품을 만들어 낼 수 있는 것이다. 이러한 것은 우리에게 넌지시 뭔가를 말해주고 있는 듯하다. 전통미학(傳統美學) 교육에 있어서 유감스러운 점은 그것이 과도하게 지식의 암기를 중시하거나, 교조적인 미학공식(美學公式)의 구애를 받아, 결국 유명무실한 미학 지식을 가르치고 있을 뿐이어서, 사물의 아름다움을 제대로 감상하는 사람을 이해하지 못하는 결과를 낳으니, 이는 참으로 애석한 일이 아닐 수 없다.

근래에 들어 (타이완의 중화민국) 정부는 전 국민의 미학 수준을 높이겠다는 전망[비젼]을 가지고 미학교육을 장려하기 위하여 부단히 노력한다. (나는 물론 미학 교육을 반대하지 않으나, 다만 미학 교육이 학교 교과과정을 통해서만 이루어져야 한다고 생각하지 않는다.) 우리가 학교에서 미학 과정을 개설하고, 학생들이 미학 과목을 좀 더 많이 공부하면 미학의 질이 높아질 것이라고 생각하는가? 그러나 실제로 꼭 그렇지 않다. 진정한 미학 교육은 반드시 생활 가운데서 길러지고 배양해야 하므로, 학생들에게 아름다운 환경을 제공하고, 그들이 아름다운 사물을 볼 수 있도록 안배해야 하고, 그들의 학습이 시험이나 단지 성적 때문이 아니라, 생활 가운데서 아름다운 사물을 제대로 감상하고 맛볼 수 있도록 해야 한다. 아름다움이 가져다주는 만족감과 기쁨을 제대로 음미할 수 있도록 하여, 이러한 아름다움을 느낄 수 있는 교육[美感教育]이 이루어지는 것이 진정한 성공이다.

잡화점의 아들로서 꽃을 배달하던 아이가 뜻밖에도 꽃꽂이 장식 예술 대가가 되어, (심미안을 기르는) 미학은 스스로 배우고 체득할 수 있다는 것을 증명했다. 예술과 심미안은 어떤 귀족이나 고학력자의 전유물이 아니다. 미학은 학술적인 상아탑 안에만 있는 것이 아니라, 우리의 생활 가운데 두루 실재하는 것이어서, 모든 사람이 다 가지고 누릴 수 있는 것이다.

타이완의 實踐大學 건축설계학과 부교수 李淸志의 글 <美感的自學之路>을 한글로 옮겼다. (2020년 2월 23일 신주에서)

#《메이르 메이르(每日美日)》: 제목에서부터 그 아름다움의 느낌(美感)을 선사하는 2020년 1월에 출간된 이 책의 이름이 매우 인상적이다. 한국인의 한자(漢字) 읽기로는 '매일미일(每日美日)'로 발음되지만, 흔히 보통화(普通話)로 통용되는 만다린 중국어(Mandarin Chinese)로는 '메이르 메이르(每日美日)'로 발음된다. '메이르(每日)'와 '메이르(美日)'— '메이르(每日)'는 사전에 등록된 낱말이지만, '메이르(美日)'는 이 책의 저자가 만든 말(造語)로 보인다. 이처럼 각각 두 글자로 된 낱말이 모양도 서로 비슷하고 시각적으로 대칭을 이루어 보는 즐거움을 더한다. 또한 뜻이 서로 다르지만 두 낱말의 같은 발음을 잘 살린 이 책의 제목은 그 소리의 느낌(音感)도 서로 잘 어울려 청각의 만족감을 준다. '메이르(每日)'와 '메이르(美日)'는 중복되는 발음으로 입에 착 달라 붙고 듣기도 좋은데, 이 책 제목을 영어로 옮기면 《Everyday is a Beautiful Day》가 될 것이다. 한국어로는 《매일 매일 아름다운 날》로 옮길 수 있겠다. 이 책의 제목이 지닌 함의(含義)를 살리면 《어느 하루도 아름답지 않은 날이 없다》가 될 텐데, 한자[중국에가 지닌 간명함과 함축성의 특징을 잘 드러낸 이 책의 제목을 통하여, 저자 링종용(凌宗湧)의 번득이는 기지(機智)와 창의성을 엿보게 된다.

포기 : 그분께 드릴 수 있는 최상의 선물

하느님은 우리가 가진 모든 것을 포기하도록 요청하신다.

우리가 하느님과 세상에 드릴 수 있는
가장 효과 있는 것과 최상의 선물은
우리의 기술이나 선물·각종 능력이나 소유한 그 어떤 것들이 아
니다.

동방에서 온 현인들은 황금과 유향과 몰약을 가지고 있었고,
바오로와 베드로는 설교의 능력을 가지고 있었다.
그러나 마리아는 단지 공간[빈 마음]과 사랑과 믿음을 드렸다.

그리스도께서 이 세상에 가지고 온 것들이
설교와 예술, 저작물과 학문, 사회정의였는가?
그렇다!
그것들은 나눌만한 가치가 있는 것들이다.

그러나 설교자는 그들의 카리스마를 잃어가고,
학문은 현학적이 되어가고,
사회정의만으로는 우리를 구원할 수 없다.

결국 다른 모든 인간의 선물들은 불가피하게

그들의 한계에 직면하게 되는데,

이때 우리는 그녀[마리아]의 삶을 지성소로 만들고,

그곳에서 우리를 구원하는 그리스도[구세주]를 우리에게 선사해 준 하느님의 사랑을 온 마음으로 담아낸 대범한 동정녀[마리아]를 생각하게 된다.

Loretta Ross-Gotta 의 〈The Gift〉를 한글로 옮기고, 제목을 바꾸었다. (2001년 12월10일 신주에서)

하늘을 가득 채운 자녀들

오두막 뜰로 걸어 나와, 나는
하늘을 가로질러 가득 채운
은하수의 거대한 강줄기를 바라보았습니다.
은빛 달이 부드러운 곡선을 따라 펼쳐져 있는
저녁 별들과 함께 남서쪽 하늘에 걸려있네요.

하느님의 자녀들로 가득 채운 저 하늘!
모든 은하수, 모든 별, 살아있는 온갖 피조물, 모든 입자와 양자/
전자들
우리는 모두 조물주의 자녀들
하느님의 형상[모상]대로 지음 받은 그분의 자녀입니다.

어떻게 그러한가에 대하여
창세기는 어떠한 설명도 해주지 않습니다만
우리는 거의 본능적으로 그것이
물리적 형상이 아니라는 것을 알고 있습니다.
하느님의 설명은 다름이 아니라 바로
살을 취하신 하느님
강생하신 예수를 우리에게 보내주신 것입니다.

나에게 강생을 설명하려고 애쓰지 마십시오.
그것은 가장 먼 은하계 안에서도
가장 멀리 있는 별들보다도
설명하기가 더 요원하고 힘듭니다.

그것은 사랑— 바로 완전한 인간이요
완전한 하느님이신 예수 그리스도로서
그분이 인간의 형상을 취하시고
사랑으로 우리와 같은 살을 취하신
무한하신— 하느님의 사랑입니다.

\# Madeleine L'Engle 의 〈A Sky Full of Children〉을 한글로 옮겼다. (2010년 성
  탄절 신주에서)
\# 조물주가 스스로 피조물이 된 기막힌 역설— 그것이 바로 우리가 성탄절에
  기리는 '신앙의 신비'이다. 그 역설의 결정적 동인은 바로 창조를 가능하게
  했던 '사랑'이다. 인간의 일상의 인식과 논리는 그 앞에서 그저 침묵할 뿐이
  다. 하느님! 그분이 바로 이런 분이시다.

21세기 그리스도인의 눈으로 바라보는 삶과 세상

II

랍비의 선물

이것은 전해진 지 아주 오래된 이야기죠. 어디서 들었는지는 이미 기억할 수 없고, 다만 기억하고 있는 것은 하나의 이야기에 대하여 서로 다른 판본(板本)과 다른 표현법이 있다는 것입니다. 그리고 이 이야기와 관련하여 유일하게 변하지 않은 것이 있다면 그것은 제목—〈랍비의 선물〉과 수도회 성쇠(盛衰)의 과정이랍니다. 새해가 시작되는 즈음에, 이 이야기를 선물로 드리며, 이것이 여러분에게 어떤 깨우침을 가져다주고, 동시에 우리와 다른 사람의 관계를 점검하고 다듬어서, 하느님께 영광을 드리게 되기를 희망합니다.

16세기 유럽의 어느 지방에 수도회가 하나 있었는데, 대단히 번창했습니다. 수도회 안에는 경건한 수도자가 많았고, 여러 지방에 수도원을 세웠습니다. 그 가운데 제일 주요한 수도원은 초목이 우거진 아름다운 산림 속에 세워졌고, 많은 수도자가 그곳에서 기도하고, 고요히 묵상에 잠기고, 하느님을 섬겼습니다.

17, 8세기에 일어난 반(反) 수도회 풍조와 수도자를 박해하는 물결이 이 수도회에 충격을 주었습니다. 19세기에 일어난 세속주의는 더더욱 이 수도회의 흡인력을 상실하게 만들어서, 점차 몰락하게 되었지요. 수도자들 가운데 죽을 사람은 죽고, 떠날 사람은 떠나서, 각지의 수도원은 하나 둘 황폐해져 갔습니다. 마지막 남은

그 아름다운 산림 속의 중심 수도원에는 단지 나이 70이 넘은 5명의 수도자만 남아 있었는데, 그들은 이 세상을 하직할 시간이 얼마 남아있지 않고, 갈 곳도 없는 늙은 수사들일 뿐입니다. 보아하니 이 수도원도 폐허가 될 시간이 조만간 다가올 것 같습니다.

이 아름다운 산림의 다른 한 곳에는 작은 나무 오두막이 있는데, 종종 인근 도시에 사는 유대교 랍비가 와서는 며칠씩 은거하곤 했습니다. 수년간 고행을 한 나이 든 수사들은 이미 거의 일종의 영감이 생겨서, 그들은 랍비가 매번 올 때마다 그가 이미 산림 속에 있다는 것을 느끼게 되었고, 서로 가벼운 소리로 말을 건넸습니다. "랍비가 또 왔네. 랍비가 산림 가운데 있군!" 이번에도 그들이 또 이와 같이 말을 전하고 있을 때, 수도원 원장 —지금 수도원의 장래에 대하여 고민하고 있는 노인— 은 한 순간 문득 이런 생각이 떠올랐습니다. "왜 내가 작은 나무 오두막집에 가서 랍비를 방문하지 않지? 그가 나에게 사라져 갈 운명에 처한 이 수도원을 구해 낼 수 있는 어떤 충고를 해줄지도 몰라."

랍비는 수도원장의 방문을 대단히 반겼습니다. 그러나 원장이 방문한 뜻을 밝혔을 때, 늙은 랍비는 원장에게 동정을 표하고는 원장의 뜻을 채울 만한 적절한 충고를 할 수 없다며, 연거푸 미안함만 표시할 뿐이었습니다. 랍비는 이렇게 말합니다. "나는 그것이 어떤 상태인지 알고 있습니다. 사람들은 이미 영성(靈性)을 잃어버렸고, 신앙이 없습니다. 내가 사는 도시도 똑같습니다. 회당에 나오는 사람이 거의 없지요."

늙은 랍비와 늙은 원장은 서로 마주 보고 울었습니다. 그들은 함께 성경 몇 편을 읽고는 안정을 되찾은 뒤, 몇 가지 심오한 문제에 대하여 이야기를 나누었고, 서로 너무 늦게 만난 것을 몹시 아쉬워했습니다. 날은 이미 저물고, 늙은 원장은 부득이 수도원으로 돌아가지 않으면 안 되었지요. 그들은 서로 포옹하며 작별했습니다. "너무 좋군요! 우리가 이렇게 서로 만날 수 있으니, 정말 좋습니다!" 그러자 늙은 원장이 말합니다. "아쉽게도 나는 방문한 목적을 이루지 못했습니다. 정말 당신은 나에게 충고 한마디 해주어서, 내가 곧 사라지게 될 수도원을 구하는 데 도움을 줄 수 없다는 말입니까?"

랍비가 대답합니다. "해줄 말이 없습니다. 정말 미안합니다. 제가 당신에게 해드릴 충고는 없고, 다만 당신에게 한가지는 말할 수 있습니다. 당신들 가운데서 한 사람이 구세주[Messiah]입니다."

늙은 원장은 수도원으로 돌아오자, 오랫동안 기다리던 형제들이 그를 에워싸고는 랍비가 무슨 말을 했는지 곧바로 알고 싶어했습니다. 원장이 대답합니다. "그는 우리를 도울 수 없답니다. 우리는 그저 울고, 함께 성경을 읽었어요. 내가 떠나려 할 때, 그가 나에게 한 가지를 말해주었지요. 조금 신비하고, 조금은 이상한 것인데, 나는 그것이 무슨 뜻인지 모르겠습니다. 그가 말하기를, 우리 가운데 한 명이 구세주라고 합니다."

계속해서 몇 날, 몇 주, 몇 개월, 이 몇 명의 늙은 수사들은 랍비가 한 말이 무슨 특별한 뜻이 있는 것일까 하고 깊이 생각에 잠겼습니다. "여러분 가운데 한 명이 구세주라고!" 우리는 모두 늙은 수사가 아닌가? 설령 그렇다고 하자, 그러면 그가 누구일까? 원장일까? 아마 그럴지도 모르지! 그는 이미 이 수도회를 20년 이상 이끌어 왔으니까! 그런데 혹시 토마스 형제일지도 몰라! 우리 모두 그가 성결하고 뛰어난 인물이라는 것을 알고 있지 않은가! 또 혹시 몰라, 바오로 형제인지도? 음, 아닐 거야. 그는 늘 괴팍하고, 말로 늘 남에게 상처를 입히지 않은가? 그리고 나서 다시 찬찬히 생각해 보니, 바오로가 말한 것도 틀린 말은 아니야. 음, 절대로 필립보일 리는 없어! 그는 매우 소극적이고 대단히 볼품없는 인물이지. 그런데 그는 특별히 타고난 천성이 있지. 그는 누가 곤란하거나 필요한 일이 있을 때, 나타나서 그 사람 곁에 있어주지. 혹시 그가 구세주인가!? 물론 랍비가 말한 것은 나일 리가 없어. 나는 그저 평범한 인물에 불과하니까. 그렇지만 만일 정말 나라면, 만일 내가 구세주라면, 내가 감당할 수 있을까! 맙소사! 하느님, 저는 감당할 수 없습니다!

각 수사마다 모두 이와 같은 생각에 깊이 잠겨있습니다. 이리 생각해보고 저리 생각해보아도 해답이 나오질 않습니다. 그런데 이처럼 깊이 생각에 잠겨있는 가운데, 그들은 점차 매우 존경하는 태도로 상대방을 대하였지요. 자기가 대면하는 형제가 혹시 구세주일지 모르는데, 어찌 존경하지 않을 수 있겠습니까? 그들은 또 대단히 존경하는 태도로 자기 자신을 대했습니다. 혹시 만에 하나라도, 자기가 구세주일지도 모르기 때문이지요. 그러니 어찌 자기를 존중하고 존경하지 않을 수 있겠습니까? 어찌 구세주를 소홀히 대할 수 있겠습니까?

수도원이 있는 곳은 매우 아름다운 산림입니다. 우연히 몇몇 사람이 이 수도원 가운데 있는 초원에 소풍을 와서, 꽃밭 가운데 있는 작은 길을 천천히 걸어서 다 낡은 성당에 들어가 잠잠히 묵상을 합니다. 그들은 부지불식간에 이 다섯 명의 늙은 수도자들 사이에서 풍겨 나오는 서로 존중하는 분위기를 느꼈습니다. 이런 분위기는 거의 모든 수도원 경내에 충만하여, 이곳은 사람을 감화시키고 끌어당기는 신비한 분위기가 만들어졌습니다. 그 흡인력을 말로 표현할 수 없으나, 사람들은 더욱 빈번히 이곳에 소풍을 오고, 기도합니다. 무심코 그들은 친구들을 데리고 이 특별한 곳을 보러 오고, 그들의 친구들은 또 다른 많은 친구들을 데리고 왔습니다.

어느 날 이곳에 온 한 무리 젊은이들이 이곳의 몇몇 늙은 수사들과 이야기를 나누기 시작했지요. 한 번, 또 한 번, 이야기를 나눌수록 깊어지고, 이야기를 나눌수록 재미가 있습니다. 오래지 않아, 젊은이 한 명이 이 수도회에 입회하기를 청했습니다. 한 명, 두 명, 몇 년이 지난 뒤 이 수도회는 다시 번창하기 시작해서, 이 일대의 활력이 가득한 영성생활의 중심이 되었다고 합니다.

\# 台灣天主敎修會會士協會(The Regional Association of Major Religious Superiors of Men and Women in Taiwan)에서 간행한 뉴스레터 《一心(One Spirit)》의 2001년 2/3월호(통권 제35권 제2호)의 譚莉達가 쓴 <拉比的禮物>(5-6쪽)을 한글로 옮겼다. (2001년2월24일 신주에서)

눈물을 흘릴 때

뭣 좀 써달라는 요청을 《일심》 편집자에게 받고 나서, 나 자신에게 물어보았다. "(때가 때이니 만큼) 이 나라와 국민의 염려를 드러내는 논설문을 쓸거나?" "꼭 그래야 하는 것도 아니지!" 그렇다면, 이 간행물에 무엇을 써야 한다지……하며 생각하기 시작했다.

어느 날[연중 제14주간 목요일] 미사 중, 창세기에 나오는 이야기 한 토막이 떠올랐다. 요셉과 그 형제들이 서로 만났을 때, 요셉이 한바탕 크게 울었는데, 이집트 사람들이 모두 듣고, 그 소리가 파라오왕의 궁전까지 들렸다는 것이다. 당시 내 반응은 "울음소리가 너무 크네!" 하는 것이었고, 그와 동시에 마치 요셉이 여러 해 동안 혈육의 정을 억누르고 서럽게 살다가, 마침내 그 두터운 정을 더 누를 수 없어 그냥 폭발된 장면을 보는 듯한 느낌! 이 이야기의 작가는 간단한 묘사[서술]로 청중의 눈물을 충분히 자아냈다.

그때 성무일도[성직자 수도자들이 아침저녁으로 매일 바치는 기도] 가운데서 자주 낭송하는 눈물에 관한 묘사가 떠올랐다. "내 눈에서 눈물이 흘러 밤낮으로 그치지 않는다. 처녀 딸 내 백성이 몹시 얻어맞아 너무도 참혹한 상처를 입었기 때문이다."(예레미야14,17) 애통함이 극한에 이르지 않고서야 어떻게 그렇게 많은 눈물을 흘릴 수 있을까? "당신께서는 그들에게 눈물의 빵을 먹이시고 눈물을 가득히 마시게 하셨습니다."(시편80,6) 그때가 무슨 날이었더냐! 너무 짜지 않은가! 어떻게 먹고 어떻게 마시지! 얼마나 처참한가! "눈물로 씨 뿌리던 이들 환호하며 거두리라. 뿌릴 씨 들고 울며 가던 이 곡식 단 들고 환호하며 돌아오리라."(시편126,5-6) (어떻게 땀을 흘리는 것이 아니고, 눈물을 흘린단 말인가?) "바빌론 강 기슭 거기에 앉아 시온을 생각하며 우네."(시편137,1) 내가 이상에서 소개한 장절의 정경을 떠올리고 곰삭여 보았을 때, 그 작가들이 정말 정이 있는 사람들이라는 것을 깨달았다. 그 당시 사내들이 그렇게 눈물을 흘린다면, 그들이 사나이로서 과연 싹수가 있다고 보아야 하는지는 모르겠지만, 이와 같은 남성 작가들은 남의 밑에 고용된 이[하인]들이 가장 절절히 느끼고 표현하는 방식으로, 사람들이 이해할 수 있고 체험할 수 있는 하늘[하느님]과 사람 사이[天人之間]의 정이 흠씬 배어 있는 이야기[역사]를 쓴 것이다.

물론 눈물이 사랑은 아니고, 감정의 지표도 아니다. 눈물을 미화할 필요가 없고, 잘 우는 이들이 감정이 풍부하다고 여길 필요도 없으며, 눈물을 무기로 볼 필요도 없다. 오늘날 어떤 이가 울음에 대하여 연구했는데, 그의 책《울음, 울지 않음(哭, 不哭)》에서 운다는 것에 대하여 상세히 분석했다. 그런데 이런 생각이 든다. 사람이 하느님의 모습대로 만들어졌다는 점에서 볼 때, 하느님은 당신이 만드신 모든 것을 다 좋게 보셨고, 아주 만족해하실 것이다. 하느님은 전지전능하고 지극히 아름답고 선하신 분, 그렇다면 "인간─하느님의 걸작"은 얼마나 아름다운가!

오늘날 도덕군자인 양 점잔을 빼며, 규율을 지키고 어려움을 견디내고, 책임을 다하고 희생적이고 강인하며, 자기가 참여하는 전문분야의 지식을 충분히 갖춘 수도자를 자주 목격하지만, 미소 띤 얼굴을 지닌 수도자를 보기는 쉽지 않다. 그들의 철저한 봉헌의 정신은 참으로 사람들의 탄복을 자아낸다! 그러나 나는 봉헌생활자[수도재]의 몸에서 풍부하고 다채로운 생명을 보고 싶다! 그 주변 사람들에게 "음, 이런 삶은 정말 좋아. 나도 이런 생활을 하고 싶구나!" 하는 느낌을 준다면 얼마나 좋을까!

아마 나처럼 울음과 관련된 별명을 가지고 있는 사람은 울음에 대하여 특별히 너그러울 것이다. 나는 울음이 하느님께서 주신 은전(恩典)이라고 생각한다. 나는 어려서부터 울음으로 이름을 날렸고, 장성하여 수도회에 입회한 뒤에도 여전했다. 왜냐하면 억울한 일을 당하거나 따돌림을 당한다고 느낄 때, 도울 방법이 없을 때, 괴로울 때, 그리울 때, 헤어질 때, 정 때문에, 기도할 때, 어떤 영화 줄거리 때문에 눈물을 머금고, 혼자 울음을 삼키기도 하고, 크게 한바탕 울어재끼거나 소리 내어 울지도 못하고 흐느끼기도 했다.

어머니가 하신 말씀 한마디를 기억한다. "울지 말아라, 또다시 울면 눈물이 다 빠져나가고, 그러면 넌 눈이 먼다!" 종신서원을 하기 전에 늘 울었다. 자꾸 울다 보니 혹시 성소가 없는 것은 아닐까 하고 여겨지기도 했다. 한번은 무뚝뚝하게 생기신 신부님이 나에게 말했다. "자꾸 울지 마세요. 알겠어요?" 왜냐하면 그분이 내가 자주 우는 것을 실제로 여러 번 보았기 때문이다. 이런 말이 비록 오늘날의 지도 방법으로 그렇게 적합하지 않을지 몰라도, 그분의 말씀 안에 담긴 배려의 정이 지금도 여전히 귓가에 맴돌고 마음의 저변에 남아있다.

나는 하느님께 감사드린다. 나는 이전에 눈물을 많이 흘렸지만, 내 눈은 아직 멀지 않았다. 왜냐하면 내가 눈물을 흘릴 때, 나를 사랑하는 사람들이 늘 내 곁에 있어 주었고, 나를 받아들였고, 나를 아껴주었기 때문이다. 눈물은 많은 상처를 치유했고, 그것으로 나의 정과 사랑을 표현했고, 내 마음을 정화했고, 하느님께 더 가까이 나아갈 수 있었다. 다만 스스로 바라는 것은 갈수록 더욱더 세상 사람들의 고통을 나누어지고 그들을 연민의 정으로 품는 것이다. 그리고 또 자신의 울음소리와 마찬가지로 웃음소리 —미소, 멍청한 웃음, 씁쓸한 웃음, 흉금을 열고 체면에 구애받지 않는 큰 웃음— 로도 하느님을 찬미할 수 있기를 희망한다.

일찍이 누군가 나에게 연애는 단지 일종의 호르몬의 화학변화일 뿐이라고 말한 적이 있다. 정말 그렇다면 인생은 무슨 의미가 있을까! 지금 나에게 제발 이렇게 말하지 마세요. 눈물은 땀과 마찬가지로 소금[염분]이고, 그래서 둘 다 건강에 도움이 될 뿐이라고! 봉헌생활을 하는 사람은 예수님처럼 진실한 감정과 의로움을 지녀야 할 것이다. 우리는 우리의 생명을 다하여 하느님의 얼굴을 드러내야 한다.

만일 수도생활 수년이 지난 뒤에 남아있는 것이 단지 일체를 단념하고, 주어진 일에 책임을 다한 것뿐이었고, 정감(情感)일랑 다른 한 켠에 밀어내 버렸다면, 그것은 자신을 위축시키는 것일 뿐 아니라, 하느님도 위축시키는 것이 아닌가! 우리는 아마 이렇게 물을 수 있다. 언제 애틋한 감정(感情)이 일어났었던가? 제일 마지막으로 눈물을 흘렸던 것이 언제였고 어떤 상황에서였던가? 일찍이 어떤 드라마가 (잠자는) 내 감정을 흔들어 놓은 적이 있었는가? 한 편의 드라마가 관중들의 눈물과 감정을 자아낼 수 있다. 그런데 우리가 증거해야 하는 것은 사랑 때문에 숨을 거두신 예수다.

만일 우리가 사람들의 마음을 움직일 수 없다면, 과연 어디에 문제가 있는 것일까? 나는 사람들의 마음에 다가가 그들을 움직일 수 있는가? 우리 모두가 생명을 지니고, 사람들을 품에 안아주는 사람들이 되기를 희망한다. 말주변이 없어서 해 줄 수 있는 말이라고는 고작 "울지 마세요!" 하는 이 한마디 말로도, 그들은 우리의 관심과 배려를 느낄 수 있다. 물론 더 바라고 싶은 것은 우리가 늘 얼굴에 웃음을 머금고 사는 것이다. "음, 이 사람과 함께 있는 것은 정말 좋군!"

Newsletter of the Regional Association of Major Religious Superiors of Men and Women in Taiwan, 《一心(One Spirit)》2001년 8월호 6-7쪽에 실린 필명 晚玉의 글 <울다(哭)>의 번역이다. 이 번역본에서 제목을 '울다'라 하지 않고 <눈물을 흘릴 때>라고 했다. (2001년8월18일 신주에서)

이 글 본문에 소개된 책 1권은 Tom Lutz, Crying: The Natural and Cultural History of Tears(New York: W. W. Norton,1999)의 중국어 역본 將安棋 譯, 《哭,不哭》(台北: 藍鯨出版社,2001)이다.

어느 날 우체부가 던져놓고 간 뉴스레터 가운데서 이 글에 눈길이 가서 시간을 내어 번역했다. 진실의 가치를 인정하는 이라면 누구든 한 번쯤 곰삭여 볼 글이다. 일상의 분주함에서 잠시 떠나 커피나 차라도 한잔하며 느긋하게 눈길을 한 번 더 보내고 싶은 글이다.

영성소품 : 기인 쉬저 여사

쉬저(許哲) 여사는 1897년에 중국 광동성(廣東省) 산터우(汕頭)의 벽촌에서 태어났다. 청말(淸末) 내우외환의 시기에 태어난 그녀의 가정은 매우 궁핍하여 어렵사리 생활을 영위했다. 중국인의 나이 계산법에 따르면 새천년(2,000년)이 되는 해에 그녀의 나이는 104세 이다. 어려서 어머니와 함께 싱가폴로 이주하여 정착한 그녀는 싱 가폴인으로서, 언니와 남동생 그리고 여동생이 있으며, 그들 모두 독실한 천주교 신자이다.

그녀의 남동생은 천주교 신부요, 언니와 여동생은 일찍이 교회 학교에서 교장을 역임했는데, 그들은 모두 이미 세상을 떠났다. 금 년(2,000년)에 104세 된 그녀는 부처[佛]의 가르침을 신봉하고 징콩 (淨空)법사를 은사로 모시고 있는데, 그 법사로부터 귀의증(歸依證) 을 받았다. 법사는 그녀를 일명 수녀거사(修女居士)라고 높여 부른 다.

쉬저 여사는 어려서부터 채소를 즐겨 먹는다. 그녀는 육류를 먹 어본 적이 없으며, 우연히 생선 몇 마리를 먹고는 피부가 붉게 부 풀어 오른 적이 있었다. 그녀의 식생활은 매우 간소하다. 아침에 는 우유 한잔, 점심때는 사과 하나 혹은 채소 한 접시, 그리고 저녁 에는 쑤안나이[酸奶, 몽고인들이 즐겨 마시는 요구르트]이다. 그녀는 밥도 짓지 않고 반찬도 만들지 않는다. 그녀는 말하기를, 시장 보러 가고, 채소 씻고, 썰고, 볶고 그리고 설거지하는 것이 시간 낭비라는 것이다. 그녀가 시간을 절약하는 까닭은 양로원에서 봉사하는 시간을 더 내기 위해서다. 그녀는 술도 마시지 않고, 차도 마시지 않고, 물도 마시지 않는다. 그녀는 옷도 사지 않고, 입는 것은 모두 쓰레기통에서 집어 온 것이다. 옷이 몸에 맞지 않으면 스스로 손질하여 고쳐 입는다. 그녀는 추위도 상관 않고 더위도 상관 않는다. 봄, 여름, 가을, 겨울 사계절 동안 그녀는 단지 얇은 옷 한 벌로 지낸다. 그녀는 운동과 요가를 즐겨 하며, 가부좌를 틀고 상반신을 곧추세우고 좌선도 한다. 그녀는 매일 이른 아침 걷기를 한다. 비가 오는 날도 그녀는 아침 일찍 일어나서 우산을 펴 들고 걷는다. 그녀는 알맞은 운동을 하므로, 감기 한 번 앓은 적이 없고, 허리가 아프거나 등이 쑤신 적이 없다. 그녀의 눈과 귀는 여전히 밝다. 매일 독서를 하지만 책을 볼 때 안경을 쓰지도 않는다. 그녀는 독서를 좋아하여 책을 통해 끊임없이 새로운 지식을 흡수한다. 좋은 책을 읽을 때 그녀는 잠자는 것도 포기한다. 그녀는 중국어[華語]를 한다. 그녀의 만다린(Mandarin, 北京普通話)이 표준은 아니지만 음성은 대단히 분명하고, 누구나 알아듣는다. 그녀의 광동화(Cantonese, 廣東話)와 영어는 대단히 유창하다.

104세의 고령인 쉬저가 텔레비전에 출연했을 때, 그녀를 소개하는 사람이 그녀를 작은 여동생[小妹妹]이라고 불렀다. 그녀의 키는 크지 않으나, 몸이 대단히 건강하다. 그녀는 (어떤 사람들처럼) 말로 노인을 돌보는 것이 아니라, 자신이 직접 참여하여 몸소 돕는다. 그녀가 보살피는 노인은 국내[싱가폴]에만 미치지 않고, 더 나아가 말레이시아, 인도, 네팔에까지 이른다. 그녀는 부자가 아님에도 불구하고, 늘 돈이 있어서 가난한 이를 돕는다. 그녀의 돈은 모두 다른 사람이 그녀에게 보내준 것이다. 사람들이 왜 돈을 그녀에게 주는가? (그것에 대하여) 그녀는 이렇게 말한다. "왜냐하면 사람들은 내가 늘 가난한 이를 돕고, 좋은 일을 하며, 낭비하지 않는다는 것을 알기 때문이다." 내 한 몸은 하느님[老天爺]이 돌보아 주신다.

그녀는 징쿵 법사의 저작을 즐겨 읽고 불법(佛法)을 배우기 시작했다. 그녀보다 나이 어린 천주교 신자가 그녀에게 묻는다. 당신은 예수 그리스도를 신앙하는데, 어찌하여 다른 종교의 책을 읽는가? 그녀는 이렇게 대답한다. "나는 어떤 종교도 상관하지 않는다. 나의 종교(宗教)는 오직 사랑[愛]이다." 그녀가 귀의증을 받을 때, 징쿵 법사는 "그녀는 이미 몸이 원하는 것을 문제로 삼지 않는다"고 칭송했다. 그녀는 춥고 더운 것을 모르며, 이미 망아(忘我), 무아(無我)의 경지에 도달했다. 나이 100세가 넘도록 그녀는 앓은 적이 없는데, 그것은 그녀가 몸의 상[身相]에 대하여 문제 삼지 않았기 때문이다. 법사는 보충해서 말한다. "나는 오늘 비단 그녀를 삼귀(三歸)의 제자로 삼을 뿐 아니라, 오계(五戒)의 제자 증서마저도 그녀에게 주었다. 본질상 그녀는 바로 여래(如來)의 제자이다. 그녀는 좋은 마음을 품고, 좋은 말을 하고, 좋은 일을 행하는 좋은 사람이다. 그녀는 세상 사람을 사랑하고 중생을 사랑한다."

계속해서 징쿵 법사는 불교거사림(佛教居士林) 큰 홀에 자리한 오백여 명의 동료 수행자들에게 이와 같이 밝혔다. "몸의 요구에 연연하면 절대로 거룩한 경계에 들어갈 수 없다. 이른바 거룩함[聖], 이것은 큰 거룩함[大聖]이 아니라 작은 거룩함[小聖]이며, 바로 소승의 첫 열매[小乘初果]이다." 결론은 이러하다. 도를 닦는 사람[修道

시, 출가한 사람[出家시]이 만일 여전히 먹고 마시는 것을 즐겨하고, 몸에 살이 쪘는지 혹은 여위었는지, 키가 큰지 혹은 작은지에 대하여 개의하고 좋은 옷 골라 입는 데 신경 쓴다면, 분명히 그는 여전히 몸의 상[身相]에 집착하고, 몸의 욕구를 제어하지 못한 것이다. 불법의 기준에 의거하여 보면, 이런 사람은 아직 육도중생(六道衆生)에서 벗어나지 못하고, 윤회의 고통에서 벗어나지 못한 것이다. 그들은 여전히 범부(凡夫)이며, 여전히 속인[俗子]이다.

쉬저 여사는 모든 것을 다른 사람을 위해서, 일생을 다른 사람을 위해서 산다. 그녀는 자비와 사랑으로 충만하고 자신의 편안함과 즐거움을 추구하지 않는다. 그녀는 싱가폴 국내외에 이미 10개의 양로원을 세웠고, 스스로는 2개의 양로원에서 노력에 대한 보답으로 어떤 대가도 받지 않는 자원봉사자로 일하고 있다. 그녀는 지금 104세의 고령인데도 가정식 양로원을 세울 준비를 하고 있다. 그녀의 이상에 의하면, 노인은 단지 수용되거나 안정된 생활을 얻는 것이어서는 안 되며, 자녀가 부모에게 효도하고 가족을 사랑하는 것과 같은 그러한 친절한 보살핌과 대접을 받아야 한다는 것이다. 쉬저는 '몸의 상'에 대하여 문제 삼지 않기 때문에, 자기의 나이를 잊고 산다. 그녀는 과거의 100년을 뒤로하고, 오직 앞을 향하여 전력투구하며 일을 도모할 뿐이다. 불법의 관념에 따르면, 내 몸이 나가 아니다. 나는 누구인가? 모든 고난을 겪는 중생이 바로 나다.

쉬저는 가난한 사람을 위해서 살고, 노인을 위해서 살고, 고난을 겪는 중생을 위해서 산다. 그녀의 생활이 곧 사랑이요, 그녀가 믿는 종교가 사랑이다. 성 요한 사도는 말한다. "하느님은 사랑이다[天主是愛]." 징콩 법사가 쉬저에 대하여 마지막으로 이렇게 찬미한다. "그녀는 다원문화(多元文化)의 핵심에 정통하였다. 그녀가 찾아낸 모든 종교의 뿌리, 그것은 바로 사랑이다."

財團法人天主敎博愛基金會(Taiwan Catholic Mission Foundation)에서 발간한 天主敎博愛會刊 第11期(2000年12月發行)에 실린 것으로, 朱秉欣이 쓴 〈靈修小品: 奇人 許哲〉를 한글로 옮겼다. (2000년12월 신주에서).
1897년 7월7일 태어난 이 글의 주인공 쉬저(許哲) 여사는 2011년12월7일 세상을 떠났으니, 향년 113세였다.

아주 오래전 일이다. 인생의 스승 한 분이 일찍이 내게 들려준 말씀 가운데 아직도 내가 기억하고 있는 말씀이 하나 있다. 그것은 "우리의 마음이 태평양 만큼 넓어야 한다"는 것이다. 사실 인간의 생각을 무한히 초월하는 궁극의 실재(Ultimate Reality)인 하느님 — 그분(의 마음)을 광대무변한 우주(宇宙)에서 한낱 티끌만도 못한 내가 어찌 제대로 다 헤아릴 수 있을까?

하여, 나는 그분이 말씀하신 대로 "태평양만큼"이라는 말이 갖는 은유(metaphor)를 통해, 조금씩 하느님의 마음에 다가서고 싶었던 것이다. 물론 그 여정은 지금까지 계속되었고, 앞으로도 계속될 것이다.

세상만사를 섭리하는 하느님은 인간의 이성을 무한히 초월(transcendence) 하는가 하면, 인간이 생각하는 것보다도 더 내밀하게 피조물 안에 내재한다 (immanence, panentheism:汎在神論). 이러한 인식과 통찰에도 불구하고, 인간은 하느님 — 그분이 과연 어떤 분인가 하고 끊임없이 묻는다. 그렇다. 우리는 여전히 하느님이 어떤 분인지 더 알고 싶은 인간의 근원적 욕구를 채워가는 도상에 있다.

그런데 인간이 자신의 작은 두뇌에만 의지하는 한, 그는 단지 하느님[그분]에 대하여 극히 제한되고 지엽적인 개념만을 얻을 수 있을 뿐, 진정한 그분을 만나리라는 보장이 없을 것이다. 다만 그리스도인은 '하느님은 사랑으로 자신을 드러내신다[계시]'는 것을 신뢰하고, 그러한 하느님에게 자신을 의탁하고[내맡기고] 산다.

이러한 까닭에 하느님을 신앙하지 않는 사람도 저들의 머리를 써서, 하느님에 대하여 이러쿵저러쿵 수군거리지만, 그러한 하느님은 그들의 머릿속에서 그려낸 이미지 혹은 그 어떤 자의적인 상(相,image)이나 개념에 불과하다. 그 때문에 저들은 생각이 바뀌면 언제든 그 인상이나 관념을 저들의 머리 속에서 지워버리고, 새로운 하느님의 관념으로 그 빈자리를 얼마든지 채울 수 있다.

그러나 그리스도 신앙을 통해서 전승되어 온 하느님은 앞에서 언급하였듯이, 인간의 이성(理性)을 무한히 초월(超越)하는 분인가 하면, 그와 동시에 나 자신보다 더 내밀하게 내 안에 현존─내재(現存─內在)하는 분[사랑]이라 여긴다. 또한 성경의 전승에 따르면, 그분은 무엇보다 살아있는 하느님이요, 임마누엘(Immanuel) 곧 '우리와 함께 하는 하느님'이다.

그러므로 그 누가 하느님을 뵙고 싶으면, 그 분이 스스로 드러내는 대로, 적어도 그분의 방식에 따른 '사랑의 삶'을 살아가면 될 것이다. 그때 하느님은 특정한 종교 전통이나 신념체계가 독점하거나 그러한 것에 갇힐 수 없는 분으로, 선한 지향을 지니고 하느님의 사랑의 가르침에 따라 살아가는 사람들에게 체험될 것이다.

타이완 '재단법인 천주교 박애 재단'(財團法人天主敎博愛基金會) 월보에 실린 이 '기인 쉬저 여사' 이야기를 바다처럼 넓은 마음으로 담아낼 수 있으면 좋겠다.

21세기 그리스도인의 눈으로 바라보는 삶과 세상

III

과학기술 시대의 생명의 의미

존 나이스비트(John Naisbitt)는 그의 저서 《고도의 과학기술—고도
의 사유》에서 "미래는 각 교실마다 컴퓨터 한 대와 시인 한 명이 있
게 될 것이다."라고 말했다. 그것은 딱딱한 껍질로 덮인 컴퓨터 상자
가 있는 곳에, 우리는 부드러운 마음이 필요하기 때문일 것이다.

1. 소원해지는 마음

한 사회에서 과학기술이 고도로 발전하면 할수록, 그만큼 다음
과 같은 세 가지 종류의 상황이 쉽게 발생한다.

1) 영양 섭취와 사랑의 행위에서부터 신앙생활에 이르기까지, 쉬운 것을 취하고, 속전속결 방식에 의존하게 된다.

길거리에 인스턴트 식품을 취급하는 가게들이 즐비하게 늘어서
고, 식사는 그저 고픈 배를 채우는 행위에 불과하며, 좋은 음식을
향유하는 것은 오히려 호화로운 소비행위로 인식된다. 그리고 사
랑은 간단하게 이루어지는 성행위 정도로 인식되며, 종교 신앙은
임의로 해석되고 취급되어 시끌벅적한 저잣거리에서 애완물을
사고팔 듯하는 새로운 업종으로 등재될 것이다. 신속하게 미끄러

져 움직이는 컴퓨터의 마우스와 같은 생활의 보조에 맞추어, 한 무리의 사람들은 뭔가를 채우려고 쉼 없이 맹목적으로 찾아 헤맬 것인데, 그것이 이름하여 '의미'라고 불리는 것이리라.

2) 생활은 늘 공허하고 적막하고 우울한 느낌이 들고, 인간관계는 소원해지고 냉담해진다.

피할 수 없는 것은 현대는 날이 갈수록 '한 지붕 밑에 살면서도 각자 생활을 꾸려 가는' 사람들이 저마다 자기의 생활이 바빠서 가족끼리 대화할 시간도 변변찮으며, 어쩌다 함께 모여 앉을 시간이 있을 때도 텔레비전 앞에 앉아서 그것이 제시하는 프로그램에 따라서 끊임없이 채널을 이리저리 바꿀 따름이다. 친구나 동료들 간의 왕래도 늘 술잔이 매개가 되어, 서로 한턱내고 한턱 받고 하는 가운데, 점차 피로를 느끼고 마침내 만사가 귀찮게 여겨진다. 군중 가운데 고독하다고, 몸은 사람들 가운데 자리하지만, 이름을 알 수 없는 그 어떤 적막감에 사로잡힌다. 친구 간에 서로 친하게 지내는 듯해도, 사실은 서로 사이에 존재하는 거리감을 어쩌하지 못한다. 한 생명이 존재한다는 것은 확실함에도 불구하고, 그것은 허무하게 느껴진다.

3) 유전공학[基因工程] 가운데 그 어떤 부분은 인류의 질서를 뒤엎어 버린다. 이 같은 과학에 대하여 숭배와 두려움이 교차한다.

1997년 면양(綿羊)의 흉부 조직의 단일세포(單一細胞)로부터 직접 복제하여 키운 '돌리'는 성숙한 세포분자 신호[세포핵]를 세포핵(細胞核)이 없는 미수정란(未受精卵)에 이식하는 '핵이식(核移植)' 기술로 만들어 낸 첫 번째 복제동물이다. 이것은 복제인간의 시대가 이미 도래하였음을 선포하는 것이나 다름없다. 유전공학은 하루가 다르게 발전하여, 이제 장생불사(長生不死)라든가, 남자가 아이를 출산하는 일과 같은 것들이 그리 허황되고 터무니없는 이야기만은 아니게 되었다. 다가올 미래는 과연 어떤 세상으로 변할 것인가? 생명의 의미를 다시 정의해야 하지 않을까?

2. 지속되는 성찰

그러므로 몇 가지 깊이 생각해 볼 가치가 있는 오래된 문제를 가지고, 한 인간 생명의 의미에 대하여 자리매김을 해보자.

물음1: 우주 안에 존재하는 것은 우리가 거주하는 이 세계뿐인가? 당신은 누구인가? 당신은 어디에서 왔으며, 장차 어디로 가는가? (철학)

물음2: 인간은 육신의 죽음 뒤에, 여전히 어떤 방식으로든 계속 존재하는가?

1) 만일 그렇다면, 자살의 방법으로 불만족스러운 이승의 생활을 마감하고 나서, 다음 생에서 다시 시작하는 것이 가능한가?
2) 만일 그렇지 않다면, 짧은 인생을 사는 우연한 존재[偶然存在]는 무슨 의미가 있는가? (신학)

물음3: 당신을 복제하고, 나를 복제하는 자기복제의 시대가 왔으니, 사람을 만들기 위하여 성교[做愛]를 할 필요가 없고, 하느님[上帝]이 마음 쓰게 할 필요도 없다면, 생명 존재의 의미를 어떻게 다시 새롭게 풀이할 수 있는가? (과학)

물음4: 만일 당신이 무의식 중에 자신이 살아갈 날이 한 달밖에 남아 있지 않다는 것을 발견했다면, 죽음의 날이 다가올 때, 당신의 일생을 돌이켜 보라. 당신은 과연 그것이 가치가 있다고 느끼는가? (生死學)

철학·신학·과학과 생사학 등, 각 분야가 모두 생명철학의 기치 아래, 다시 새롭게 통합하고, 신 과학기술 시대에 인간이 어떻게 안신입명(安身立命: 자신을 천명에 맡기고 생사이해에 당면하여 동요 없이 편안할 수 있는 경지) 할 수 있는지 탐구해 볼 수 있을 것이다. 그리고 여기서 언급한 네 가지 문제는 바로 우리가 무엇보다도 먼저 생각해 보아야 할 주제라고 본다.

3. 인생의 의미

그러나 많은 사람들은 '인간은 왜 반드시 사고(思考)를 해야 하는가?' 하고 물을 수 있다. 인간을 이성의 동물[理性的動物]이라고 부를 때의 '이성(理性)'이라는 두 글자는 간단히 말하면 '판단'과 '선택'의 능력이며, 판단은 선악이 아니고, 선택은 무엇을 할 수 있고 무엇을 할 수 없는지의 자주 능력이다. 만일 어떤 사람이 '무엇 때문에 사고하는가? 어째서 돼지처럼 근심·걱정 없이 즐겁게 살아가면

안 되느냐?'고 묻는다면, 이 말에 내포된 두 가지 의문점에 대하여 짚고 넘어갈 필요가 있다. 하나는 (우리는) 이미 인간이 되었으므로 돼지가 될 수 없다. 인생은 순조롭기만 한 것이 아니고, 살아 있는 한 여러 가지 문제에 직면한다. 이런 와중에 인생의 의미를 사색하는 것은 인간 존재의 기본 현상이다. 보통 사람들이 일상생활 가운데서 사고를 하지 않는 것이 아니다. 그들이 지식분자처럼 체계적으로 사고하는 방법을 훈련하지는 못했지만, 여전히 그들 나름대로 생활에서 만나는 문제들을 해석하고 그 의미를 풀어 가는 방식을 가지고 있다. 다른 하나는 인간이 비록 동물성의 한 면도 가지고 있지만, 절대로 그 때문에 스스로 자랑스럽게 느끼지 않는다. 우리 자신의 생활 경험이 구체적으로 우리에게 말해준다. 이성의 능력이 보다 완전하고 만족스럽게 실현될 때, 인간의 마음도 그만큼 행복과 만족감을 느낄 수 있다. 인간의 마음이 안정을 얻을 수 있는지 어떠한지를 가름하는 진정한 원천은 이성적으로 자신을 긍정하거나 혹은 그 어떤 비판을 가하는 것에 달려있다.

4. 자아의 실현

그러므로 끊임없는 사고는 예컨대 혼돈의 날에 그 가닥을 잡아내고, 그 실상을 장악하는 것이라고 생각한다. 타고르(泰戈爾)가 그의 아름다운 시에서 노래했듯이, 우리는 "삶을 여름날의 꽃처럼 찬란하게 하고, 죽음을 가을의 낙엽처럼 그 정적이 지닌 아름다움으로 드리워야"(使生如夏花之絢爛,死如秋葉之靜美)《飛鳥集》한다. 현대

의 복잡 현란하고 빈틈없이 짜여있는 생활 가운데서 그리고 새로
운 과학기술문명이 끊임없이 전통가치를 위협하고 전복시키는 격
변의 시대 한 가운데서, 우리는 어떻게든 여름날의 꽃처럼 찬란하
게 자아실현을 하여, 우리의 생명이 이 지상에서 그 막을 내릴 때,
의연하고 흔쾌히 일체를 받아들일 수 있어야 하겠다. 아래에 몇 가
지를 제안하니, 참고가 되기를 바란다.

1) 신앙을 가지라

인생은 신앙이 필요하다. 종교신앙은 기복(祈福) 곧 신명(神明)
에게 복을 내려주기를 기구할 수 있고, 흠숭(欽崇) 곧 조물주의
위대함을 예배하고 찬미할 수 있고, 해석 곧 인생이 직면하고
있는 고난에 대하여 합리적인 설명을 해주고, 정합(整合) 곧 인
생의 유한성을 초월하는 그 지평을 제시해 주는 기능을 다 할
수 있다. 만일 종교신앙이 없다면, 마땅히 그에 버금가는 인도
적 신앙[人道信仰]을 가지고 진·선·미·현·성(眞善美賢聖)의 경
지를 추구해야 할 것이다. 인생은 고(苦)이고 짧다. 자기를 알고
'자재'와 '여유'를 배워 익혀라. 그리고 덕행을 기르고 강화하는
가운데 존재의 의미가 점차 승화되는 것을 체득할 수 있을 것이
다.

2) 전문지식을 배양하라

일을 하여 돈을 벌 수 있고, 존재의 의미를 드러낼 수 있다. 예
컨대 가난에 젊은 작가는 창작을 하는 가운데 그 존재의 의미를
느끼고 실현하지만, 아무도 그 작품을 감상하지 않으면 수입이

없다. 반면에 어떤 사람은 매일 막대한 수입이 있으나, 그 가운데서 아무런 기쁨도 느끼지 못한다. 이 둘을 결합할 수 있다면, 즐거운 가운데 일할 수 있고, 또 그 가운데 경제의 기초를 얻을 수 있을 것이다. 이것이 제일 좋은 배합이다. 그러므로 자기가 흥미를 느끼는 것 가운데서부터 시작하여, 실질적으로 전문지식을 배양하는 일. 이를 통해서 생계도 도모하고, 거기서 더 나아가 일하는 즐거움과 만족도 얻게 될 것이며, 이와 같은 일이 바로 성취감을 가져다줄 것이다.

3) 두루 넓게 좋은 인연을 맺어라

서양에 이런 말이 있다. "관념에 따라서 행위가 이루어지며, 행위에 따라서 습관이 생긴다. 습관에 따라서 성격이 형성되며, 그 성격이 운명을 결정한다." 한 사람의 운명이 좋으냐 나쁘냐 하는 것과 그의 성격은 밀접한 관계가 있으니, 이것이 바로 오늘날 유행하는 EQ[정서지수]가 사람들에게 주목되는 이유이다. 성격이 포악한 사람이 어떻게 좋은 사람과 인연이 맺어질 수 있겠는가? 성격은 또한 한 사람의 습관과 관련이 있다. 어떤 문제에 부딪혔을 때, 냉정하게 문제를 대하고 해결 방안을 모색하는 습관을 가지고 있는가, 아니면 동쪽에서 넘어지고 서쪽을 향해서 화풀이를 하는가? 물론 이것은 한 걸음 나아가서 개인의 어떤 사안에 대한 느낌과 관념의 문제와 연루되어 있다. (중략) 사람은 먼저 나날이 자신의 덕행의 연마를 추구한다. 좋은 인격의 소유자는 늘 두루 좋은 인연을 맺을 수 있으며, 또한 곳곳에서 좋은 인연을 맺을 수 있을 뿐 아니라, 인연의 소중함도 이해할 것이고, 더욱이 홍일 법사(弘一法師)가 말씀하신 세월의 인연 따라 닦여지고 또 자재(自在)하게 될 것이다.

생명이 추구하는 것이 무엇인가?

그 자재함을 추구할 뿐이다!

(生命所求者何? 尋其自在罷了!)

天主敎輔仁大學(Fu Jen Catholic University)에서 발행하는 격주간지 《益世評論(Catholic Observer a Biweekly)》(第275期, 2001년 4월 1일자)에 林麗珊이 기고한 원제 〈生命哲學—談科技時代生命的意義〉를 한글로 옮겼다. (2001년 4월 9일 신주에서)

지금부터 19년 전 당시 타이완의 天主敎輔仁大學에서 철학박사 학위를 받고 中央警察大學 교수로 있는 린리산(林麗珊)이 앨빈 토플러(Alvin Toffler, 1928-2016)와 함께 이른바 미래학(未來學, futurology)의 양대산맥으로 알려진 존 나이스비트(John Naisbitt, 1929~)의 견해를 소화하여 정리한 미래 전망이었다. 거의 20년 전에 예측한 이와 같은 전망이 지금 시점에서 어떻게 다가오는가? 개중에 어떤 것은 이미 현실적으로 당면한 문제로 인식되고, 또 어떤 것은 여전히 유효한가?

《고도의 과학기술—고도의 사유》의 중국어 역본 제목은 《高科技·高思維》이고, 그것의 원제는 John Naisbitt가 쓴 High Tech High Touch: Technology and Our Search for Meaning이다.

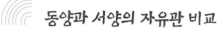

동양과 서양의 자유관 비교

자유라는 개념이 영어에서는 두 가지가 사용된다. 하나는 Liberty이고 다른 하나는 Freedom이다. 앞의 것은 권리와 관계되고, 뒤의 것은 의지나 행위와 관계된다. 나는 여기서 권리의 자유에 대해서는 언급하지 않고, 의지와 관련하여 언급하려고 하는데, 행위의 의미와 관련한 자유에 대해서는 유가 및 도가와 그리스 사상 및 그리스도교의 관점에서 서로 비교하며 다루어 보려고 한다.

낱말의 뜻에 비추어 보면, 자유는 행위를 통해서 내가 하고 싶은 것을 이뤄낼 수 있는 것을 가리킨다. 이 정의에는 두 가지 요점이 있다. 그것은 곧 사물에 대한 행위자의 '욕망'과 행위의 '능력'이다. 예를 들어 어떤 사람이 티베트를 가고 싶어 한다면, 그가 티베트에 갈 능력이 있는 한 (그러나 그가 꼭 그렇게 할 필요는 없다) 그는 그렇게 할 자유가 있다. 만일 그가 본래 티베트에 갈 생각이 없고 그럴 열망도 없다면, 그가 티베트에 가려는 자유의 문제는 하나의 거짓 물음에 불과하다. 왜냐하면 이것은 그의 삶과 무관한 문제이기 때문이다. 이 글에서는 중국과 서양의 관점에서 자유 개념의 두 가지 본질적인 점을 분석하려고 한다.

서양 사상사에서 플라톤은 자유 개념에 대하여 분석하고 토론을 진행한 첫 번째 사상가이다. 아테네의 도시국가는 민주제도를 시행했는데, 시민들은 공공분야에서 상당이 폭넓은 참정권을 가졌다. 이러한 형태의 정치제도에서 사람들은 자유라 불리는 제한받지 않는 활동공간을 가졌다. 자유에 대한 이러한 관념은 사람들이 그들의 마음이 시키는 대로 따르도록, 이를테면 그들이 하고 싶은 대로 하도록 고무시킨다. 플라톤의 입장에서 보면, 이런 형태의 자유는 사람들이 자신의 마음이 시키는 대로 할 때 자신을 해칠 수도 있는 경향을 무시한 것이다. 플라톤의 분석은 이러하다. 모든 사람은 삶의 욕망을 가지고 있고, 거기에 더하여 잘 살려는 욕망을 가지고 있다. 이러한 경향이 있는 것은 "모든 사람은 선을 추구한다"고 표현될 수 있다. 만일 누군가 그의 행위로 선을 성취할 수 있다면, 그때 그는 자유롭다. 만일 누군가 선을 추구함에도 불구하고 오히려 언제나 그의 생존을 위협하거나 삶을 해치는 해악에 직면한다면 그들은 자유롭지 않다. 인간의 삶은 판단과 선택의 과정이다. 사람은 그에게 해가 되는 것을 추구하지 않는다. 따라서 그가 추구하는 것은 분명히 그가 선하다고 여기는 그 어떤 것이다. 문제는 그가 선이라고 여기는 것이 정말로 선인가 하는 것이다. 사람의 판단은 그의 생각에 기반을 두고 있다. 선에 대하여 참된 관념을 가지는 것은 그가 정확한 판단을 하는 전제가 된다는 것을 보증한다. 만일 누군가 무엇이 진정한 선인지 모른다면, 그의 판단과 선택은 선에 이를 수 없다. 누군가 악을 선으로 삼고 선을 추구할 때, 그는 실제로 악을 추구하는 것이며, 결국 자신의 삶을 해친다. 이와 같은 분석을 통하여 플라톤은 자유를 가졌다고 여기는 아테네 시민들이 실제로 자유롭지 않은 상태에 있다고 보았다. 선에 대한 참된 관념에 따라 판단하고 선택하는 사람이 제대로 참된 자유를 누릴 수 있고, 삶 안에서 선을 성취할 수 있다.

우리는 선에 대한 사람들의 관념이 때때로 다음과 같이 두 가지 방식을 취하는 것을 보게 된다. 그 하나는 자신을 중심에 두는 것이다. 우리 삶의 매 단계는 좋고 나쁜 것에 대하여 고정된 견해를 가진 일정한 가치관이 있다. 한 개인의 가치관은 불안정할 수 있다. 청소년기의 경우가 바로 그러하며, 사회에서 형성된 모종의 공동의 가치관을 자기 것으로 내재화하는 경우도 있고, 윤리 도덕 규범에 대한 확고한 신념이나 추종이 또한 그러하다. 그러나 어찌 되었건 이러한 가치관들은 개인이 선과 악에 대하여 판단하는 기반이 되고, 선택과 결정을 할 때 이런 가치관에 대한 참과 거짓의 여부는 더 이상 질문의 여지가 없게 된다.

또 다른 하나는 권위를 중심으로 삼는 것이다. 선악을 판단할 때 사람들은 종종 자신의 판단을 포기하고, 판단의 권한을 다른 사람이나 어떤 단체에 넘겨준다. 권위는 다른 경로들을 통해서 형성되며, 그것이 일단 형성되면 개인이 선악을 판단하고 선택하는 데 주도적 기능을 담당한다. 예를 들어 어린이가 그 부모에게 의탁하고, 사람들이 자기가 숭배하는 인물에게 의탁하는 것이 그런 경우인데, 그 가운데 이른바 권위의 힘이 작용한다. 따라서 권위가 그 권위성을 상실하지 않는 한 그 권위의 진리성에 의문을 제기할 수 없다.

사람은 일정한 가치관에 따라 판단하고 선택한다. 그러나 자신의 가치관과 외부의 권위가 그 자체의 진리성을 확보할 수 있을까? 그것들이 인간의 삶에 진정한 자유를 가져다줄 수 있을까? 실제 생활에서 사람들은 그것이 자신에 기반을 두었건, 권위에 기반을 두었건 불가피하게 그 어떤 가치관에 따라 선악을 판단한다. 그러나 우리가 가지고 있는 모종의 가치관도 그 자체가 끊임없이 변화하고, 선의 본성도 지속될 수 없는 까닭에, 그것도 결국 모든 판단과 선택의 절대 근거가 될 수 없고, 진리성이 결핍된다. 그 때문에 사람들은 아마 이렇게 변명할 수 있다. 우리가 모종의 가치관을 특정하고 그것을 선악 판단의 표준으로 삼을 때, 그것은 일정한 진리성이 있다. 이를테면 그것은 곧 상대적 진리이다. 예를 들면 중국 전통 윤리 도덕 관념 가운데 '정결'이라는 항목이 있다. 사람들이 그것에 의거하여 선악을 판단을 할 때, 그것은 선이고 상대적 진리성을 가진다. 역사의 발전에 따라 54운동의 충격으로 이 도덕관념에서 선성은 박탈되어 더 이상 진리성을 가지지 못한다. 그러나 우리가 이러한 입장을 받아들인다면, 우리는 일종의 가치관념의 선성이 역사의 조건에 의존한다는 것을 불가피하게 인정하지 않을 수 없다. 따라서 그 진리성은 그 자신에 내재하는 것이 아니라 주어진 것이라고 하겠다.

문제는 이러하다. 지금 우리가 가지고 있는 가치관이 진정한 선을 내포하고 있는가? 현실에서 사람이 일종의 가치관을 받아들이는 것은 종종 일종의 전통을 받아들이거나, 대다수의 견해를 따르거나, 모종의 강력한 외부의 힘에 승복하는 것이다. 그러나 이러한 가치관 형성의 경로들은 모두 가치관의 진리성을 담보할 수 없다. 예를 들어 전통에 대하여 볼 것 같으면, 우리는 종종 그것을 시대의 요청과 필요에 따라 갱신할 필요가 있다고 본다. 우리는 전통적 가치관이 결함이 있는 것을 알았을 때, 그것을 쇄신하여 완전하게 되도록 힘쓴다. 그러면 우리의 갱신이나 쇄신의 힘은 어디에 있는가? 우리는 때때로 맹목적으로 대다수의 의견을 따른다. 그러나 대다수의 의견 역시 애석하게도 별다른 대책이 되지 못한다. 외재적인 강한 힘으로 말할 것 같으면, 그것은 아마도 완전히 그 자신에게 해를 끼치는 이질적 힘일 것이다.

자유 생활을 하려면 반드시 참된 선에 대한 지식이 있어야 한다. 이것은 곧 진리의 문제이다. 그러면 어떻게 이 진리를 얻을 수 있을까? 아우구스티누스는 그의 책 《참회록》에서 인간의 삶의 곤경의 깊이와 그 체험에 대하여 서술했다. 그는 인간이 선과 진리를 추구하는 것은 인간의 자연스러운 본성이라는 점을 지적하였다. 그러나 인간이 그것을 추구하다가 일단 일종의 선을 사랑하게 되면, 예컨대 먹는 것을 탐하고, 놀기를 탐하고, 모종의 사상을 숭배하고, 모종의 오락의 즐거움에 빠져버리면, 그는 이런 종류의 선을 지극한 선으로 여기고 그것에서 벗어나려고 하지 않는다. 사람은 자신에게 의지하여 지극한 선을 버릴 수 없다. 그의 입장에서 보면 지극한 선은 진정한 선이어서, 그것을 버리는 것은 곧 선에 대한 추구를 포기하는 것이 되고, 그 결과 자신의 '자유 생활'을 포기한다. 그러나 인간이 고집하는 선은 언제나 일정한 관점에서 보는 선이다. 시간의 추이와 관점을 바꿈에 따라 그것은 그 선의 본성을 잃어버릴 것이다. 때문에 이러한 '선'은 진정한 선이 아니다. 고집하는 가운데 인간은 지극한 선이라는 환각에 빠져버리고, 그 결과 완전히 그것에 제약되고 만다. 아우구스티누스는 이와 같이 현존하는 선의 관념에 지배를 받는 삶에서 벗어나지 못하는 것이 바로 인간의 원죄이고, 죄 가운데 죽게 되는 실존이며, 자유가 전혀 없는 것이라 말할 수 있다고 생각한다. 그러면 어떻게 하여 이런 종류의 지극한 선의 환각을 깨뜨릴 수 있을까? 그는 진리가 몸소 인간에게 자신을 드러내지 않으면 인간은 자신의 지극한 선에 대한 환각을 타파할 수 없다고 지적한다. 진리가 자신을 인간에게 드러내는 것이 곧 인간에게 베푸는 은총이다. 인간과 진리의 관계는 곧 주고받는 관계이다. 은총 안에서 인간은 진리를 증언하고, 이에 따라 진정한 선에서 출발하여 판단과 선택을 하게 된다. 이것이 바로 은총과 진리의 각도에서 보는 그리스도교의 자유 개념이다.

우리는 각도를 달리해서 그리스도교의 이 자유 개념에 대하여 논의를 진행할 수 있다. 자유는 선택하고 또한 자신이 원하는 것을 실현할 수 있는 것을 의미한다. 사람은 누구나 다 선한 생활을 생각한다. 그렇다면 반드시 선악을 분별하고, 선에 해당하는 것을 선택해야 한다. 이 때문에 인간은 선악을 식별하는 지식을 가져야 한다. 그러나 아우구스티누스의 원죄 개념은 인간이 타락한 뒤에 현존하는 선의 관념의 속박에서 벗어날 수 없다고 보는 까닭에 진정한 선에 관한 지식을 가질 수 없다고 본다. 또한 인간이 진정한 선에서 출발하여 선악을 식별할 수 없으므로, 그가 하는 판단은 악을 선으로 여겨서 지극한 선의 환각 중에 악을 선택하고 선을 거부한다고 본다. 사람은 삶에서 선을 추구하지만 지극한 선의 환각에 취해서 진정한 선을 선택할 수 없다. 이러한 인간 실존은 자유가 전혀 없다고 말할 수 있다. 지극한 선의 환각을 타파할 수 있는 힘은 하느님의 은총에 있다. 하느님이 예수를 통하여 진정한 선[은총이라 지칭할 수 있음]을 드러냈을 때, 인간은 그리스도 신앙 안에서 하느님의 은총을 받아들여, 이로써 은총에서 출발하여 진정한 선을 판단하고 선택할 수 있다. 이러한 실존[삶]이 자유롭다.

서양 언어의 맥락에서 자유는 곧 일종의 진정으로 선한 삶을 사는 것을 일컫는다. 이러한 자유는 진리와 함께 관련되었다. 중국 전통문화에는 自由(자유)라는 두 글자가 출현했던 적이 없고. 그러나 우리는 그 가운데 같은 정신이 있는 것에 주목한다. 특히 유가의 《중용(中庸)》에서 이 자유의 정신을 매우 깊이 있게 드러냈다.

춘추전국시대의 중국 사상계에 성선성악(性善性惡) 논쟁이 시작되었다. 이 논쟁의 핵심은 인간의 삶의 출발점의 문제이다. 《맹자(孟子)》의 〈고자 상(告子上)〉에 고자와 맹자의 대화가 실려있다. 고자는 인간의 본성은 선하지도 않고 악하지도 않으나, 나중에 생활 안에서 선과 악이 일어난다고 생각하며, "물이 사방으로 흐르는" 비유를 들어 자신의 견해에 대하여 설명한다. 맹자는 인간의 본성은 선하다고 생각하며, 고자의 입장에 대립하여 "물이 아래로 흐르는" 비유를 들어 자신의 주장에 대하여 설명한다. 도대체 인간의 본성은 선한가 아니면 악한가? 세상에서 우리는 어떤 사람은 선한 일을 하고, 어떤 사람은 악한 일을 하는 것을 볼 수 있다. 고자는 이러한 관찰에 의거하여 인간의 본성은 선하지도 않고 악하지도 않으며, 선을 행할 수도 있고 악을 행할 수도 있다는 결론에 이른다. 그러나 우리 관찰의 초점을 개인의 행위에 맞추면 개개인이 실제 행동 가운데 자기 나름대로 자신의 선의 관념에서 출발하여 자신이 선한 행동을 하고 있다고 여긴다는 것을 어렵지 않게 발견할 수 있다. 개개인은 모두 자신의 선의 관념을 가지고 있으며, 이것이 그 자신의 선악 판단에 기반이 된다. 그런데 사회생활에서 어떤 사람은 선을 행하고, 또 어떤 사람은 악을 행한다. 인간 사회에 도대체 공동의 선이 있는가? 이 문제에 대하여 《장자(莊子)》의 〈제물론(齊物論)〉에서 이렇게 말한다. "그러므로 유가와 묵가가 옳고 그름을 따진다. 이쪽에서 옳다고 하면 저쪽에서 그르다고 하고, 저쪽에서 옳다고 하면 이쪽에서 그르다고 한다." 선악에 대한 공동의 기준이 있는가? 장자의 분석에 의하면 여기서 문제는 실제로 누가 그 공동의 표준을 세울 것인가 하는 것이다. (누구에게 올바른 판단을 하도록 요청할 수 있는가?) 이러한 담론의 방식은 불가피하게 '표준의 표준'을 끝도 없이 추구하는 함정에 빠지지 않을 수 없다. 다시 말하면 사람과 사람 사이의 선의 관념의 논쟁은 판단하여 확정할 수 없다. 이러한 정황에서 장자는 우리가 공동의 선을 추구하기를 포기하고 일종의 무위자연의 생활을 해야 할 것이라고 생각한다.

장자와 동시대의 인물인 맹자는 장자의 관찰에 동의한다. 곧 모든 사람은 자신의 선의 관념을 고집하기 때문에, 판단을 할 때 공동의 선의 관념을 형성할 수 없다. 맹자는 한 걸음 더 나아가 관찰을 하였다(《孟子》公孫丑上 참조). 설령 사람들이 자신의 관점이나 견해를 고집하더라도 그들은 선을 향한 하나의 공통된 경향을 가질 수 있다. 이를테면 누구나 다 각자 자신이 선을 추구한다고 여긴다. 게다가 모든 사람은 다른 사람의 고통을 보고 참기 어려운 마음을 가지고 있다. 예컨대 어린아이가 우물에 빠진 것을 보면 측은한 마음을 갖게 된다. 사람의 마음에 내재한 이러한 정서는 곧 공동의 선을 추구하게 된다. 따라서 맹자는 관건이 되는 것은 공동선(common good)이 존재하느냐 하지 않느냐가 아니라, 어떻게 이러한 공동선을 계발하고 함양하느냐에 달려 있다고 보았다. 비록 개개인이 지니고 있는 선의 관념이 서로 다르고 또 때로 서로 충돌을 일으킬지라도, 모든 사람이 선을 추구하는 것은 틀림이 없다. 여기서 선에 대한 원초적이고 본래적인 문제로 돌아가면, 우리는 내면에 자리한 선을 계발하여 그 본래 모습을 드러낼 수 있고, 또 그 본래의 선에 대하여 경험할 수 있다. 이런 바탕 위에서 우리는 조화로운 사회를 건설한다.

맹자는 사실 진정한 선에 대한 문제를 건드리지는 않았다. 그 자신이 관심을 가진 것은 예악(禮樂)이 붕괴되어 혼란에 빠진 사회에서 어떻게 질서를 회복하느냐 하는 것이었다. 이에 따라 맹자는 개인의 자유 문제에 깊이 천착하지 않았다. 《중용》에서 좀더 깊이 있게 다루는 것은 인간의 본성은 하늘에서 부여받은 것이라는 것이다. 따라서 진정한 선은 자신의 본성에 충실히 따르느냐에 달려있다고 본다. 《중용》의 처음 세 구절은 이러하다. "하늘이 명한 것을 본성(inborn nature)이라 하고, 그 본성을 따르는 것을 도(the way)라 하고, 도를 닦는 것(cultivating the way)을 가르침(education) 이라고 한다." 이를테면 모든 사람의 본성은 하늘에서 부여받은 것이고, 모든 사람이 부여받은 이것이 곧 진정한 선이다. 그러므로 사람은 자신의 본성에 따라야 한다. 그러면 어떻게 자신의 본성(human nature)에 따라야 하는가? 따른다는 것은 행위이다. 사람은 판단과 선택 가운데 살아간다. 사람은 자신의 본성에 대한 어떤 인식과 지식에 의거하여 그 길을 따르게 마련이다. 예컨대 자신의 본성에 속하지 않는 것을 마치 자신의 본성의 일부라고 여기듯, 만일 누가 인간 본성에 대하여 잘못 인식하고 있으면서, 스스로 인간 본성에 따른다고 느낄지라도, 실제로 그는 인간의 본성을 따르고 있지 않는 것이다. 그러므로 《중용》은 어떻게 자신의 본성을 제대로 인식하고 파악하느냐 하는 것을 삶의 핵심 문제로 보고 있다. 때문에 《중용》은 "성으로 선을 밝히 드러낸다(以誠明善)"는 인식의 과정을 제시한다.

다시 말하면 이러한 인식론은 사람이 성실히 자신을 대면하도록 요청한다. 그것은 곧 본성(huaman nature)은 진정성 있고 성실한 가운데 우리 자신에게 드러나기 때문이다. 그러므로 우리는 오직 '성실한' 가운데서 본성을 제대로 인식하게 된다. 우리는 매 순간 '성실한' 가운데 곧 '지극한 성실함(至誠)' 가운데 갈수록 점차 인간 본성의 깊은 인식과 이해에 도달할 수 있다. 우리가 인간 본성에 대하여 충분히 인식한 뒤에, 자신의 본성에 대하여 완전히 인식할 수 있고, 하늘과 땅에 있는 모든 것과 일체를 이룰 수 있다. 이것이 바로 천인합일(天人合一)의 자유의 삶이다.

우리는 그리스도교[기독교]와 유가 모두 '선'이 사람의 삶 가운데 결정적인 작용을 한다는 점을 충분히 유의하고 있음을 본다. 사람은 진정한 선 가운데 삶을 영위할 때 비로소 자유를 누린다. 그러나 그리스도교는 은총의 개념에서 출발하여, 사람은 그리스도 신앙 가운데서 '선'이 은총의 선물로 주어지는 것을 받아들이고, 그로써 [인간적인 노력으로] 완전한 선에 이를 수 있다는 환각을 타파할 수 있다고 보며, 은총 가운데서 진정한 선이 드러나며 자유를 누릴 수 있다고 본다. 반면에 유가는 성실함 가운데 끊임없이 자신의 본성을 인식해야 한다는 점을 강조하고, 자신의 본성에 따라 삶을 영위하고, 마침내 천인합일의 상태에 이를 수 있고, 자유를 누릴 수 있다고 강조한다. 물론 이 두 주요 사상의 자유관이 사람의 삶에 작용하는 점에 대하여 여전히 더 분석될 필요가 있다.

이 글 <東西方自由觀比較, A comparison of Eastern and Western Views on Freedom>의 저자 謝文郁는 중국 광동성의 카쟈런(客家人)으로, 중국 중산

대학교(中山大學)와 베이징대학교(北京大學)에서 철학을 전공하여 철학학사와 철학석사 학위를 마치고, 학문의 경계를 초월하여 학문간 상호 교차 연구를 진행하여 이른바 초월학문분야(Transdisciplinarity)의 특성을 지닌 미국 켈리포니아 클레어몬트(Claremont)에 있는 클레어몬트 대학원 대학교(Claremont Graduate University)에서 종교학으로 박사학위를 받았으며, 베이징 대학교와 미국령 괌 대학교, 산동 대학교, 북미 중화 복음 신학교 등에서 가르쳤다. 그의 주요 관심 영역은 서양철학, 그리스도교 사상, 비교 종교학, 종교철학 등이다. 주요 저작으로는 《自由與生存》 및 수십 편의 논문이 있다(2012년1월24일 신주에서).

종교 신앙의 이성과 감성

이성(理性)과 감성(感性) 가운데서, 어느 것이 더 중요하고 어느 것이 덜 중요한가? 우리의 행위는 이성적인 철학적 사고(思考)의 지배를 받고, 그것이 감성적인 정서를 억압하거나 몰아내는가? 신앙 생활이 경건한지 아닌지는 당신이 신앙에 대하여 가지고 있는 이해의 정도에 달려 있는가, 아니면 당신이 감성에 충실하기 때문에 정서(情緒) 면에서 겪는 경험의 움직임에 의해서 일어나는가? 이 문제에 대한 대답은 사람에 따라 서로 견해가 달라서, 지금에 이르기까지 썩 만족스러운 답안이 없는 실정이다.

일전에《교우생활 주간(敎友生活週刊)》에서 정원칭(鄭文卿) 신부가 쓴〈믿음과 깨달음[信與悟]〉의 기사를 읽고는 신앙에 있어서 이성과 감성이라는 이 오래된 문제가 갑자기 떠올랐다. 그 문장에서 불교의 수행은 '깨달음[悟]'을 강조하고, 기독교(基督敎,그리스도교)에서 선포하는 것은 '믿음[信]'이며, 믿음은 신학의 단계에 속하고, 깨달음은 심리(心理)의 단계에 속한다고 하였다. 그 문장에서 또 언급하기를 기독교 신앙은 그리스와 로마의 이성적 요소를 지나치게 강조하기 때문에, 신학의 단계의 '믿음'이 점차 일종의 신조로 변해 버렸음을 지적한다. 더욱이 교회가 신자들에게 (교회) 법의 의무와 책임을 지나치게 강조하다 보니, 기독교인의 신앙이 교조주의 및 율법주의라는 이중의 압력 아래, 신앙 안에 있어야만 하는 오성(悟

性)과 감성(感性)의 작용을 매우 소홀히 여겼다는 것이다.

신앙 안에서 믿음과 깨달음 및 법률상의 책임과 내적인 수덕생활은 모두 매우 중요한 문제이다. 이 글에서는 다만 심리학의 관점에서 신앙 안에서의 이성과 감성의 문제를 토론하고, '종교체험'이 개인의 경건성 여부를 좌우하는 영향력이 있다는 점을 제시하고 싶을 뿐이다.

인간은 정신과 육체의 혼합체이며, 우리의 모든 행위는 모두 정신과 육체의 이중적 영향을 받는데, 이것은 부인할 수 없는 사실이다. 당신이 정신(精神)을 영혼(靈魂)이나 이지(理智) 혹은 심지어 대뇌(大腦)로 해설하고, 육체를 물질(物質)·정서(情緒)·감각(感覺) 등으로 볼 수도 있으나, 이런 것들은 모두 중요하지 않다. 중요한 것은 바로 인간의 모든 활동은 처음부터 끝까지 이성과 감성의 쌍방관계를 벗어날 수 없다는 것이다. 곧 공부를 하는 것, 결혼을 하는 것, 심리적으로 건강한지의 여부가 모두 이 쌍방의 관계를 벗어날 수 없고, 여기서 종교신앙(宗教信仰)도 물론 예외가 아니다.

천주교 신앙은 중세기의 대 철학자 성 토마스 아퀴나스(聖多瑪斯阿奎那)가 출현하기 이전에는 거의 이성과 감성의 상호 작용 아래서 이루어졌다. 아퀴나스가 아리스토텔레스(亞里斯多德)의 이성철학이념(理性哲學理念) 곧 인간은 '이성의 동물[理性的動物]'이라는 정의(定義)를 수용한 이후, 점차로 종교신앙은 이성의 영역으로 밀려들어갔다. 스콜라 철학[經院哲學]의 창시자 보에시우스(波伊提烏)는 그의 명저 《철학의 위안[哲學的慰籍]》에서, 일찍이 신앙과 이성이 서로 결합되어야 함을 강조하였다. 아퀴나스 및 그 후의 철학자들은 모두 신앙의 철리(哲理)에 의하였으며, 그들은 철리에 따라서 모든 종교현상을 해석하려 하였고, 성경이 계시하는 신학의 진리도 당연히 철리 안에서 해석하였다.

여기서 우리는 스콜라 철학의 공과에 대해서 잠시 언급하지 않겠다. 다만 이러한 철학자들이 신앙을 교조화하였을 뿐만 아니라, 더욱이 신앙의 표현을 더욱 추상화하고, 공허하게 만들었고, 실제생활(實際生活)과 더더욱 들어맞지 않게 하였다는 것이다. 우리는 종교신앙이 철리의 지지와 해석이 필요하다는 것을 부인하지 않는다. 다만 신앙은 살아있어야 하고, 피와 살이 있어야 하지, 지나치게 철리화(哲理化) · 이성화(理性化)되면 오히려 실제생활과 어긋나게 되고 만다.

심리학은 우리에게 인간의 일체의 행위는 모두 동기에 의하여 유발되며, 다만 동기가 이성적 사고능력의 영향을 완전하게 받아들이지 않는다고 말한다. 많은 신학자와 철학자들이 우리보다 더 많이 알고 있으며, 그들은 신앙의 철리에 대하여 대단히 분명하게 이해하고 있다. 그러나 이것이 신앙 방면에 있어서 그들이 더 경건하다거나 혹은 그들이 성인(聖人)이 될 희망이 더 있다는 것을 보증하지는 못한다. 신앙행위의 동기는 종교가 지니고 있는 그 무엇 이외에도 감성의 촉진이 필요하다. 이른바 여기서 감성이라 할 때, 그것은 깨달음을 얻는 것 · 체험 · 체득 등을 포함한 실제적인 개인경험을 가리키는 것이다. 우리는 반드시 신앙의 진실을 받아들이고, 신앙의 내용을 체득해야 한다. 그런 뒤에 사랑이 깊어지고, 그 사랑을 동경하게 되며, 신앙의 참뜻[眞諦]을 생활 가운데서 실현할 수 있을 것이다. 곧 그 사랑을 동경하고, 그 사랑이 깊어지는 가운데 우리의 신앙을 삶 안에서 생생하게 표현해 내는 증거자가 될 수 있을 것이다.

　나의 모친은 90세의 고령이시며, 중국대륙에서 살고 계시다. 그
분은 글자도 모르고, 한평생 바깥 여행도 마음껏 하지 못하셨으나,
나이 40세에 이르러 천주교에 입교한 뒤, 조금씩 발전하여 마침내
아주 경건한 신자가 되었다. 특히 대륙이 공산화된 뒤 30여 년 동
안, 노모는 단 한 번도 신부를 만나본 적도 없고, 성사 한 번 받아
본 적이 없지만, 매일 똑같이 남몰래 기도문을 외우고, 하느님이
그녀와 함께 계심을 깊이 느끼므로, 아무것도 두려워하지 않는다.
당신은 그녀의 종교적 열성이 그녀가 신앙에 대하여 그 어떤 지식
이 있고, 그것에 대하여 충분한 이해가 있기 때문에 가능한 것이라
고 여기는가? 사실을 말하자면, 그녀는 거의 아무것도 모른다. 다
만 아는 것이 있다면 천상(天上)에 천주(天主)와 성모(聖母)께서 계시
고, 로마에 교황이 계시고, 죽은 뒤 천당(天堂)과 지옥(地獄)이 있다
는 것뿐이다. 물론 하느님의 은총의 도움이 매우 중요하다. 종교
신앙은 본래 자연계의 특별한 은혜[殊恩]를 넘어선다. 부인할 수 없
는 것은 그러한 암흑천지의 고통의 나날 가운데서도, 그녀는 여전
히 자신의 종교신앙을 유지해 나왔고, 하느님의 성령[天主聖神]이
그 어둠 가운데서 그녀를 인도하고 있다는 것이다. 또 하나 부인
할 수 없는 것은 모친이 줄곧 느끼는 '하느님이 그녀와 함께 하신다
(天主與她同在)'는 그와 같은 절실한 경험이 그녀가 끊임없이 기도
하고 재를 지키고[守齋] 착한 일을 행하는 원동력이라는 것이다. 그
녀가 비록 종교를 깊이 이해하지 못하고, 비록 세상의 온갖 고초를
다 겪었을지라도, 그녀는 시종일관 죽은 뒤 천당이 있음을 믿으며,
하느님께서 그녀를 지켜주고 계신다고 느낀다. 아마도 이런 절절

한 느낌[身切的感覺]이 그녀로 하여금 경건한 신앙을 유지해 갈 수 있도록 하는 것일 게다.

이러한 종교경험은 그 어떤 법률의 규정을 준수함으로써 얻어지는 것도 아니며, 누구에게 배워서 얻기도 어려운 것이다. 그것은 각자 스스로 찾아 나서고 경험해야만 하는 것이다. 당신은 아마이렇게 한마디 할 수 있을 것이다. "주님, 감사합니다!" 만일 이 말이 마음에 없이 그저 입으로 내뱉는 것이 아니라, 당신의 마음 깊은 곳에서 우러나오는 것이라면, 당신은 마음 저 깊은 곳에서부터 진심으로 하늘에 계신 아버지께 감사하는 것이다. 이런 감은의 마음[感恩之心]이 바로 종교경험이며, 그것이 오래 지속될 때, 그것은 당신으로 하여금 큰 일 작은 일 불문하고, "주님, 감사합니다!" 하는 말이 터져 나오게 할 수 있을 것이다. 혹시 당신은 이렇게 기도를 시작할 수 있다: "주님, 오늘 저를 도와주셔서, 제가 당신의 사랑의 사도가 되게 해주소서!" 당신은 단지 약한 인간이고, 당신은 아무것도 할 수 없다고 솔직 담백하게 주님께 자신을 드러낸다. 그러나 적어도 당신은 그 분[하느님]께 청하여 당신 자신이 그 분의 사랑을 세상에 나눌 수 있을 것이다. 만일 당신이 정말로 이와 같이 생각하고, 이와 같이 청한다면, 나는 오래지 않아 당신이 하나의 사랑의 사도가 될 것이라고 약속할 수 있다. 왜냐하면 이것도 일종의 강력한 종교경험이기 때문이다.

혹시 당신은 사탕을 좋아하고, 아이스크림을 좋아하고, 혹은 담배를 즐겨 피운다? …… 상관없다. 그것이 그렇게 그 무슨 큰 나쁜 습관은 아니다. 먹고 피우는 것이 당신의 신앙생활에 영향을 주지 않는다. 그렇지만 당신이 만일 감성의 신앙경험[感性的信仰經驗]을 하고 싶으면, 당신은 그 작은 일에서부터 자기를 제어하는 일을 배울 수 있다. 당신은 자신에게 이렇게 말할 수 있다: "기다려. 몇 분 지난 뒤에 다시 먹고, 다시 피울 거야." 당신이 만일 주님을 위해서 이 몇 분간 즐길 수 있는 것을 잠시 희생한다면, 당신은 필연적으로 마음속에서 그 무엇과 비교할 수 없는 승리와 기쁨을 느낄 수 있을 것이다. 이와 같은 작은 승리감과 기쁨은 천천히 그리고 점차 당신이 더 큰 희생과 자기극복을 할 수 있도록 해 줄 것이다. 물론 이러한 종류의 종교경험이 단번에 이루어지지는 않으며, 더욱이 큰 일에서부터 시작할 필요는 없다. 그것의 비밀은 아주 작은 일에서부터 시작하고, 또한 조금씩 조금씩 배워 익혀 나가는 것이다.

요컨대 감성의 종교경험은 매일 얼마든지 할 수 있고, 당신 스스로 계획을 하여 해 나갈 수 있다. 당신이 늘 어떤 사람을 욕하고 흉을 보거나, 다른 사람을 당신의 마음속에 품고 있지 않고 있다고 하자. 그렇다면 당신은 그들 하나하나 모두 그리스도의 화신[基督的化身]이며, 그리스도 자신이 그들 안에서 생활하고 계시다고 생각해 보았는가? 성당에 가서 기도할 때, 당신은 예수 그리스도께서 참으로 감실[성체를 모신 성궤, tabernacle] 안에서 밤새 당신을 기다렸다는 것을 생각하고, 그 때문에 당신이 그 앞에서 절을 할 때, 뭔가 좀 더 다정하고 친밀하게 그분께 다가가 절을 하는 것은 어떤가? 그런데 사정이 늘 마음먹은 대로 되지 않아서, 당신은 늘 하느님을 원망하고 남을 탓하며, 당신 자신이 유쾌하지 않음으로써 다른 사람도 불유쾌하게 만든다. 이때 당신은 이런 것이 아마도 당신 자신의 잘못이라고, 혹은 하느님께 의지하는 마음이 여전히 부족하다고 생각해 보지는 않는가?

우리의 신앙에 제일 영향력을 행사하는 것은 바로 이와 같은 비교적 감성적인 신앙생활이다. 교회의 신조는 물론 중요하고 교회의 법도 지켜야 하지만, 그저 이러한 신조와 법에만 의지하는 것은 당신으로 하여금 경건하고 열심한 그리스도교 신자가 되게 할 수 없다. 그저 주님, 주님하고 부르기만 하는 사람들이 하늘나라에 들어갈 수 없으며, 더욱이 종교를 단지 이해만 하는 사람들은 영원한 생명을 얻을 수 없다. 종교를 이해하는 것은 다만 한 걸음을 내딛는 것에 불과하며, 이성으로 이해하는 것은 크게 도움이 되지 않는다. 우리는 이러한 신앙을 우리의 생활 가운데서 표현해 내야만 한다. 그러므로 이성을 활용하여 이해하고, 감정(혹은 정서)을 발동하고, 행동으로 표현해 내는 것이 종교신앙을 실현하는 데 있어서 반드시 거쳐야 할 길인 것이다. 심리학의 공식을 적용해 볼 것 같으면, 이해(理解)→ 동정(動情)→ 행동(行動)이 될 것이다. 그 가운데서 이해(理解)는 이성(理性)을 대표하고, 동정(動情)은 감성(感性)을 대표하고, 이성과 감성이 서로 도와 접합(接合)될 때, 비로소 종교신앙이 실제로 꽃을 피울 수 있게 되는 것이다. 그런데 감성 가운데서 제일 중요한 것은 바로 하느님께서 계시지 않은 곳이 없다[無所不在]는 그러한 '임재감(臨在感)'을 절절히 느끼는 것이다. 우리는 늘 모든 사람들에게서 그리고 모든 일의 배후에서 하느님을 보고, 듣고, 느끼는 학습을 반드시 해야만 한다. 그때에 이르러서야 우리도 성 바오로 사도와 같이 말 할 수 있다. "내 생활은 이미 내 생활이 아니고, 그리스도께서 내 안에서 생활하십니다. …… 우리는 살아도 주님을 위해서 살고, 죽어도 주님을 위해서 죽습니다."

天主教輔仁大學(Fu Jen Catholic University)에서 教育心理學과 應用心理學을 가르친 呂漁亭 신부가 타이완에서 발행하는 격주간지《益世評論(Catholic Observer a Biweekly)》(2001년3월1일자)에 기고한 원제 <宗教信仰的理性與感性>의 번역이다. (2001년3월8일 신주에서)

일본 선교를 위한 그리스도론

　그리스도인에게 있어 예수 그리스도의 신비는 수많은 통찰을 통해 구원자로서의 그분의 삶을 꿰뚫어 보고, 그 자체 내적 탐구를 지속하는 과정에서 점차 다가가며, 그분과 아름답고도 내밀한 관계를 심화하는 쉼 없는 여정이다. 신앙은 흐르는 세월 안에서 겪는 여러 경험과 그 경험을 반추하고, 그 가운데서 하느님께 깊이 감사하고 응답하는 과정을 통해 온전히 자신을 내맡김으로써 깊어진다.

　나는 이 글에서 예수께서 일찍이 자기 제자들에게 던졌던 물음, 곧 "사람들은 사람의 아들을 누구라고 말합디까?"(마태16,13) 하는 물음을 다시 던지고 그것을 음미해 보려고 한다. 그런데 예수의 이 같은 물음에 시몬 베드로는 하느님의 은총에 힘입어 다음과 같이 아주 멋진 대답을 했다. "당신은 그리스도이시며, 살아계신 하느님의 아드님이십니다."(마태16,16) 오늘날 그리스도인들은 베드로의 이같은 신앙 고백을 다시 울려 퍼지게 하고, 자신들의 삶과 그들 주변에 있는 다른 전통에 속한 이들과의 관계 안에서 그것이 함축한 의미들을 탐구한다. 이는 또한 다른 종교 배경과 전통을 가진 이들과 대화할 계기를 제공한다.

　많은 일본인이 그리스도교[기독교]의 성경을 읽는다. 성경은 서점에서 끊임없이 잘 팔리는 이름하여 베스트 셀러이며, 문서 선교를 하는 기드온(the Gideons)에서 지속적으로 제공하여 널리 알려지는

가 하면, 새로운 번역이 부단히 이어진다. 체사레아 필리피 지방에서 어느 날 예수께서 제자들에게 던진 물음에 일본인은 과연 무어라 대답할 것인가? 그 어떤 아주 깊은 차원의 종교적 감수성을 건드리고 있지는 않은가? 일본인은 더없이 자비로운 연민의 정을 지닌 예수에게 공감한다. 성경은 삶의 중심을 잡지 못하는 군중들, 삶의 무게에 짓눌린 이들, 가난한 이들과 사회 주변부로 밀려난 이들에게 깊은 관심을 갖고 대하는 예수에 대하여 곳곳에서 언급한다. 예수는 그를 따르는 무리들에게 "하늘에 계신 너희 아버지께서 자비로우시듯이 너희도 자비로워라."(루카6,31)고 호소한다. 성 야고보 사도는 주님은 연민이 있으시고 자비로우시다고 전한다(야고보5,11). 루카 복음 10장에서 볼 수 있는 착한 사마리아 사람의 이야기는 강도들에게 희생되어 길가에 버려진 사람을 자비로운 마음으로 구해준 어느 낯선 사람에 관한 이야기로, 이 사람은 착한 이웃의 본보기요, 문화와 종교의 울타리를 넘어 타자에 대하여 깊은 관심을 가지고 염려하는 본보기가 된다.

그러나 신약 성경에서 자비와 연민에 관한 가장 위대한 표징은 잃어버린 아들의 귀환[일명 '돌아온 탕자의 비유']에 대한 이야기다. 헨리 나웬은 자신의 책 《방탕한 아들의 귀환(The Return of the Prodigal Son)》에서 연민의 정으로 가득한 자비로운 아버지에 대한 주제를 깊이 있게 다루었다. 성 페테르스부르그의 허미티지 박물관에 있는 렘브란트의 그림—탕자의 귀환을 바라보며, 나웬은 타자에 대한 지극한 관심을 지니고 성스러운 것에 가장 가까이 이끌려간 영성생활의 정점에 선 것 같은 사랑이 넘치는 아버지가 제멋대로 살다 아버지 품으로 돌아온 아들에게 다가가는 모습을 시적으로 묘사하고 있다. 비유에 등장하는 아버지는 타자가 필요로 하는 것에 대하여 관심을 표명하는 일에 있어 냉담한 인간의 반응에 대한 고통을 반영한다. 곧 비유에 등장하는 아버지는 타자의 필요에 대하여 깊은 관심을 표명하는 진정한 영성의 성숙을 나타내고, 예수 안에서 드러나는 하늘에 계신 아버지의 온전한 자기증여를 반영한다. 그리스도인은 타자를 위하여 이처럼 사심 없이 자신을 헌신하는 사람이다.

예수는 산상수훈에서 자비에 대하여 이렇게 천명한다. "행복하여라, 자비로운 사람들! 그들은 자비를 입을 것이다."(마태오1,58) 또한 마리아의 찬가[The Magnificat]에서는 하느님의 자비가 세세 대대에 이를 것이라 노래한다. 셰익스피어는 그의 작품 베니스의 상인에 등장하는 포샤(Portia)의 입을 통해 자비를 다음과 같이 묘사한다: 자비라는 것은 억지로 행해지는 것이 아니라, 하늘에서 내려저 아래 땅을 촉촉이 적셔주는 단비와 같다. 그것은 주는 자와 받는 자를 함께 축복하니, 이중으로 축복받는 것이다. 그것은 세상에서 가장 강한 것이며 국왕의 왕관보다 국왕을 더 국왕답게 해주는 덕성이다. 왕권은 한시적인 힘을 보여주고, 그 속성은 외경과 위엄이요, 거기에 왕들의 위엄과 외경이 자리한다. 그러나 자비는 이와 같은 불안정한 왕권 저 너머에 있다. 그것은 왕들의 마음들 속에서 받들어지는 것으로, 바로 하느님 자신의 속성이다『베니스의 상인』(4막 1장 181절).

자비(Compassion)는 일본에서 가장 심오한 가치를 지닌 종교적 감성이다. 그것은 사람들이 태풍·화재·지진·홍수·가뭄 등 자연 재해라는 파괴적인 힘에 지속적으로 맞서고 대처하는 과정에서 자연스레 흘러나온 감수성이다. 이와 같은 재난을 겪고 나면 사람들은 그 비극과 참상의 결과에 대하여 나눈다. 이와 같은 사건들은 온 나라에 걸쳐 통상적으로 관련된 것과 책임에 대하여 매우 강력히 사람들의 감성을 휘젓는다. 마찬가지로 국내는 물론 국외에서 재난이 발생하면, 일본 사람들은 재난 지역의 고통받는 사람들을 원조하는 데 매우 관대하다. 오랫동안 계속된 비극에 대처하는 과정에서 그것은 종교적 가치를 지니고, 그것들은 국가의 전통과 문학에도 반영되고 있다. 일본의 자치 형태와 그 역사는 공동선(the common good)을 위하여 투신한 영웅들의 희생과 봉헌에 대하여 칭송하고 있다. 대승불교는 보살(菩薩, Bodhisattva)을 동료 인간들을 구제하기 위하여 자신의 성불(成佛)을 유보한 존재로서 숭앙한다. 관음보살은 인도 전통에서 이런 보살의 성격을 지니고 있었다. 그리고 그것이 중국에 전해지면서 여신(the female deity) 관음으로 전환된 뒤 일본에 전해졌고, 그 성격은 자비의 여신(the goddess of mercy)으로 정착되었다. 일본에는 관음보살로 표상되는 신상이 많은 사찰과 가정에 봉안되어 있으며, 부모들과 교사들은 관음의 품성을 자비의 표상으로 젊은이들에게 전수하고 있다.

　신도(神道, Shintoism)도 역시 자비를 칭송하고 있다. 이나바의 흰 토끼(the White Rabbit of Inaba) 이야기가 전해지는데, 여기에 보면, 흰 토끼는 나름 꾀를 내어 한 무리의 상어 떼가 줄을 서도록 하고, 상어들의 등을 다리로 삼아 건너서 한쪽 해안에서 다른 쪽 해안으로 건너갔다. 그런데 그 과정에서 토끼는 자기 털이 다 벗겨지자, 자기 피부가 그대로 노출되게 한 이 바다의 괴물들에게 분노했다. 그때 한 무리의 신들이 지나갔다. 그 가운데 하나가 토끼에게 바닷물에서 나와 드러누워 햇볕에 말리면 어떻겠느냐고 제안했다. 이 우스꽝스러운 국면은 토끼에게 심한 고통을 주었다. 그런데 자비의 신 오쿠니누시노 미코토(大國主命)가 지나가다가 그 토끼가 처한 고통스러운 상황을 보고, 그에게 특별한 약초를 써서 고통을 덜어주고, 거기서 새털이 나올 수 있도록 해주었다. 아이들은 이 이야기를 통해서 사랑과 관심과 배려에 대하여 배운다.

이처럼 자비는 그리스도교와 불교(와 신도)의 근저에 자리하여, 서로 공유하는 종교적 가치를 지니고 있다. '자비의 화신 그리스도'와 '자비의 여신 관음'은 모두 인간 고통의 문제와 깊이 관련이 되어 있다.

자연의 아름다움과 세계 환경의 중요성과 관련해서도 그리스도교와 불교 전통은 또 다른 종교적 가치를 공유하고 있다. 카미의 나라[神國]는 《고지키(古事記)》에 그 성스러운 근거를 가지고 있으며, 성경은 인간을 위한 하느님의 계획을 펼쳐 보이는 세상의 창조와 인간 구원을 위한 그리스도의 역할을 보여준다. 두 종교 전통 모두 세상은 신성하다고 여기고, 인간은 세상과 그 안의 생명을 잘 보존하고 보전할 책임이 있다고 본다. 자연의 아름다움은 일본인의 생활에 주요한 주제이다. 편지를 쓸 때 날씨를 먼저 언급한다. 예술에서도 그것은 주요한 대상이다. 하이쿠(haiku) 같은 시에서도 그것에 크게 영감을 받는다. 아이들은 자연에 만발한 꽃들을 좋아한다. 등산을 하는 이들은 그 안에서 즐거움을 찾는다. 이처럼 자연은 인간의 삶의 배경을 이룬다. 자연은 성경 곳곳에서도 깊이 음미되는 주요한 주제이다. 예수께서는 들에 핀 백합이 솔로몬과 그 어떤 영화로움보다 더 낫다고 말했다.

창조는 우주 안에 있는 하느님의 생명의 나눔이다. 그것은 하느님의 섭리와 깊은 배려가 담긴 신성한 선물이다. 창조는 무한한 공간에 펼쳐진다. 이루 셀 수 없는 천체들, 생명체들의 신비의 신비, 지상의 피조물들, 하늘의 새들, 물에 사는 모든 생명체들, 모든 상상을 넘어서는 온갖 형태와 색깔을 지닌 것들, 이 창조는 사람들이 즐기고, 풍요롭게 하고, 보존해야 하는 장엄한 신뢰이다.

일본인에게 있어 자연은 특별한 보화이다. 아주 오랜 옛날부터 자연은 신묘한 특성을 부여받았다. 자연은 외경의 느낌과 경이로움을 창출해 냈고, 거기서 카미(神)의 기본 관념이 발전되었다. 세계의 기원은 불명료하다. 만요수(万葉集)에는 카미(kami, 神)가 신을 의미하는 카무(kamu)로 읽혔다. 마찬가지로 이 카무(kamu)는 일본의 창조 이야기를 담은 《고지키(古事記)》에도 나타난다. 호리 이치로(Hori Ichiro)는 캄(kam)이라는 낱말에 알타이와 몽골 언어 등에서는 샤먼(shaman)의 뜻이 있다는 것을 추적하였다. 멀치아 엘리아데(Mircea Eliade)도 이 점을 지적하였다.

사실 정확한 정의는 매우 어렵다. 카미(神, kami)라는 낱말은 많은 뜻을 함축하고 있다. 18세기의 '고지키'의 주석가 모토리 노리나가(本居宣長)가 내린 정의는 널리 알려져 있고 많은 사람들이 수용하고 있다. 그가 내린 정의에 따르면, 가장 일반적인 의미에서 '카미'라는 말은 고전에 등장하는 하늘과 땅에 있는 모든 신성한 존재들을 가리킨다. 좀 더 구체적으로 말하자면, '카미'와 신령들(the spirits)은 신사에 봉안되고 경배의 대상이 된다. 기본적으로 인간들, 새들, 나무들, 식물들, 산들, 바다들, 이 모든 것이 '카미'가 될 수 있다. 고대의 용법에 따르면, 대단히 탁월한 성질을 가지고 있고, 뛰어나게 인상적인 것들이나 경외감을 불러일으키는 것들은 모두 '카미'로 불렸다. 실제로 자연 신들, 인간 신들이 있고, 인간 신들은 우지카미(氏神), 씨족 신들을 포함한다. 또 태양이나 나무들 같은 자연의 대상물 혹은 여우 신이나 아마테라수 오미카미(天照大神) 같은 개별 신이 있는가 하면, 조상의 신령 같은 인간 신들도 있고, 샤먼들(shamans), 악신들, 천황들(emperors), 선신들 혹은 불운(bad luck) 같은 신들도 있다. '카미'라는 말은 단수형도 복수형도 아니다. 그 것은 다신론적일 수도 있고, 동시에 일신론적일 수도 있다. 단일한 신이 다른 명칭들로 경배될 수 있다. 쟝 허버트(Jean Herbert)에 의하면, '카미'는 신성한 존재이다. 생명의 신격화가 모든 존재 안에 각인되어 있다.

하인리히 두몰린(Heinrich Dumoulin, S. J.)은 노리나가가 내린 정의에 따른 '카미'의 의미가 원시 종교의 '우주의 신비한 힘' 마나(mana)와 부합한다고 보았다. 죠셉 키타가와(Joseph Kitagawa)는 '카미'의 관념이 그 자체의 많은 불일치와 함께 일본 문화의 핵심에 자리하고 있다고 보았다.

자연 숭배는 태양이 강력한 빛을 쏟아부어 지상의 것들을 풍요롭게 하는 경이로운 힘을 지니고 있다고 여기는 데서 비롯된다. 그리하여 태양은 일본 국기의 중요 요소가 되어 모든 것을 낳아주는 땅의 힘을 표상한다. 신령을 숭배하는 것은 자연에 자리한 신성함에 대한 각성과 조상들에 대한 공경이 함께 부가된 것이다. 일본에서 유교는 씨족 신[ujigami, 氏神]을 섬김으로써 가족의 전통을 발전시켰지만, 그 바탕에 자리한 기본적인 힘은 언제나 '카미'에 대한 관념이었다.

일본에서 불교는 그 자신의 종교 체계를 '카미'의 관념에 적응시켰다. 쿠카이(空海)는 대일여래(大日如來)로서의 비로자나불 (Mahavaiocana)을 아마테라스 오미카미(天照大神)의 현신으로 보았다. 그 당시에 대중의 관념은 모든 것은 '카미'가 될 수 있는 가능태로 보았다. 세상을 떠난 이들은 호토케(ほとけ,仏)로 알려진 자애로운 '카미'로 공경을 받을 수 있었다. 사람들은 그들의 재능과 기술로 인하여 '카미'가 될 수 있다. 이런 까닭에 그들의 조국을 위하여 목숨을 바친 이들을 야스쿠니 신사(Yasukuni Shrine)에 봉안하게 된다. 그러나 군에 복무한 이들을 '카미'로 여겨 신사에 봉안한 것은 본래 '카미'의 관념에서 벗어난 것이다.

사실 '카미'는 좁은 의미에서건 넓은 의미에서건 모두 다 조상의 신령을 보호하는 것이다. 철학자 니시다 키타로(西田幾多郞)는 일본의 신성(Japanese divinity)을 범재신론적(汎在神論的,panentheistic)으로, 긍정과 부정의 양극단을 지니고, 진정한 자아(true-self)를 드러내는 각성된 그 무엇으로 보았다.

니시다 키타로의 신(god)은 우주에 갇혀 있다. 일본인은 모든 사람을 응집력 있는 그룹에 흡수시킬 수 있는 공동체나 공동체의 그 기능들에서 벗어났거나 독립된 사람이나 신(deity)에 대하여 어쩔 수 없이 언급하는 것 같다.

끝으로, '카미' 관념은 일본의 전통과 종교 생활에서 가장 중요한 낱말이다. 일본에서 그것은 애니미즘과 범재신론과 단일신론 등, 서로 다른 다양한 층위로 표현되고 있다. '카미'의 관념은 변했고, 그 자신이 다양한 문화와 종교의 영향을 받아들였다. 그리스도교는 '카미'라는 낱말을 받아들여, 거기에 그리스도교 신의 관념을 부여했다. 곧 일본에서 프로테스탄트[개신교]는 1879년에 그 낱말을 처음으로 사용하기 시작했고, 가톨릭[천주교]은 1960년에 그 낱말의 사용을 승인했다.

이처럼 '카미'라는 낱말은 일본 종교 사상에서 중요한 힘을 가지고 있으므로, 종교 간의 대화에서 이 전통을 중시하고, 그 특성을 평가하며 신학 사상에서 그 개념을 발전시켜야 한다. 어느 편안한 자리에서 신토(神道)의 한 성직자가 천주교 사제들에게 '카미'라는 낱말을 그 본래의 원천에서 훔쳐다가 전통적인 창조자 신과 그 신학적 개념을 사용하는데 적용했다고 날 선 지적을 했다. 그러나 '카미'가 과거에 다양한 층위에 있었다는 점을 의식하고 있는 것이 여전히 중요하며, 지금 그것을 어떻게 이해하고 더욱 풍요로운 대화의 길로 이끌고 더 깊은 영성을 어떻게 서로 더 음미할 수 있어야 하는지 의식하는 것도 여전히 중요하다.

이처럼 이 세상의 '자연의 아름다움'과 '자비'에 대한 인간적 차원에 대한 각성은 완전히 실현된 인간성의 궁극적 가능성으로 인간의 영을 고양시킨 또 다른 영성의 차원과 융합되었다. 나자렛 예수의 인격 안에서 인간의 변모(human transformation)가 전적으로 표현이 되었으며, 여기에 그 이상(the ideal)을 반영하려는 종교적인 노력이 반영되었다. 홋카이도(北海道)의 에니와(惠庭)라는 마을에 일본다운 경이로움과 자연의 외경스러움이 서로 잘 융화된 아름다운 천주교 성당이 있다. 장방형의 그 성당과 같은 길이로 나란히 내리뻗은 정원은 성당 유리문이 안팎의 경계를 이루는데, 그 유리문 바깥 정원에는 봄에는 벚꽃의 아름다움을, 여름에는 라벤다 꽃나무, 가을에는 일본의 단풍, 겨울에는 홋카이도의 눈, 그리고 바위들 사이에 있는 모든 것들과 일본 대나무를 울타리로 삼아 그것을 에워싼 자연 환경을 조망할 수 있다. 이렇게 자리 잡은 곳에서 우주적 사건인 성체성사가 예수의 궁극적 희생과 예수 부활의 변모를 생생하게 드러내준다.

예수의 가르침이 생생히 살아 있는 것은 바로 이 자연과의 나눔 안에 있다. 그것은 공동체를 주님의 길(the path)로 이끄는 길(the way)이다. 삶은 나눔이고, 세대들이 살아왔고, 아이들이 그들의 신앙의 기초 위에서 풍요로워졌고, 새로 결혼한 이들은 함께 밝은 미래를 전망한다. 새로워지고 나누는 것이 예수 사건이며, 마찬가지로 그것은 새로운 삶의 가능성들로 주의를 집중시킨다.

그리스도의 자비로운 인간적 삶과 그 궁극적 완성에 대한 강조는 일본의 문화와 삶에 대한 가장 가능성 있는 효과를 지닌 그리스도론(Christology)을 제공한다. 그것은 또한 삶의 의미에 대한 생생한 증거를 제공한다. 구세주가 자신이 살았던 세상에 자신의 생명을 바친다는 것은 그야말로 기쁜 소식의 선포이다. 그는 인간 해방의 길을 제시하였고, 가난한 이들에게 희망을 주었고, 십자가 상에서의 궁극적 희생은 그의 제자직무 수행의 모범이 되는 무한한 신적 사랑을 표현하였다. 예언자로서의 예수는 회심과 변모를 요청했는데, 그 목적은 정치적인 그 무엇이 아니라 자유와 우정과 사랑과 정의가 꽃을 피우는 인간 공동체의 실현이다.

그러나 그리스도론이 일본에서 그 정점에 이르는 것은 교사의 역할에 달렸다. 예수는 창조의 완성이다. 그는 하느님의 사랑 안에 뿌리를 내린 강한 인격적 윤리를 요청한다. 그의 전망은 우주적이고, 겸손한 행동과 비폭력의 자세를 견지하는 것이다. 그의 우선적 관심사는 가난한 이들과 어린이들이다. "그는 행복선언(Beatitudes)에서 삶의 새로운 관점을 제공한다. 그는 특별 계시로부터 결론들을 도출하기 위하여 비유들을 사용한다. 그는 교리(doctrine)를 가르치지 않고, 삶의 방식(a way of life)을 제시했다. 그의 이야기들은 현세적인 것이어서 모두에게 적합했고, 종교적이거나 제의적인 준수를 요구하지 않았다. 그의 하느님은 성전에 계시지 않고, 사람들 가운데 삶에서 만날 수 있었다."(Amaladoss, Kawasaki Lectures, 2001 September)

아시아에서 예수는 길[道]로서, 곧 자연의 길(the way of nature)에서 제일 잘 보인다. 일본 문화에서 자연은 끊임없이 새로운 통찰로 이끈다. 그리스도론의 범주에서 그것은 자연의 원천에 대한 것이고, 그리스도인이 신적인 것을 느끼고 주 그리스도의 특별한 선물을 느끼는 그 근원에 참여하는 것이다. 신자들은 자연의 계획의 정점(culmination)으로서 예수 그리스도의 부활을 본다. 모든 역사의 사건은 사람의 아들이요 하느님의 아들인 그의 이 궁극의 경험과 관련된다. 그것은 그리스도인의 그리스도 추종 안에서 계속되는 이 자연의 리듬이다. 먼지[티끌]가 새로운 존재를 위해 준비하듯, 죽음이 바뀌어 새로운 삶이 된다. 그것은 삶의 목표요 그리스도인이 끝까지 따르는 길이신 그리스도와 함께 부활하는 것이다. 그것은 땅에 떨어져 죽어서 마침내 많은 열매를 맺는 밀알이다(요한12,24). 성체성사는 창조와 변모의 이 놀라운 일을 계속한다. 성체성사는 주님의 수난과 죽음을 재현하며, 그로써 참여자들을 창조된 우주적 세계로 고양시키고, 신자들이 일상 생활과 영적 차원의 깊은 각성 안에서 삶을 개방하고, 궁극적 변모 안에서 서로 나누도록 초대한다. 그리스도인에게 죽음의 독침은 없다(1코린토15,55). 그리스도는 영원한 생명이요, 그를 믿는 사람들에게 예수께서 하늘에 계신 아버지와 나눈 똑같은 신적 관계의 선물이 주어진다.

일본 선교를 위한 그리스도론은 모든 것을 변모시키고 예수가 그 자신의 삶에서 이해하고 실현하고 그의 추종자들에게 제공한 궁극적인 인간의 가능성들을 나누는 길을 가르친 인간 그리스도에 대한 소묘(the portrayal)이다. 그것은 사람들이 근본적으로 변모하도록 초대하는 의미 있는 소개이다. 어떤 면에서 그것은 분명한 신 체험(kami experience)이다. 그것은 사람들의 최고의 열망과 융합되고, 그들의 영적인 갈망에 매료된 삶의 형태를 보여주고, 주님을 따르려는 사람들을 위한 삶의 형태를 가리킨다.

복음화에 종사하는 이들과 모든 그리스도인을 위하여, 이것은 문화의 숨결과 일본인의 삶의 표현과 함께 그리스도의 삶의 본질적이고 규범적인 지침들이 결합된 놀라운 길이다. 이것은 신학적인 형식 안에서 잘 발견된 풍요로운 과정이다. 제자들은 그리스도인의 생활 규범으로 예수를 받아들이면서, 신앙에 모순이 되는 것은 제거하려 하고, 신적으로 영감을 받은 대체할 만한 다른 종교적인 표현들을 본다. "예수는 규범 그 이상이다. 예수는 스스로의 경험에 입각하여 그리스도인의 상상력을 활짝 열어젖히고 그것을 이끌어 공동체가 역사를 통하여 움직이듯 더 나은 진실로 나아가게 한다." 보편적인 인간의 외경(reverence)이 있고 자유(freedom)와 상호 존중(mutual respect) 같은 것은 예수가 매개가 되어 그 가치를 입증한 그런 이해의 틀이다. 사람은 역사의 상황과 절대 신비에 대한 인간 이해의 유한한 특성에 대하여 민감해야 한다.

일본의 그리스도인에게 일반 사회 안에 편재한 미덕과 이기주의가 드러나는 것처럼, 사람과 사건들 안에 하느님의 보편적 사랑의 새로운 지평이 놓여있다. 성실함인 밴 공손함, 타자를 돕는 헌신의 선물, 정직함, 공동체 안에서 이웃과 함께 살기, 선한 윤리 규범 등, 이 모든 것은 하나 된 사회에서 행동하는 하느님을 보는 계기들이다. 사람은 자신의 신앙을 강화하고 예수가 그의 죽음과 부활의 희망 안에서 자신을 잊도록 더 깊이 헌신한 것처럼 자신을 격려하기 위하여, 매우 보편적으로 드러나는 하느님의 사랑을 느낀다. 하느님의 보편적 사랑은 모든 이에게 다가간다. 또한 대화는 타자와의 만남에서 자신의 신앙을 깊이 있게 해주는 도구이다. 그러나 인간의 모순들이 교정될 필요가 있을 때, 복음의 빛과 그리스도 전통 안에서 비판적으로 평가할 필요는 여전히 있다.

종교적 표현 안에서 하느님이 계시한 것이 무엇이든지 그리스도인의 그리스도 경험을 풍부하게 해줄 가능성이 농후하다. 따라서 그리스도인은 누군가의 전통 바깥에 있는 그 어떤 것을 받아들이지 못하고 배격하는 배타적인 태도를 넘어선다. 사람은 하느님의 자유로운 은총에 대하여 제한을 두지 않고, 새로운 가능성들과 함께 그 자신이 받은 신적인 관계를 깊이 있게 해주는 그들에게 발견된 것이 무엇이든지 그 아름다움과 통찰을 받아들인다.

이 다원적인 그리스도론적 접근은 예수의 신비를 의미 깊게 전달해 주는 일을 담보한다. 그것은 근본적인 삶의 체험들을 나누고 깊은 종교적 만남의 영감을 제공하기 때문에 비그리스도인들이 참여하도록 초대한다. 일본의 비그리스도인들에게 그것은 새로운 지평을 여는 주님에 대한 민감하고 매력적인 초대이다. 그리스도인이 로고스[말씀,道,the Logos]를 보는 것은 절대로 제한되어 있지 않지만, 기본 통찰을 제공하여 그 위대한 동서양의 전통과 함께 신성한 신비를 깨달아 그것은 그리스도의 삶 안에 온전한 인간의 참여를 이끌어 낸다.

일본에서의 선교는 하느님의 온전한 신적 선물의 인간적 표현의 형태와 같이, 예수에 대한 똑같은 각성을 나누는 것과 같은 교회의 살아있는 그리스도론 전통이 작동하도록 해야 한다. 그것은 하느님의 신비가 열려 더 친밀해지는 것처럼 더욱더 고양되어야 한다. 그것은 실제적인 신앙의 전달이다. 그리고 그것은 신자들이 그 전망(vision)을 나누려고 또 다른 사람들을 초대하여 넓은 문화의 지평과 관련되도록 하는 하느님의 은총 아래 있다. 그리스도론은 일본인의 민감성 안에서 그리스도에게 뿌리를 내리고 그것이 지시하는 궁극적 변용을 예시할 때 의미가 있다. 그것은 새로운 접근은 아니다. 그것은 복음에서 발견되고, 교회 전통과 선교 경험에서 발견되는 것이다.

Oriens Institute for Religious Research에서 발간하는 《THE JAPAN MISSION JOURNAL》(AUTUMN 2002, VOL. 56, NO3)에 Patrick F. O'Donoghue, MM가 기고한 〈Christology for Mission in Japan〉을 한글로 옮겼다. (2012년12월31일 신주에서)

패트릭 오도너휴(Patrick F. O'Donoghue, MM)는 메리놀 외방선교회 신부로 이 글을 쓴 해에 이미 30여 년을 일본에서 살아온 선교사이다. 그는 일본 츠쿠바 대학교(Tsukuba University)에서 비교종교문화 교수로 재직했다. 그가 쓴 이 글이 실린 간행물이 출간 되었을 때, 나는 마침 안식년을 맞이하여 도쿄의 메리놀 하우스에 그와 함께 머물고 있었다. 이 글을 번역하며, 그때 갓 출판된 이 간행물을 그에게서 받으며, 이 글의 주제와 관련해 나눔을 가진 기억이 떠오른다.

한국 청년이 일본의 영웅이 되다 : 고 이수현 씨를 추모함

     사람을 구하기 위하여 자기 목숨을 바친 한국 청년은 일본의 영웅(東瀛英雄)이 되었다

    도쿄(東京) 지하철역에서 선로에 떨어진 사람을 구하려다 목숨을 잃은 한국 청년 이수현(李秀賢)은 이미 일본 사람들 사이에서 입에서 입으로 전해져 알려진 영웅이 되었으며, 더욱이 서로 사이가 좋지 않은 한일 두 나라의 정감(情感)이 오고가는 다리[橋梁]가 되었다.

    26살의 이수현은 한국의 고려대학교 무역학과 4학년 학생으로 휴학기간을 이용하여 일본에 가서 일어를 배우는 중이었다. 지난 금요일 저녁 7시 15분 경, 그는 도쿄 신주쿠(新宿區) 신오쿠보(新大久保) 지하철역에서 전철을 기다리던 중, 술에 취한 일본인[坂本成晃]이 지하철 선로 위에 떨어진 것을 발견했다. 이수현은 다른 일본인 사진 작가[關根史郎]와 함께 그 취객을 구하려고 곧바로 플랫폼에서 선로로 뛰어내렸다. 그러나 그때 플랫폼을 향하여 달려오는 전철에 부딪혀 불행히도 3명 모두 숨지고 말았다. 이 3명은 서로 일면식도 없는 낯선 사람들이다.

    다른 사람을 구하려고 자기 목숨을 바친 이와 같은 의거(義擧)는 수많은 일본 사람들과 한국 사람들의 경탄을 자아냈다. 일본 수상을 비롯한 정부 관원부터 작은 상점 주인에 이르기까지, 연일 전

일본이 모두 이 사건에 대하여 이야기를 하고 있다. 모리 요시로(森喜郎) 일본 수상, 고노 요헤이(河野洋平) 외상[외무부 장관] 등 정부 관원과 여야 정치인 및 천여 명의 일본 민중이 앞다투어 이수현의 영전[靈堂]에 나아와 분향하고 애도를 표시했다. 김대중 한국 대통령도 공식적으로 이수현의 의거를 표창하였다[褒揚].

일본 사람들은 본래부터 배타적이며, 게다가 과거에 한국을 침략한 역사가 있기 때문에, 한국 사람들에게는 일본에 대하여 미운 감정이 남아있다. 이런 정황에서 지금 한국 청년 한 사람이 뜻밖에도 분연히 일어나서 자신의 몸을 돌보지 않고 낯선 일본 사람을 구하려다 목숨을 잃은 사건은, 일본 사람들의 마음에 감격과 자성(自省)으로 복잡하게 뒤엉킨 정서를 유발시켰다. 또한 이수현의 할아버지[祖父]는 이전에 일본에 강제 징용되어 일본 탄광에서 노역을 한 적이 있다.

어떤 일본인들은 말하기를 삼가며, 어떻게 한국 사람이 일본 사람을 위해서 목숨을 희생할 수 있는지 몹시 의아해 한다. 일본은 1910년부터 1945년까지 한반도를 그들의 식민지로 삼아 강도 높은 식민통치를 하였다. 비록 이것이 반세기 이전의 지나간 일일지라도, 두 나라 관계에 여전히 깊은 영향을 끼치고 있다. 많은 한국인이 일본인은 냉혹하고 꿍꿍이속이 있다고 생각하고 있으며, 일본인은 한국인이 낙후되었고 (이것저것) 따지고 승강이를 벌인다고 여긴다.

이수현의 의거는 수많은 일본인의 이와 같은 판에 박힌 듯한 인상을 바꾸게 하였다. 나이 든 많은 일본인들은 이수현을 보면서 신시대의 일본 젊은이에게 자기희생의 정신이 결핍되었음을 느낀다.

이수현의 분향소는 그가 공부하던 도쿄의 언어학교에 마련되었다. 모리 요시로 수상을 수행하여 분향소에 와서 애도를 표시한 문부성[교육부] 장관[町村信孝]은 이렇게 말했다. "그는 우리에게 특히 일본 젊은이들에게 하나의 메시지를 남겨주었는데, 그것은 바로 다른 사람을 위하여 자기를 희생하는 것이다. 이것은 이전에 우리에게 있었던 것이나, 지금은 별로 남아있지 않은 것임을 상기시켜 주었다."

천여 명의 일본인은 혹한의 날씨도 개의치 않고 분향소 밖에서 줄을 서서 한 시간이나 기다린 뒤, 생전에 일면식도 없었던 이수현의 영전에 분향을 했다. 어제(1월 29일) 아사히 신문(朝日新聞) 석간의 머리말 기사는 "일본과 한국이 함께 눈물을 흘렸다"였다. 이수현 개인의 홈페이지에 그가 일찍이 써놓은 다음과 같은 글귀가 눈에 띈다. "내가 일본에 온 것은 한국과 일본 사이에 하나의 다리를 놓기 위해서이다." 지금 그는 그 일을 해냈다.

이수현 씨가 세상을 떠난 뒤 당시 타이완의 유력 일간지《聯合報》2001년1월31일자 11쪽 國際版에 실린 기사를 한글로 옮겼다. 일본 아베(安倍) 정부의 도발로 지난해(2019년)부터 한일관계가 매우 악화되었는데, 이런 정황에서 19년 전에 있었던 이러한 미담을 회고하며, 씁쓸함을 지울 수 없다. 한국 정부를 대표하여 2019년10월22일 일본 나루히토 국왕[天皇] 즉위식 참석차 일본을 방문한 당시 이낙연 국무총리가 도쿄(東京) 신오쿠보역에 있는 고 이수현 씨의 추모비 앞에 국화꽃을 올리고 "인간애는 국경도 넘는다. (이수현) 의인이 실천해 보인 헌신의 마음을 추모하기 위해서 왔다"고 말했다. 지난 2020년1월26일은 도쿄에서 2001년1월26일 의롭게 서거한 이수현 씨 서거 19주년이 되는 날이었다.

21세기 그리스도인의 눈으로 바라보는 삶과 세상

IV

노벨 문학상에 얽힌 뒷 이야기

　가오싱젠(高行健)이 노벨문학상을 받은 뒤(2000년12월7일)부터 중국대륙에서 끊임없이 전해오는 뜬소문이 하나 있었으니, 그것은 어떤 선배 작가가 거의 노벨 문학상을 받을 뻔했었다는 것이다. 이에 대하여 노벨 문학상 심사위원 고란 말름크비스트(Goran Malmqvist,중국명:馬悅然)가 어제(2000년2월2일) 그 내막에 대하여 드러내놓고 해명했다. 그는 라오서(老舍), 루쉰(魯迅)이 노벨상을 거의 받을 뻔했다는 소문을 반박했다. 그러나 선총원(沈從文)은 확실히 1987년과 1988년 2년 연속으로 노벨 문학상 최종 심사까지 올라간 후보였다는 사실을 인정했다. 그는 노벨 문학상은 작가 개인에게 주는 것이지, 작가의 조국에다 주는 것이 아니며, 심사의 관건은 작가 개인의 문학적 소양[질]이라는 점을 강조했다.

　말름크비스트는 어제 제9회 타이베이 국제 도서전에서 행한 강연에서, 번역에 대하여 그리고 노벨 문학상에 대하여 언급했다. 그는 또 언급하기를 가오싱젠이 노벨 문학상을 받기 전에 어떤 사람들은 노벨 문학상의 역사가 근 100년이나 되었는데, 왜 중국 작가는 수상을 한 적이 없는가 하고 물었다고 한다. 이에 대하여 그는 노벨 문학상은 작가 개인에게 수여하는 것이지, 작가의 조국에 수여하는 것이 아니라고 답변했다고 한다. 게다가 가오싱젠의 작품을 심사할 때, 스웨덴 왕립 아카데미의 회원인 노벨 문학상 심사위원들은 가오싱젠의 국적에 대하여 전혀 몰랐으며, 국적이나 언어 같은 것은 애초부터 전혀 심사 기준의 범위에 들어있지 않는다는 것이다.

스웨덴 왕립 아카데미의 규정에 의하면, 그 회원[院士]은 50년 이내의 노벨상 후보자의 이름은 밝힐 수 없다는 것이다. 따라서 노벨 문학상과 그 후보자에 대하여 뜬소문이 상당히 많다는 것이다. 말름크비스트는 말하기를, 최근 중국현대문학관 관장 라오서(魯舍)의 아들 수이(舒乙)가 공개적으로 1966년 스웨덴 왕립 아카데미에서 라오서에게 노벨 문학상을 주기로 결정했으나, 그 전에 라오서가 세상을 떠났다고 공개적으로 밝혔다는 것이다. 이에 대하여 그는 그같은 사실은 전혀 사실무근이라며, 과거 몇몇 프랑스 한학자(漢學者)가 라오서를 추천하고 여러 차례 그에게 라오서를 후보로 올려달라고 부탁했으나, 그는 생각이 달랐는데, 그것은 당시 외국어로 번역 소개된 라오서의 작품은 루어투어시앙즈(駱駝祥子)와 리혼(離婚)밖에 없었고, 그 가운데서도 영역본 루어투어시앙즈(駱駝祥子)는 행복한 결말로(happy ending) 인하여 라오서의 원작(原作)을 훼손했다며, 라오서는 근본적으로 노벨 문학상 최종 후보자 명단에 들지 못했다는 것이다.

루쉰에 대하여, 말름크비스트는 루쉰의 내이한(內喊)과 팡황(彷徨)은 모두 대단히 창조적 작품이라고 생각하며, 만일 1920년대에 누가 이 두 단편소설을 외국어로 번역하여 소개했다면, 루쉰은 노벨상 후보로 추천될 수 있었고, 아마 노벨상까지 받았을지도 모를 것이라고 생각한다고 밝혔다. 또한 그가 54운동(五四運動) 이후의 원로작가 가운데서 제일 탄복하는 대상은 선충원(沈從文)이라고 밝했다. 선충원을 대단히 존경하기 때문에, 그는 스웨덴 왕립 아카데미의 엄격한 비밀 규정을 깨고, 선충원이 이미 여러 지역의 전문학자들에게서 노벨 문학상 후보로 추천되었다고 토로했다. 뿐만 아니라 1987년과 1988년 2년 연속으로 노벨 문학상 최종심사에 올랐었으며, 만일 그가 1988년에 세상을 떠나지 않았으면, 그 해의 노벨 문학상 수상자가 되었을 것이라고 인정했다.

그는 분석하기를, 과거 중국의 작가들이 노벨 문학상과 줄곧 인연을 맺지 못한 원인 가운데 하나는 54운동 이래로 선배 작가들의 저작이 외국어로 번역 소개되지 못했기 때문에, 서방 독자들에게 크게 주목을 받지 못했다는 점과, 또 다른 원인은 번역자들의 수준이 미흡하여 외국독자들이 원문에 나타나는 문학적 소양[질]을 제대로 볼 수 없었기 때문인데, 다행스러운 것은 최근 십여 년간 이와 같은 상황이 어느 정도 개선되었다고 본다. 그밖에 마오쩌둥(毛澤東)이 1942년 5월 옌안(延安)에서 가진 문예좌담회가 중국대륙 문학 발전에 상당한 영향을 미쳤다고 한다. 당시 경력 있는 작가들은 이후 글쓰기를 중단했다. 그 후 내리 계속된 정치운동과 문학혁명은 중국문학 발전에 커다란 장애가 되었다. 말하자면 1950년대에서 1970년대 말엽까지 중국대륙의 문단은 광대무변한 사막과 같았다고 한다.

그에 의하면, 그밖에 스웨덴 왕립 아카데미는 매년 각국 대학의 문학과 교수, 철학과 교수 그리고 각종 작가단체의 회장으로부터 추천작가 명단을 접수한다. 그런데 아쉬운 것은 중국대륙과 타이완의 후보자를 추천할 수 있는 자격 있는 추천인과 추천기관들이 추천하는 중국작가[華文作家]가 대단히 적다는 것이다. 중국대륙에 있는 중국작가협회는 가오싱젠이 상을 받은 뒤, 대외에 선언하기를 중국대륙에는 '가오싱젠'보다 더 나은 작가가 적어도 200명은 된다고 했지만, 정작 현재 중국작가협회 회장인 바진(巴金)은 한 번의 담화 중 자신은 단 한 명의 중국작가도 노벨상 후보자로 추천한 적이 없었다는 것을 인정했다.

그런데 중국대륙과 달리 타이완 시인들의 작품은 그에게 비교적 익숙하다. 그 자신이 높이 평가하는 타이완 시인은 지시엔(紀弦), 뤄푸(洛夫), 야시엔(亞弦), 상친(商禽), 정처우위(鄭愁予), 저우멍디에(周夢蝶), 양무(楊牧), 뤄칭(羅青), 천이즈(陳義芝), 샹양(向陽), 양저(楊澤)와 샤위(夏宇)이다. 그는 이 시인들의 우수한 작품들은 이미 세계 문단의 영역에 들어갔다고 본다. 외부 인사들은 가오싱젠이 상을 받은 뒤 분명히 상당한 기간이 지난 다음에야 중국작가에게 상을 받을 기회가 올 것이라고 생각하는데, 그 자신은 그렇게 생각지 않는다며, 가오싱젠이 사실상 중국문학[華文文學]이 바깥으로 나가는 한 길을 개척 했으므로, 그리 오래 기다리지 않고도 또다시 중국작가[華文作家] 가운데서 노벨 문학상을 받는 이가 나올 수 있을 것이라 믿는다고 피력했다.

이 글은 타이완의 유력 일간지 《聯合報》 기자 周美惠가 취재하여 그 신문 (2000년 2월 3일자 14쪽) 문화면에 실렸던 기사를 당시에 한글로 옮겼다.

이 글에 나오는 '華文文學'과 '華文作家'를 일반인에게 익숙한 용어인 '중국 문학'과 '중국작가'로 각각 옮겼는데, 사실상 원문에서 보여주는 것은 지리적 으로 중국대륙에서 성행하는 문학이나 중국대륙 안에서 활동하는 작가에 한 정하지 않고, 중국어[中國語, 漢語 혹은 華語]로 작품을 발표하는 작가와 그

작품을 가리키므로, 이는 지리적인 것은 물론이려니와 정치적 그리고 국적에도 제한받지 않는 것이다. 본 기사에 나오는 인물의 이름은 스웨덴어로서 고란 말름크비스트(Goran Malmqvist)인데, 북경보통화로 馬悅然으로 음역하여, '마위에란'으로 표기한다.

\# 덧붙이면 2000년 노벨 문학상 수상자 가오싱젠(高行健)은 1940년1월4일 중국 쟝시(江西)에서 출생했고, 1988년에 정치적 망명자 신분으로 프랑스 파리에 거주한 뒤 오늘에 이르고 있으며, 현재 그의 국적은 프랑스로 되어있다. 그는 소설과 희곡을 쓰는 것 이외에도 소설에 관한 이론서도 출판했고, 새천년이 시작되는 2000년 타이베이(台北) 방문 때에, 그곳에서 미학평론서《또 하나의 미학(另一種美學)》을 타이베이의 리엔징 출판사(聯經出版公司)에서 출판했다. 그 밖에 그는 개성 있는 수묵화(水墨畵)를 그리는 화가이기도 하여 지금까지 세계각국에서 약 30여 회의 수묵화 전시회를 가졌고 호평을 받았다. 그는 말하기를, 시각(視覺)과 언어(語文)는 둘 다 각기 다른 창조의 수단인데, 언어로 표현할 방법이 없을 때 비로소 그림을 그리며, 그때 주제를 배척하는 순수회화를 그려서, 형상(形象) 스스로 말하게 한다고 한다.

\# 가오싱젠(高行健)의 문학의 성격을 특징지어, 이른바 냉담한 문학(冷的文學,Cold literature)이라고도 하는데, 그와 관련하여《지금도, 바람이 분다─삶과 꿈 그리고 늙어감에 대하여》(양재오, 문예출판사, 2018년) 200-206쪽 참조.

가오싱젠의 생애와 작품

─그의 생애

　　가오싱젠(高行健)은 1940년 1월 4일 중국의 동부지역 쟝시(江西) 지방 깐저우(贛州)에서 출생했으며, 원적[祖籍]은 쟝수(江蘇)의 타이저우(泰州)이다. 그는 현재 프랑스 국적을 가지고 있다. 그의 아버지는 은행 직원이었고 어머니는 아마추어 배우였다. 어머니의 영향으로 그는 문학의 세계로 입문했다. 그녀는 가오싱젠이 희극과 습작에 흥미를 갖도록 자극을 주었다. 그 밖에도 그는 어려서부터 그림 그리기를 배웠다. 1957년 베이징 외국어 대학교 불문과에 입학하고 1962년에 졸업했는데, 재학시절 때 이미 각본을 쓰고 연출을 하였다. 졸업하고 나서 외국어 출판국[外文出版局]에 배치되어 번역에 종사했다.

　　1966년 문화대혁명(1966-1976)이 일어난 뒤, 박해를 피하려고 그동안 써온 다량의 원고를 불태워 없애버렸다. 1971년에는 간부학교[幹校,일종의 재교육 캠프]에 배속되어, 농촌에서 글을 가르치며 계속해서 암암리에 글을 썼다. 1975년에 베이징에 돌아와서 다시 외국어 출판국에서 근무했다. 1978년에는 중국작가협회에서 번역하는 일을 맡아 했다. 1979년 중국작가대표단의 번역을 담당했고, 처음으로 출국하여 프랑스 파리를 방문하여 공개적으로 작품을 발표하기 시작했다. 1980년 베이징 인민예술극장에서 각본을 썼다.

1980년에서 1987년 사이에 그는 중국 내의 문학잡지에 단편소설·평론·극본을 발표했고, 더불어 네 권의 책을 출판했다. 1981년 《현대소설의 기교에 대한 초보적 논의(現代小說技巧初探)》는 문단에 모더니즘[現代主義,Modernism] 논쟁을 불러일으켰다. 1985년의 《붉은 주둥이로 불리는 비둘기(有隻鴿子叫紅脣兒)》는 중편소설집이다. 《가오싱젠 희곡집》도 1985년에 출판되었다. 《일종의 현대 희극의 모색에 대하여(對一種現代戲劇的追求)》는 1987년 출판되었다.

그의 희곡은 브레히트(Brecht)·아르토(Artaud)·베케트(Beckett)의 영향을 받았다. 1982년 《비상 경보(絕對信號)》가 중국인민예술극장에서 처음으로 공연되었고 대단히 성공했으며, 이것은 중국 실험극의 시발점이 되었다. 1983년 《버스정류장(車站)》이 연출 뒤, 이 작품은 이른바 정부가 주도하는 '정신오염을 제거하는 운동'으로 인하여, 중화인민공화국 건국 이후 제일 해독이 많은 희곡으로 공격을 받고 곧바로 공연금지 조처를 받았다. 1985년의 대형 극본 《야인(野人)》도 마찬가지로 논쟁을 불러일으켰다. 그러나 이는 동시에 국제적인 주목을 받았다. 그 해에 그는 베이징에서 처음으로 개인적으로 그림 전시회를 가졌고, 곧 독일과 프랑스로부터 방문요청을 받고, 그곳에서 개인작품 낭송회와 함께 그림 전시회를 가졌다.

1986년 《피안(彼岸)》이 다시 금지되었고, 이때부터 그의 극본은 중국에서 연출될 수 없었다. 1987년 다시 독일로 갔고, 그 이듬해 정치적 망명자의 신분으로 프랑스 파리에 정착한다. 1989년 티엔안먼(天安門) 사건이 발생한 뒤, 중국 공산당을 떠난다고 선언했다. 같은 해 10월에 《도망(逃亡)》을 완성했는데, 그 작품의 의도 가운데 하나는 티엔안먼 사건에 항의를 하는 것이었다. 그 해부터 시작하여 그는 중국으로부터 '환영받지 못하는 인물'로 지목되고, 그의 작품들이 중국에서 전면적으로 금지 당했다.

소설창작에 대해서 볼 것 같으면, 1982년 여름에 《링산(靈山)》을 구상하였고, 1983년과 1984년 사이에 이 소설을 쓰기 위하여 그는 창쟝(長江) 유역을 세 차례나 여행하며, 산림이 우거진 지역을 천천히 둘러보았다. 이 여행은 도보로 10개월이 소요되었으며, 그 가운데 제일 긴 여행 코스는 1만5천 킬로미터나 되었다. 이 책[靈山]을 쓰는데 7년의 시간을 보내고, 1989년 9월에 파리에서 이 책의 원고 쓰기를 마치고, 1990년 12월 타이완에 있는 리엔징 출판사(聯經出版公司)에서 출간했다.

단편소설집 《내 할아버지에게 낚싯대를 사주세요(給我老爺買魚竿)》가 1989년 2월 리엔허원쉬에 출판사(聯合文學出版社)에서 출판되었으며, 이 책에는 1980년부터 1986년 사이에 쓴 17편의 단편이 수록되었다. 그 밖의 장편소설 《일개인의 성경(一個人的聖經)》 또한 聯經出版公司에서 1999년 4월에 출판되었다.

그 밖에 그의 많은 작품들이 여러 언어로 번역 되었으며, 오늘날 그의 희곡 작품들이 세계 여러 곳에서 발표되고 있다. 스웨덴에서는 스웨덴 왕립 아카데미 회원인 고란 말름크비스트(Goran Malmqvist, 馬悅然)에 의하여 번역 소개되었다. 그리고 그의 두 작품 《베이징의 여름 비(Summer Rain in Peking)》와 《도망》은 스톡홀름의 왕립 극장에서 공연되었다.

《영산》과 《일개인의 성경》은 둘 다 이미 각종 언어로 번역되었고, 그의 희곡도 세계 각지에서 공연되었다. 1992년 프랑스 정부는 그에게 예술과 문학 기사 훈장을 수여했다. 2000년 이탈리아 로마 시는 그에게 문학상을 수여하였고, 같은 해 12월 7일 스웨덴 왕립 아카데미(The Royal Swedish Academy)는 그에게 노벨 문학상을 수여했다.

가오싱젠은 또한 독특한 수묵화(水墨畵)를 그리는 화가이며, 이미 세계 각지에서 30여 차례의 그림 전시회를 가졌고, 호평을 받았다.

—가오싱젠의 작품 연표

現代小說技巧初探(論文集): 廣州(花城出版社,1981年)

有雙鴿子叫紅脣兒(中篇小說集): 北京出版社(1985年)

高行健戲劇集(劇作集): 北京(群衆出版社,1985年)에 5편이 실려있다.

絶對信號

車站

野人

獨白

現代折子戱四篇

對一種現代戲劇的追求(論文集): 北京(中國戲劇出版社,1987年)

給我老爺買魚竿: 台北(聯合文學出版社,1989年)

靈山(長篇小說): 台北(聯經出版公司,1990年)

山海經傳(劇作): 香港(天地圖書公司,1993年)

對話與反詰(劇作,中法文對照): 法國(外國作家出版社,1993年)

高行健戲劇六種(劇作集): 台北(帝教出版社,1995年)

一集 彼岸

二集 冥城

三集 山海經傳

四集 逃亡

五集 生死界

六集 夜游神

沒有主義(論文集): 香港(天地圖書公司,1995年)

周末四重奏(劇作): 香港(新世紀出版社,1996年)

一個人的聖經(長篇小說): 台北(聯經出版公司,1999年)

八月雪(劇作): 台北(聯經出版公司,2000年)

周末四重奏(劇作,修訂本): 台北(聯經出版公司,2001年)

另一種美學(美學評論,一冊): 台北(聯經出版公司,2001年)

—영어로 출판된 가오싱젠 작품

Wild Man : A Contemporary Chinese Spoken Drama / transl. and
    annotated by Bruno Roubicek // Asian Theatre Journal. Vol. 7, Nr 2.
    Fall 1990.

Fugitives / transl. by Gregory B. Lee // Lee, Gregory B., Chinese
    Writing and Exile.- Central Chinese Studies of the Universtity of
    Chicago, 1993.

The Other Shore : Plays by Gao Xingjian / transl. by Gilbert C.F. Fong.
    - Hong Kong: The Chinese University Press, 1999.

Soul Mountain / transl. by Mabel Lee. - Harper Collins, 1999.

One Man's Bible. - [In transl. by Mabel Lee]

Contemporary Technique and National Character in Fiction / transl.
    by Ng Mau-sang.- [Extract from A Preliminary Discussion of the
    Art of Modern Fiction, 1981]

The Voice of the Individual // Stockholm Journal of East Asian Studies
    6, 1995.

Without isms / transl. by W. Lau, D. Sauviat & M. Williams // Journal of
    the Oriental Society of Australia. Vols 27 & 28, 1995-96.

—그 밖의 가오싱젠 작품과 연관된 출판물

Trees on the Mountain : an Anthology of New Chinese Writing / ed.
by Stephen C. Soong and John Minford. - Hong Kong:The Chinese
U.P., cop. 1984.

Gao Xingjian, le moderniste // La Chine No 41, septembre 1986.

Basting, Monica, Yeren : Tradition und Avantgarde in Gao Xingjians
Theaterstuck "Die Wilden". : Brockmeyer, 1988.

Loden, Torbjorn, World Literature with Chinese Characteristics : On a
Novel by Gao Xingjian // Stockholm Journal of East Asian Studies 4,
1993.

Lee, Gregory B., Chinese Writing and Exile. - Central Chinese Studies
of the Universtity of Chicago, 1993.

Lee, Mabel, Without Politics: Gao Xingjian on Literary Creation //
Stockholm Journal of East Asian Studies 6, 1995.

Lee, Mabel, Pronouns as Protagonists : Gao Xingjian's Lingshan as
Autobiography // Colloquium of the Sydney Society of Literature
and Aesthetics at the Univ. of Sydney. Draft paper the 3-4 Oct. 1996.

Lee, Mabel, Personal Freedom in Twentieth-Century China:
Reclaiming the Self in Yang Lian's Yi and Gao Xingjian's Lingshan
//History, Literature and Society. - Sydney: Sydney Studies in
Society and Culture 15, 1996.

Au plus pres du reel : dialogues sur l'ecriture 1994-1997, entretiens avec Denis Bourgeois /trad. par Noel et Liliane Dutrait. La Tour" La Tour d'Aigues: l'Aube, 1997.

Lee, Mabel, Gao Xingjian's Lingshan / Soul Mountain : Modernism and the Chinese Writer // Heat 4, 1997.

Calvet, Robert, Gao Xingjian, le peintre de l'ame // Breves No 56, hiver 1999.

Zhao, Henry Y.H., Towards a Modern Zen Theatre : Gao Xingian and Chinese Theatre Experimentalism. - London:School of Oriental and African Studies, 2000.

이 글의 출처《一個人的聖經》(長篇小說): 台北(聯經出版公司,2001年1月初版8刷) 481-485쪽과 Gao Xingjian's Biobibliographical notes in The Official Web Site of The Nobel Foundation(2001년2월 번역 정리).

문학을 하는 까닭 _ 가오싱젠의 노벨문학상 수상 연설문

나는 어떤 운명이 나로 하여금 이 강단에 올라서게 하였는지 모릅니다. 이런저런 인연들이 만들어낸 이 우연을 운명이라 부르지 않을 수 없습니다. 하느님의 존재 여부에 대해서는 언급하지 않겠으며, 나는 줄곧 스스로 무신론자라고 여김에도 불구하고, 마음속에는 언제나 알 수 없는 것(不可知)에 대하여 삼가 공경하고 두려워하는 마음을 품고 있습니다.

한 사람은 신(神)이 될 수 없으며, 더욱이 하느님(上帝)을 대신한다고 말할 수 없습니다. 초인이 세상을 다스린다는 것은 단지 이세계를 더 혼란스럽고 더 형편없게 만들어 놓을 뿐입니다. 니체 이후의 세기에 인간이 만들어 낸 재난은 인류역사에 가장 어두운 기록을 남겨놓았습니다. 각양각색의 초인이 인민의 지도자·국가의 원수·민족의 영도자로 불리면서, 모든 폭력적 수단을 이용하여 죄악을 지은 것은 극단적으로 자기 자신에 도취되어 있는 한 철학자의 광란과는 비교할 수 없는 것입니다. 나는 이 문학의 강단을 이용하여 정치와 역사에 대해서 요란하게 말하고 싶지 않고, 단지 이기회에 한 작가의 순전히 개인적인 입장을 표명하고자 합니다.

작가도 일개 보통 사람입니다. 근데 아마 좀 더 민감할 것입니다. 지나치게 민감한 사람들은 대체로 더 연약합니다. 일개 작가는 인민의 대변인이나 정의의 화신으로서 말하는 것이 아니므로, 그 목소리는 극히 미약하지 않을 수 없습니다. 그러나 바로 이런 개인의 목소리가 진실이 됩니다.

여기서 내가 말하고 싶은 것은 문학도 단지 개인의 목소리일 뿐이며, 또한 지금까지 줄곧 그래왔다는 것입니다. 문학이 일단 국가의 송가가 되고, 민족의 깃발, 정당의 혓바닥 혹은 계급과 집단을 대변하게 되면, 그 전파 수단을 최대한 이용하고 그 성세를 떨쳐서 천하를 덮어버릴 것입니다. 이런 문학은 본성을 상실하여 더 이상 문학이라고 불릴 수 없으며, 한갓 권력과 이용의 대용품으로 전락해 버리고 맙니다.

막 지나간 한 세기, 문학은 바로 이러한 불행에 직면했습니다. 지나간 어떤 시기에 남겨 놓은 정치와 권력의 낙인은 아주 깊고, 작가가 겪은 박해의 상흔 또한 깊습니다. 문학은 자신의 존재 이유를 지켜야 하고 정치의 도구가 되어서는 안 되며 개인의 목소리로 돌아가지 않으면 안 됩니다. 왜냐하면 문학은 무엇보다도 개인의 느낌에서 나오고, 느낌이 있을 때 나오기 때문입니다. 그렇다고 해서 문학이 반드시 정치에서 벗어나거나 정치에 관여된다고 말하는 것은 아닙니다. 문학과 관련하여 이른바 경향성 혹은 작가의 정치 성향 같은 유형의 논쟁도 지난 한 세기에 있었던 문학의 큰 병이었습니다. 이와 관련한 전통과 혁신은 보수와 혁명으로 가름하고, 문학의 문제를 모두 진보와 반동의 투쟁으로 몰아갔으니, 이 모든 것은 이데올로기(意識形態)에 문제가 있는 것입니다. 그리고 이데올로기가 일단 권력과 결합하여 현실적인 힘[권력]으로 바뀌게 되면 문학과 개인 모두 재앙을 만나게 됩니다.

20세기 중국문학이 처한 끊이지 않는 재난으로 문학의 운명은 풍전등화의 상태에 이르렀으니, 바로 정치에 의해서 농락 당하는 문학의 시대에 문학혁명과 혁명문학 모두 문학과 개인을 죽음의 땅으로 몰아세웠습니다. 혁명의 이름으로 중국 전통문화를 토벌하였으니, 공공연히 금서(禁書)와 책을 태우는 일(燒書)을 단행하였습니다. 과거 100년간 무수한 작가들이 살해되거나 감금되고 유배되거나 고된 노역에 처해졌습니다. 중국 역사상 어떤 제왕의 시대도 이 시대와 견줄 수 없을 정도로 문학활동하기가 대단히 어려운 시대였으며, 더욱이 창작의 자유에 대해서는 더 말할 여지가 없습니다.

작가가 만일 사상의 자유를 얻고 싶다면, 침묵하거나 그렇지 않으면 도망을 가야 합니다. 그런데 언어를 사용하는 작가가 오랫동안 말하지 않고 지낸다면, 그것은 마치 자살과 다름이 없습니다. 자살이나 죽음을 피하여 자기 목소리를 내려는 작가는 도망가지 않을 수 없습니다. 문학사를 돌이켜보면 동방이나 서방이 다를 것이 없는데, 취위엔(屈原)에서 단테, 조이스, 토마스 만, 솔제니친, 그리고 1989년 티엔안먼(天安門) 대학살 뒤의 수많은 중국 지식인들 모두 유배되거나 망명하였습니다. 이것은 시인과 작가가 자신의 목소리를 지키기 위하여 피할 수 없는 운명이었습니다.

마오쩌둥(毛澤東)이 전면적으로 전제정치를 실시하던 시절에는 도망조차 불가능했습니다. [이때는] 일찍이 봉건시대에 문인들을 보호해 주던 산속의 사찰에 은거해서 목숨을 걸고 사사로이 글을 썼습니다. 한 개인이 만일 자신의 독립된 생각을 지켜나가고 싶으면 단지 혼자 말을 할 수밖에 없으며, 그것도 세심하게 잘 감추지 않으면 안 됩니다. 나 자신이 문학활동을 할 수 없던 시절에 스스로 그 필요성을 충분히 인식하였습니다. 문학은 사람으로 하여금 자신의 의식(意識)을 잘 견지하도록 해줍니다.

혼자 말을 하는 것이 문학의 출발점이라고 말할 수 있습니다. 언어를 통해서 서로 교류하는 것은 그다음의 일입니다. 사람이 느낌과 생각을 언어에 주입하고, 글을 써서 문자화하여 문학이 됩니다. 그때는 어떤 공리적(功利的) 생각도 없고 심지어 훗날 어떻게 발표할 거라는 생각도 하지 않으며, 그저 쓸 뿐입니다. 왜냐하면 글을 쓰는 동안 이미 기쁨을 누리고, 보상을 받고 또 위로를 얻기 때문입니다. 내 장편소설 《링산(靈山)》은 바로 내 작품이 당국으로부터 단속받던 시절에 내가 심혈을 기울여 쓴 작품으로 순전히 마음의 적막을 다독거리기 위해서, 바로 스스로를 위해서 쓴 것으로, 뒷날 발표할 수 있을 것이라고는 생각조차 하지 못했습니다.

나의 창작 경험을 돌이켜 보면, 문학의 뿌리는 인간이 자신의 가치에 대한 확인이며, 글을 쓰는 그때 이미 자기 확인[긍정]을 하는 것입니다. 문학은 먼저 작가의 자기만족의 필요에서 탄생하며, 사회의 반응이 있는지 없는지는 작품이 완성된 뒤의 일입니다. 다시 말하면, 그 반응이 어떤가 하는 것은 작가의 뜻에 달려 있지 않습니다.

문학사에 전해 오는 수많은 불멸의 대작들이 작가들 생전에 발표되지 못했습니다. 만일 작가가 글을 쓰는 동안에 이미 자기 확인[긍정]을 얻지 못했다면, 어떻게 계속 써 내려 갈 수 있겠습니까? 중국문학사에서 제일 위대한 소설 《서유기(西遊記)》·《수호전(水滸傳)》·《금병매(金瓶梅)》·《홍루몽(紅樓夢)》, 이 네 가지 작품의 위대한 작가들의 일생에 대하여 셰익스피어의 경우와 같이 여전히 확실히 밝혀내기가 어렵습니다. 그들 가운데 단지 《수호전》의 저자 스나이안(施耐庵, 1296~1372)의 자서전적 에세이로 알려진 것이 한 편 전해오는데, 설령 그것이 실제에 부합하지 않는다면, 그랬었군 하면서 위로로 삼으면 족할 뿐입니다. 그리고 어떻게 필생의 정력을 생전의 대가 없는 대작을 만드는데 쏟아부을 수 있었을까요? 현대소설의 선봉 카프카(Kafka)와 20세기 제일 깊이 있는 시인 페르난도 삐소아(Fernando Pessoa)도 이와 같지 않았던가요? 그들이 쏟아낸 말들이 이 세상을 개조하려고 의도하지 않았으며, 스스로 자신의 무능함을 깊이 인식하면서도 여전히 말을 계속했는데, 이것이 바로 언어가 가진 매력입니다.

언어는 여전히 인류 문명의 최상의 결정체입니다. 그것은 대단히 정교하고 미세하며 움켜잡기 어렵고 투철하고 깊이 파고들고 인간의 지각을 꿰뚫어서 인간의 이런 느낌의 주체를 세계에 대한 인식과 연결해 버립니다. 써서 남긴 문자는 이처럼 기묘하여, 고립된 개개인이 설사 다른 민족, 다른 시대 사람이라 해도 서로 소통을 할 수 있습니다. 쓰인 문학과 그것을 읽는 현실성은 그것이 가진 영원한 정신가치와 이렇게 함께 연결되어 있습니다.

나는 오늘날 일개 작가가 어떤 형태의 민족문화를 애써 강조하는 것에 대하여 좀 의문을 가집니다. 내가 출생하여 사용하는 언어에 대하여 볼 것 같으면, 중국의 문화전통은 자연히 내 몸에 있습니다. 문화는 또 늘 언어와 밀접한 관계를 가지고 있으며, 이로부터 지각이 생기고, 생각과 그것을 진술하는 그 어떤 비교적 안정된 특수한 방식이 생깁니다. 그러나 작가의 창조성은 바로 이런 언어로 말해진 곳에서 비로소 시작되며, 이런 언어가 아직 충분히 진술

되지 않은 곳에서 좀 더 그 가능성을 모색하게 됩니다. 언어예술을 만들어 내는 사람은 지금 자기 자신에게 한눈에 금방 식별이 가능한 민족의 표찰을 붙일 필요가 없습니다.

문학작품은 이데올로기를 넘어서고, 번역을 통하여 언어의 장벽도 넘어서서, 지역과 역사형성의 몇 가지 특정한 사회의 습속과 인간관계 안으로 넘어 들어가며, 깊이 투과한 인간의 본성은 여전히 인류의 보편적인 것이고 서로 통하는 것입니다. 다시 말하면 오늘날 작가는 그 누구든지 자기 민족 문화 외에도 다중문화의 영향을 받습니다. 민족문화의 특색을 강조하는 것이 만일 관광업종의 광고와 관련한 것에서 나온 것이 아니라면, 그것은 사람들에게 의심을 일으키는 것을 면할 수 없습니다.

문학은 이데올로기를 초월하고, 국경을 초월하고, 민족의식을 초월하는데, 그것은 마치 개인의 존재가 본래 이런 주의(主義,-ism) 혹은 저런 주의를 초월하는 것과 같습니다. 그리고 인간의 실존 상태는 언제나 실존에 대한 논설이나 사변(思辨)보다 우선합니다. 문학은 인간의 실존이 겪는 곤경을 두루 돌보며, 어떤 금기도 없습니다. 문학에 대하여 한계를 정하는 것은 언제나 문학 바깥에서 옵니다. 정치적, 사회적, 윤리적 습속 등은 모두 문학을 재단하고 각종 틀에다가 맞추어서 그 외양을 장식하려 기도합니다.

그러나 문학은 권력을 미화하지도 않고, 어떤 형태의 사회적 유행도 아닙니다. 문학은 스스로 그 가치판단을 가지고 있으며, 그것은 심미적이기도 합니다. 인간의 정감과 깊은 상관관계를 갖고 있는 심미(審美)는 문학작품의 유일하고 제거할 수 없는 판단입니다. 물론 이러한 판단은 사람에 따라서 다릅니다. 왜냐하면 사람의 정감은 늘 다른 개인에게서 나오기 때문입니다. 그러나 이와 같은 주관적인 심미적 판단은 확실히 보편적으로 인정할 수 있는 표준이며, 사람들이 문학의 훈련을 거쳐서 형성된 감상력입니다. 우리는 작품을 읽는 가운데 작자의 사상과 정감이 주입된 시의 느낌과 아름다움, 숭고함과 가소로움, 가엾음과 황당무계함, 유머와 아이러니 등을 다시 체험합니다.

그리고 시적인 정취가 꼭 서정(抒情)에서만 나오지는 않습니다. 작가의 무절제한 자기도취는 일종의 소아병입니다. 물론 처음 습작할 때 사람들은 이를 면하기 어렵습니다. 다시 말하면 서정[느낌의 표현]은 아마 여러 층이 있으며, 더 높은 경지에 도달하기 위해서는 냉정한 눈길로 바로 볼 필요가 있습니다. 시적 정취는 이렇게 거리를 유지하고 바라보는 가운데 감추어져 있습니다. 이러한 눈길이 만일 작가 자신을 응시한다면, 그 눈길은 책 가운데 있는 인물과 작가 자신을 압도(능가)하여 작가의 제3의 눈이 되며, 아마 이때 그 눈은 가능한 중성(中性)의 눈[제3의 눈]이 됩니다. 그러면 이 세상의 재난과 인간세상의 쓰레기도 진중하고 자세하게 살펴볼 수 있을 것이며, 고통이 일어나고, 세상을 혐오하고 구토를 느끼면서도, 동시에 비극과 가엾음을 일깨우며, 생명을 소중하게 여기고 사모의 정을 불러일으킬 것입니다.

비록 문학이 예술과 마찬가지로 유행 따라 매년 변할지라도 인간의 정감에 뿌리를 내린 심미는 아마 시간의 흐름과 함께 사라지지 않을 것입니다. 문학의 가치 판단과 시대 풍조의 차이는 바로 후자가 오직 새로워지면 좋다는 데 있습니다. 이것은 시장의 일반적인 운영 기제로써, 책 시장도 예외는 아닙니다. 그리고 작가의 심미 판단이 만일 시장의 동향을 추종한다면, 그것은 곧 문학의 자살과 다름이 없습니다. 특히 소비사회라 부르는 오늘날 내가 쏟아내는 것은 일종의 냉담한 문학(冷的文學)이라고 생각합니다.

십 년 전 내가 7년에 걸쳐서《링산(靈山)》쓰기를 다 마치고 나서 단문 한 편을 썼는데, 거기서 문학은 이러해야 한다고 주장하였습니다.

문학은 본래 정치와 관계가 없으며, 순전히 개인의 일일 뿐이다. 한번 살펴보면 일종의 경험에 대한 회고요, 약간의 억측(허구)과 이런저런 느낌이요, 어떤 마음 상태의 표현이면서, 생각의 만족을 주는 것이다.

이른바 작가는 다른 사람이 들을 수 있는지 없는지, 읽을 수 있는지 없는지 상관하지 않고, 혼자서 스스로 말하고 쓰고 하는 것에 지나지 않는다. 작가는 사람들에게 영웅이라 불리기를 요청하지도 않을 뿐 아니라, 우상이 되어서 숭배하라고 할 가치도 없다. 더욱이 죄인도 아니고 민중의 적도 아니다. 그럼에도 그는 단지 다른 사람의 필요에 의해서 때때로 [그가 쓴] 작품과 함께 수난을 당한다. 권력을 가진 자는 몇몇 적을 만들어서 민중의 주의력을 돌릴 필요가 있을 때, 작가는 일종의 희생품이 된다. 더욱 불행한 것은 휘둘려서 어쩔어쩔해하는 작가는 결국 희생제물이 되는 것을 하나의 큰 영광이라고 생각하는 것이다.

사실 작가와 독자의 관계는 단지 일종의 정신상의 교류일 뿐이다. 서로 얼굴을 마주 볼 필요도 없고, 서로 왕래할 필요도 없다. 그저 작품을 통하여 의사소통을 할 수 있다. 문학은 인간의 활동에 있어서 여전히 없앨 수 없는 일종의 행위이다. 읽는 것과 쓰는 것 둘 다 모두 자발적이다. 그러므로 문학은 대중에 대하여 그 어떤 의무도 없다.

이렇게 본성을 회복한 문학은 '냉담한 문학'이라 불리는 것을 주저하지 않는다. 따라서 그 존재는 단지 인간이 물질적 만족을 추구하는 것 밖의 일종의 순수한 정신활동이다. 이런 문학이 물론 오늘 시작된 것은 아니다. 다만 오직 과거의 주요한 정치 세력과 사회 습속의 압력을 제압하고, 오늘날 여전히 소비사회의 상품가치관에 오염되는 것에 대항한다. 그리고 생존을 추구하고, 먼저 스스로 고독함을 달게 여기지 않으면 안 된다.

작가가 만일 이와 같은 창작활동에 종사한다면, 분명히 살기가 곤란하다. 부득이 창작활동 이외의 다른 생계의 방도를 찾아야 한다. 그러므로 이러한 문학창작은 일종의 사치요, 정신적 만족이라고 말하지 않을 수 없다. 이런 냉담한 문학이 다행히도 출판되어서 세상에 전해질 수 있으니, 그것은 오직 작가와 그들의 친구들의 노력에 의해서이다. 차오쉐에친(曹雪芹)과 카프카 모두 이러한 경우에 해당된다. 그들의 작품은 생전에 출판할 수 없었으며, [그들이] 무슨 문학운동을 야기하였으니 혹은 사회의 저명인사가 되었느니 하고는 더더욱 말하지 말라. 이들의 작가 생활은 사회의 가장자리와 틈새에 자리했으며, 당시에 그 어떤 보상도 바랄 수 없는 정신활동에 전념하였고, 사회의 인정도 구하지 않았으며, 단지 스스로 하는 일을 통해서 즐거움을 얻었을 뿐이다.

냉담한 문학은 일종의 도망하여 그 생존을 추구하는 문학이며, 일종의 사회가 억누르지 못하는 정신적으로 자기를 구하는 문학으로, 한 민족이 만일 결국 이러한 일종의 비공리적(非功利的)인 문학을 용인하지 못한다면, 그것은 작가 개인의 불행일 뿐만 아니라, 그 민족의 비애임이 틀림없다.

나는 뜻밖에 생전에 다행히도 스웨덴 왕립 아카데미(瑞典皇家學院)가 주는 이러한 큰 영예와 상을 받게 되었습니다. 이것은 세계 각지의 친구들이 여러 해 동안 내 작품을 대가도 바라지 않고, 또 수고도 마다 않고 번역, 출판, 연출과 평가를 해준 노력이 있었기 때문에 얻어진 것입니다. 그들의 명단이 상당히 길기 때문에, 나는 여기서 그들에게 일일이 다 감사를 표할 수 없습니다.

나는 여기서 나를 받아들여 준 프랑스에 특별히 감사를 표하지 않을 수 없습니다. 문학과 예술로 명망이 있는 이 나라에서 나는 자유롭게 글을 쓸 수 있는 조건을 얻었고, 또 나의 독자와 관중을 얻었습니다. 비록 창작활동에 종사하는 것이 상당히 고독한 작업임에도 불구하고, 나는 다행히도 그렇게 고독하지는 않았습니다.

내가 여기서 좀 더 언급해야 할 것은 생활은 축제가 아니라는 것입니다. 이 세계는 지난 180년 동안 전쟁이 없이 평화로웠던 스웨덴과 같지 않습니다. 다가오는 새 세기는 지난 세기에 수많은 재난을 충분히 겪었다는 단순한 이유 때문에, 과거의 전철을 되밟지 않을 것이라고 보증할 수 없습니다. 왜냐하면 인간의 기억은 생물의 유전자처럼 그냥 다음 세대로 전해지지 않기 때문입니다. 지능을 가진 인간은 과거의 교훈을 잘 받아들일 만큼 그렇게 총명하지가 않습니다. 인간의 마음에서 악의(적의)의 불꽃이 타오르면 그것은 인간 자신을 생존의 위협에 빠뜨릴 수도 있습니다.

인간이 반드시 진보에 진보를 거듭하는 것은 아닙니다. 나는 여기서 인간의 문명사에 대하여 언급을 좀 하겠습니다. 역사와 문명이 반드시 함께 나란히 나아가지는 않습니다. 그것은 중세 유럽의 침체기부터 근대 아시아 대륙의 쇠퇴와 혼란에서 볼 수 있습니다. 또한 20세기에 겪은 두 차례의 세계대전에서 볼 수 있는 것처럼, 사람을 죽이는 수단은 갈수록 더 정교하고 세련되었습니다. 인간의 과학기술이 진보함에 따라서 인간이 그만큼 더 문명화되지 못했습니다.

일종의 과학주의의 입장에서 혹은 유사 변증법적인 역사관에 입각해서도 인간의 행위를 분명하게 설명하지 못합니다. 과거 한 세기 동안 유토피아에 대한 열광과 계속된 혁명은 오늘날 보는 것처럼 모두 수포로 돌아가고, 살아남은 사람들은 이것을 바라보며 그저 씁쓸함을 느낄 뿐입니다.

부정의 부정이 반드시 긍정에 도달하는 것은 아니고, 혁명이 반드시 새로운 것을 가져오는 것도 아니며, 신세계의 유토피아가 구세계의 파괴를 전제로 하는 것은 아닙니다. 그런데 이와 같은 사회혁명 이론이 문학에도 적용되어서, 창조의 영역이었던 것이 전쟁터로 변하였고, 앞서 간 사람들을 넘어뜨리고 문화전통을 밟아 버리고, 모든 것을 영(零, 원점)에서부터 다시 시작하였고, 오직 새로운 것은 좋은 것이고 문학의 역사도 거꾸로 뒤집어서 새롭게 해석되었습니다.

작가는 사실 창조주의 역할을 감당할 수 없습니다. 그러니 자기 자신을 마치 구세주나 되는 것처럼 부풀려서는 안 됩니다. 만일 그러다 보면 정신착란을 일으켜서 미친 사람이 될 뿐만 아니라, 이 현실을 환상으로 변용시킵니다. 그리고 자신의 몸 밖에 있는 모든 것은 연옥(煉獄)으로 변하게 되고, 자연히 살아갈 수 없습니다. 만일 자아(自我) 제어를 상실하면 다른 사람은 물론 지옥이 되고, 말할 나위 없이 그는 자신을 미래를 위한 희생 제물로 만들어 버리며, 다른 이들도 그 자신처럼 희생제물이 되기를 요구합니다.

이 20세기의 역사를 서둘러서 결론을 내릴 필요는 없습니다. 만일 세계가 다시 어떤 형태의 이념적 틀의 폐허 속으로 침몰해 버린다면, 이 역사는 헛되이 쓰여질 것이며 후세가 그들을 위해서 그것을 다시 고쳐 쓸 것입니다.

작가는 예언가가 아닙니다. 중요한 것은 지금 살아가는 것입니다. 눈가림을 제거하고 망상에서 벗어나 이 순간을 직시하고, 동시에 자아를 제대로 들여다보는 것입니다. 자아 또한 하나의 혼돈입니다. 세상과 타자에 대하여 질문하면서, 그때 그는 자신을 돌이켜 볼 수 있습니다. 재난과 압박은 보통 몸 바깥에서 오며, 인간의 비겁함과 걱정(불안)은 그 고통을 가중시키고, 게다가 다른 사람에게 불행을 유발시킵니다.

인간행위는 이처럼 불가해하며, 인간은 그 자신에 대한 이해도 밝히 드러내지 못합니다. 문학은 단지 인간이 자아를 응시하는 그 자신에게 초점을 맞추고, 자아의 의식(意識)에 빛을 비추어 그 싹이 자라도록 합니다.

전복시키는 것이 문학의 목적이 아닙니다. 그것의 가치는 거의 모르거나 조금밖에 알지 못하는 것을 발견하고 드러내 보이고 알게 하는 데 있습니다. 그런데 사실 인간세계의 참된 모습(眞相)은 여전히 잘 모릅니다. 진실은 아마 난공불락의 것이고, 문학의 가장 기본적인 특질입니다.

새로운 세기가 이미 도래했습니다. 그런데 나는 그것이 새것인지 아닌지에 대해서는 언급하지 않겠습니다. 문학혁명과 혁명문학은 이데올로기와 함께 붕괴되어 거의 결말이 나버렸습니다. 한 세기 동안 사회를 유토피아의 환영으로 덮어버린 연기는 사라져버렸습니다. 문학이 이런 주의(-ism) 혹은 저런 주의하는 굴레들을 벗어던져 버린 뒤에, 인간 실존의 곤경(딜레마)으로 돌아가야만 할 것입니다. 그런데 사실 인간 실존의 기본적 곤경은 크게 바뀐 것이 없습니다. 그것은 여전히 문학의 영원한 주제입니다.

지금은 예언도 없고 약속도 없는 시대입니다. 나는 그것이 좋다고 생각합니다. 작가가 예언자(先知)와 판관 노릇을 하는 것은 끝나야 할 것입니다. 지난 한 세기 동안 수많은 예언들이 사람들을 기만하였습니다. 미래를 위하여 다시 새로운 미신을 만들어 내느니, 기다려 보는 것이 더 낫습니다. 작가는 증언자의 위치로 돌아가야 하고, 진실을 드러내기 위해서 힘을 쏟아야 할 것입니다.

이것은 문학이 마치 무슨 사실을 기록하는 문서와 같아야 한다고 말하는 것이 아닙니다. 사실상 실상에 대한 문서화된 증언은 대단히 적습니다. 게다가 사건의 배후에 있는 원인과 동기는 종종 덮여서 밀봉되어 버립니다. 그러나 문학이 진실과 접촉할 때, 인간의 내심에서부터 사건의 전체 과정이 가림 없이 드러나게 됩니다. 작가가 이처럼 인간 실존의 참된 상황을 묘사하고 허튼소리와 무의미한 말을 하지 않을 때, 바로 그 안에 문학이 가지고 있는 힘이 있습니다.

작가가 진실을 파악하는 통찰력을 지니고 작품의 품격을 결정하는 것은 문자 유희와 글 쓰는 기교[테크닉]가 대신할 수 없는 것입니다. 실로 진실에 대한 정의는 많고, 진실과 접촉하는 방법도 사람마다 다릅니다. 그러나 작가가 인간 현상을 어떻게 윤색했는지, 완전하고 정직한 상(相)을 묘사했는지는 한눈에 곧바로 파악됩니다. 어떤 이데올로기 아래서 이루어지는 어떤 형태의 문학비평은 진실 여부를 의미분석으로 변환시켜버립니다. 그러한 원칙과 교조(教條)는 문학창작과 그리 큰 관계는 없습니다.

작가에 대하여 말할 것 같으면, 진실을 대면하는 여부는 단지 창작의 방법상의 문제일 뿐만 아니라, 동시에 글 쓰는 태도와도 밀접한 관련이 있습니다. 펜을 들었을 때의 진실한지의 여부는 동시에 펜을 놓았을 때의 성실성을 내포합니다. 여기서 진실은 단지 문학의 가치판단이 아니라, 동시에 윤리적 함의도 가지고 있습니다. 그러나 작가는 도덕적으로 교화하는 사명을 가지고 있지 않을 뿐만 아니라, 세상에 있는 각양각색의 사람들을 묘사할 때, 그는 또한 자기 자신을 비도덕적으로 [사악하게] 드러내기도 하고, 그의 내심에 있는 은밀한 것마저도 노출시킵니다. 작가에게 문학적으로 진실한 것은 거의 윤리와 같고, 그것은 또한 지고무상한 윤리입니다.

글 쓰는 태도가 엄숙한 작가의 손에서 문학적인 거짓말(虛構)조차 인생의 진실을 드러내는 전제가 되고, 예부터 지금에 이르기까지 불멸의 작품이 가진 생명력이 바로 여기[文學的虛構]에 있습니다. 바로 이와 같은 까닭에 그리스의 비극과 셰익스피어가 이 지상에서 언제까지나 사라지지 않는 것입니다.

문학은 단순히 현실을 모사하는 것이 아니라, 현실의 표층을 꿰뚫고 현실 안에 감추어져 있는 것 속으로 깊이 접촉합니다. 문학은 허상을 제거하고 또 일상적인 일 위에서 높이 내려다봅니다. 곧 넓은 안목으로 전체성 안에서 사태의 흐름을 드러냅니다.

물론 문학도 상상에 의거합니다. 그러나 이러한 정신의 여정은 절대로 허튼소리를 지껄이는 것이 아닙니다. 진실한 느낌에서 벗어난 상상과 생활 경험의 근거가 없는 허구는 단지 창백하고 무력해질 수 있을 뿐입니다. 작가 자신이 믿고 탄복하지 못하는 작품은 독자의 마음을 움직일 수 없습니다.

참으로 문학은 단순히 일상생활의 경험에만 의지하지 않으며, 작가는 개인의 경험에만 사로잡히지 않습니다. 귀로 듣고 눈으로 본 것과 이전의 문학작품 가운데서 이미 진술된 것들이 언어라는 운송수단을 통과하여 자신의 느낌으로 변용될 수 있는데, 이것이 바로 문학언어(文學語言)의 매력입니다.

저주나 축복처럼 언어는 사람의 몸과 마음을 뒤흔들 수 있는 힘이 있습니다. 언어의 예술은 진술하는 사람이 자기의 느낌을 다른 사람에게 전달하는 데 있는 것이며, 그것은 일종의 부호체계도, 일종의 의미론적 구조도 아니며, 단순한 문법구조로 스스로 만족하는 그런 것도 아닙니다. 만일 언어 배후에 있는 그 말하는 살아있는 사람을 잊어버린다면, 의미의 연역은 쉽게 지적인 유희에 떨어집니다.

언어는 단순한 개념도, 관념의 운송수단도 아니며, 그것은 동시적으로 감각(느낌)과 지각을 불러일으키는 것입니다. 따라서 이것이 부호와 표지가 살아있는 사람의 언어를 대신할 수 없는 까닭입니다. 말하는 사람의 배후에 있는 의지와 동기, 성조(聲調)와 정서는 낱말이 가진 표면적인 뜻과 수식어에 의해서 완전히 다 표현될 수 없는 것입니다. 문학언어가 함축하고 있는 뜻은 살아있는 사람에 의해서 발성되어야만 비로소 충분히 구현됩니다. 그러므로 사유의 도구와 마찬가지로, 문학은 청각에도 의거해야 합니다. 인간이 언어가 필요한 것은 단지 의미를 전달하는 데만 있지 않고, 동시에 자기 존재를 경청하고 확인하는 데 있습니다.

여기서 데카르트의 말을 작가에게 적용하여 말한다면, 이렇게 말할 수 있겠습니다: 나는 진술한다 그러므로 나는 존재한다(我表述故我在). 그러나 작가로서의 나는 작가 자신일 수 있고, 혹은 서술하는 사람과 같을 수도 있고, 혹은 책 가운데의 인물이 될 수도 있습니다. 곧 서술하는 주체는 [작가 자신이 될 수도 있고] 그도 될 수 있고, 너도 될 수 있으니, 셋으로 나누어집니다. 주어의 인칭의 확정은 느낌을 표현하는 출발점이며, 이로부터 서로 다른 서술방식이 이루어집니다. 작가는 그의 독특한 서술방식을 찾는 과정에서 그의 느낌을 살려냅니다.

나는 소설 가운데서 인칭[대명사]으로 통상적인 인물을 대신하며, 나(我), 너(你), 그(他)와 같은 서로 다른 인칭으로 하나의 주인공(같은 주인공)이 진술도 하고 또 주의를 기울이게 합니다. 이처럼 동일한 인물이 서로 다른 인칭을 사용함으로써 나타나는 거리감은 또한 무대의 배우에게 더 넓은 심리적 공간을 제공합니다. 나는 서로 다른 인칭의 전환을 희곡을 쓸 때도 소개하였습니다.

소설과 희곡 작품은 종말에 이르지 않았고 또 이를 수도 없습니다. 경솔하게 어떤 문학과 예술양식[장르]의 죽음을 선언하는 것은 헛된 일입니다.

인류문명과 동시에 탄생한 언어는 생명처럼 경이롭고 그것이 가진 표현력은 다함이 없습니다. 작가의 작업은 바로 이 언어가 함축하고 있는 잠재적인 힘을 발견하고 개척하는 것입니다. 작가는 조물주가 아니며, 설사 이 세계가 오래되고 낡았다 할지라도, 그는 이 세계를 없앨 수 없습니다. 그는 또한 설사 이 현실세계가 황당무계하고 인간의 지력으로 이해할 수 없을지라도, 그 어떤 새로운 이상세계를 건설할 힘도 없습니다. 그러나 그는 확실히 어느 정도 새로운 표현을 진술해 낼 수 있으니, 이전 사람들이 말한 곳에서 좀 더 나아가 말할 수 있고, 이전 사람들이 마친 곳에서 다시 말을 시작할 수 있습니다.

문학의 전복(顚覆)은 문학혁명(文學革命)의 빈말에 불과합니다. 문학은 죽지 않으며, 작가는 넘어지지 않습니다. 모든 작가는 서가에 그의 위치가 있으며, 독자가 여전히 책을 읽어 줄 때 그는 살아 있게 됩니다. 하나의 작가가 만일 이와 같이 방대한 인류 문학의 보고 안에 나중에 그 누가 읽어줄 책을 한 권 남겨 놓았다면, 그것은 이루 말로 다 할 수 없는 큰 위로가 됩니다.

그러나 문학은 작가가 글을 쓰고, 독자가 그 글을 읽을 그때 그 순간에 실현되고, 그 가운데 즐거움이 있습니다. 미래를 위해서 글을 쓰는 것이 혹여 자신의 예술성을 드러내려고 젠체하는 것이라면, 그것은 자기도 속이고 남도 속이는 것입니다. 문학은 살아있는 사람을 위한 것이고, 게다가 바로 지금 살아있는 사람을 긍정하는 것입니다. 만일 이렇게 큰 자재함을 위하여 하나의 이유를 찾는다면, 그것은 영원한 현재 안에서 개체 생명의 긍정이 바로 문학이 문학으로서 동요되지 않는 까닭입니다.

글 쓰는 것이 생계를 위한 수단이 아닐 때, 혹은 글 쓰는 것이 재미있어서 왜 글을 쓰는지 그리고 누구를 위해서 글을 쓰는지조차 잊어버릴 때, 이러한 때가 바로 글쓰기가 필요한 때이고, 바로 그때 글을 쓰지 않으면 안 되며, 그때 비로소 문학이 탄생합니다. 문학은 이와 같이 '비공리적'이고, 이것이 바로 문학의 본성입니다. 문학의 글쓰기가 일종의 직업이 된 것은 현대사회의 노동의 분화에서 나온 것으로, 썩 아름다운 결과가 아니며, 이것이 작가에게는 매우 쓰라린 경험입니다.

특히 지금 마주 대하는 이 시대는 시장경제가 주도하여, 책도 상품이 되었습니다. 경계가 없고 맹목적인 시장경제 시대를 마주하여, 일개 작가만이 아니라 과거의 문학단체나 문학운동도 이제 그 설 자리가 없습니다. 작가가 이와 같은 시장경제의 압력에 굴복하지 않고, 또 시대의 유행에 입맛을 만족시키는 문화상품을 만들어 내는 유혹에 떨어지지 않고 글을 쓰려면, 생계를 도모하기 위해서는 부득이 다른 수단을 찾아야 합니다. 문학은 잘 팔리는 책(베스트셀러)도 아니고, 인기도에 있어서 상위에 오르는 것도 아니고, 게다가 텔레비전 같은 영상매체가 선전하는 광고에 의하여 알려진 작가도 아닙니다. 글 쓰는 자유는 부여 받은 것도 아니고, 구매되는 것도 아니며, 무엇보다도 먼저 작가 자신의 내면의 필요에 의해서 나오는 것입니다.

부처[佛,깨달음]가 네 마음에 있다고 말하는 것 대신에, 자유가 그 안에 있다고 말하는 것이 더 낫습니다. 그저 당신이 그것을 쓸지 쓰지 않을지를 보십시오. 당신이 만일 자유를 다른 그 무엇과 바꾼다면, 자유라는 이 새는 바로 날아가 버립니다. 이것이 바로 자유의 대가입니다.

작가는 따라서 보상(대가)을 기대하지 않고, 자기가 쓰고 싶은 것을 씁니다. 그것은 자기 자신에 대한 긍정일 뿐만 아니라, 자연히 사회에 대한 모종의 도전이 됩니다. 그러나 이러한 도전이 허위가 아니라면, 작가는 자아를 부풀려서 영웅이나 투사가 되려고 할 필요가 없습니다. 다시 말하면 영웅이나 투사가 투쟁하는 까닭은 위대한 사업을 위해서이거나 공로를 세우기 위해서인데, 이것은 모두 문학작품 바깥의 일입니다. 작가가 만일 사회에 대하여 도전할 것이 있다면, 그것은 언어를 통해서, 또한 그의 작품 안의 인물과 상황 가운데서입니다. 그렇지 않으면 그것은 문학에 해를 끼칩니다. 문학은 분노의 함성이 아니며, 개인의 분노를 고발로 바꿀 수 없습니다. 작가 개인의 감정은 작품 안에서 해소하여 문학이 됨으로써, 시간의 마모를 견뎌내고, 오랫동안 생명력을 유지할 수 있을 것입니다.

그러므로 작가가 사회에 대하여 도전하는 것이라기보다는, 그의 작품이 도전하는 것이라고 말하는 것이 낫습니다. 오랫동안 생명력을 잃지 않는 작품은 당연히 작가가 처한 시대와 사회에 대하여 일종의 강력한 응답이 되는 것입니다. 작가와 그의 행위의 소란스러움은 언젠가 사라지더라도, 독자들이 읽어준다면, 그 작품 안에서 그의 목소리는 여전히 울려 퍼질 것입니다.

참으로 이런 종류의 도전은 사회를 변화시키지는 못하며, 그것은 다만 사회 생태의 한계들을 넘어서도록 하는, 눈에 잘 띄지 않는 자세를 취하는 개인적인 열망 내지 기도요, 결국은 다소간 평범하지 않은 자세이지만, 한 인간이 가질 수 있는 자랑스러움입니다. 인간의 역사가 만일 알 수 없는 어떤 규율에 의하여 좌지우지되고 맹목적으로 움직인다면, 개개인의 서로 다른 목소리는 들려올 수 없으며, 이것은 곧 인간의 비애가 됩니다. 이와 같은 의미에서 보면 문학은 바로 역사를 보충합니다. 역사의 거대한 법칙이 인간에게 설명이 되지 않을 때, 인간은 자기의 목소리를 남겨 둘 수 있습니다. 인간은 역사만 가지고 있는 것이 아니라, 문학의 유산도 가지고 있습니다. 이것은 나약한 인간이 여전히 지니고 있는 한 가닥 필요한 믿음입니다.

존경하는 왕립 아카데미의 회원(院士) 여러분, 나는 여러분이 이 노벨상을 문학에, 인간의 고난과 정치적 압력을 피하지 않고, 더욱이 정치의 도구가 되지 않는 문학에 수여하는 것에 대하여 감사를 표합니다. 나는 여러분이 이 가장 영예스러운 상을 시장의 작품들에서 멀리 떨어져서 거의 주목을 받지 못하는, 그렇지만 한 번 읽을만한 가치가 있는 작품에 수여하는 것에 대하여 감사합니다. 동시에 나는 또한 스웨덴 아카데미가 세계가 주목하는 이 강단에 나를 오르게 하여 내 말을 듣는 것에 대하여, 그것도 세계를 향하여 방송되는 공공 방송 매체에서는 보통 거의 들을 수 없는 약하고 듣기 쉽지 않은 목소리로 말하는 나에게 이 기회를 준 것에 대하여 감사합니다. 그러나 나는 이것이 바로 노벨상의 목적이라고 생각합니다. 나에게 이와 같은 기회를 준 여러분에게 감사드립니다.

〈문학을 하는 까닭(文學的理由)〉의 원문은 臺北의 聯經出版社에서 2000년 12월(初版第9刷)에 발행한 2000년 가오싱젠(高行健)의 노벨상 수상작《靈山》의 부록(533-547쪽)에 실려있고, 같은 출판사에서 2001년1월(初版)에 출판한《沒有主義》339-352쪽에 다시 실렸으며, 월간《聯合文學》第196期

(2001年2月號) 16-24쪽에도 실렸다. 이 글을 번역할 때, 가오싱젠의 <文學的理由>의 원문[漢語] 이외에 The Official Web Site of The Nobel Foundation에 마련된 Mabel Lee의 영역본을 참조했다(2001년2월11일 신주에서 완역).

가오싱젠이 스웨덴 왕립 아카데미에서 노벨상 수상연설 때 사용한 언어는 《링산》에 부록으로 실린 한어(漢語)였다. 당시 한어를 이해하지 못하는 대부분의 청중을 위해서, 그의 연설 원고는 스웨덴어와 불어와 영어로 각각 번역되었다.

가오싱젠은 지금 사용되는 한어(중국어)가 서양 언어의 영향을 받아서 그 본래의 어법이 많이 변하여 서양화되었음을 지적하며, 자신의 글쓰기에서 한어가 가진 본래의 어법과 맛을 되살리려고 노력한다. 그렇다고 그의 글쓰기가 단순히 복고 지향은 아니며 한어 본래의 특징을 현대적으로 되살리려고 노력한다는 점에서 그의 글쓰기의 특징이 살아난다. 이 점은 그의 노벨상 수상 연설문에도 나타나 있어서, 이른바 현대식 학교 교육을 받은 중국의 젊은 세대도 이 점에서 예외가 아니지만, 나와 같이 서양화된 한어를 배운 대부분의 사람들은 그의 글을 읽을 때, 곳곳에서 낯선 곳을 대하게 된다.

21세기 그리스도인의 눈으로 바라보는 삶과 세상

V

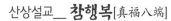

산상설교 _ **참행복**[真福八端]

복되어라, 영으로 가난한 사람들! 하늘나라가 그들의 것이니.

복되어라, 슬퍼하는 사람들! 그들은 위로를 받으리니.

복되어라, 온유한 사람들! 그들은 땅을 상속받으리니.

복되어라, 의로움에 굶주리고 목마른 사람들! 그들은 배부르게
되리니.

복되어라, 자비를 베푸는 사람들! 그들은 자비를 받으리니.

복되어라, 마음이 깨끗한 사람들! 그들은 하느님을 뵙게 되리니.

복되어라, 평화를 이룩하는 사람들! 그들은 하느님의 아들들이
라 일컬어지리니.

복되어라, 의로움 때문에 박해를 받는 사람들! 하늘나라가 그들
의 것이니.

그대들은 복되도다, 사람들이 나 때문에 그대들을 모욕하고 박해
하며

그대들을 반대하여 [거짓으로] 온갖 사악한 말을 하면!

(마태5,3-10)

─ 《200주년 기념 성경》에서 인용

'참행복'에 들어가며

어떤 사람은 산상설교를 복음 중의 복음이며, 그리스도인의 새로운 삶에 기본이 되는 규범이라고 한다. 그런가 하면 어떤 사람은 산상설교를 그리스도교 영성의 대헌장이라고 하며, 영성생활의 지침이라고 한다. 마태오 복음서 5장에서 7장까지 실린 분량이 얼마 되지 않는 산상설교는 예수님의 가르침의 진수(眞髓)이다.

물론 예수님의 산상설교는 한 번에 행해지고 완성된 것이 아니라고 본다. 마태오 복음사가 당시 복음 선포의 필요에 의하여 예수님이 3년간 가르치신 핵심 내용을 집성했다고 볼 수 있다. 사실 다른 복음서에도 마태오 복음의 산상수훈 내용이 전해지고 있으나, 마태오 복음처럼 일목요연하고 체계적으로 한곳에 집성되어 있지 않다.

4복음서의 기록에 의하면, 예수님이 나자렛에서 30년 동안 은거생활을 하신 뒤, 마침내 공개적으로 복음전파 활동을 시작했다. 그 시작은 먼저 요르단 강에서 세례자 요한에게 세례를 받고 광야에 가서 40일간 수련을 하는 가운데 마귀의 유혹을 물리치고 나서였다. 그 뒤 즈불룬과 납탈리 지방 호숫가에 있는 카파르나움에 가서, 복음을 선포하였다. "회개하여라, 하늘 나라가 가까이 왔다." 실제로 갈릴레아 일대에서 하늘 나라의 복음을 선포하기 시작한 예수님의 선교여정은 데카폴리스, 예루살렘, 유대아는 물론 요르단을 넘어서까지 이루어졌다. 제자들을 대동한 예수님이 가는 곳마다 군중이 운집했는데, 그분은 그들의 근기(根機)에 따라 가르쳤다.

하늘 나라[하느님 나라]의 복음을 전파하는데 도우미가 필요하다. 그래서 예수님은 12명의 어부를 선발하여 제자로 삼았고, 그들은 하늘 나라의 복음을 전파하는 사도가 되었다. 그 때문에 많은 성경 학자들이 산상설교의 직접 대상자는 사도들이고, 그다음이 예수님의 추종자들[교우들]이었다고 본다. 실제로 스승 예수와 동고동락한 제자들은 그들의 스승에게서 말씀을 통한 가르침만이 아니라, 그 말씀에 앞서 그분의 삶에서 우러나오는 신성한 분위기(divine mood) 속에서, 그들의 의식이 고양되는 경험도 빈번히 하였을 것이다. 따라서 가까이에서 이러한 스승의 삶의 분위기를 몸소 경험하고 체득한 제자들과 그분의 명성을 듣고 어떤 기대심을 갖고 모여든 일반 군중들 사이에 모종의 차이가 존재할 수밖에 없다.

산상설교를 내용에 따라 다음과 같이 다섯 단락(혹은 다섯 개 항목)으로 나누어 볼 수 있다: (1) 참행복(진복팔단), (2)새로운 생활의 각종 규범, (3)선행을 하는 몇 가지 새로운 원칙, (4)기타 권고, (5)결론.

마태오 복음의 산상설교는 이렇게 시작한다. "예수님께서는 그 군중을 보시고 산으로 오르셨다. 그분께서 자리에 앉으시자, 제자들이 그분께 다가왔다. 예수님께서 입을 여시어 그들을 이렇게 가르치셨다."(마태5,1-2)

예수님이 '산'에 오르셨는데, 그 산이 어떤 산을 가리키며, 어디에 있는가? 이 물음에 대하여 성경학자들의 일관된 답이 없다. 어떤 성경학자는 카파르나움 인근의 작은 언덕을 가리키며, "아마 그곳이 예수님이 일찍이 산상설교를 한 곳일 수 있다. 그러나 그곳이 실제로 그 자리인지 어느 누구도 확정할 수 없다."고 하였다. 여기서 가리키는 산이 혹시 남쪽에 있는 '시나이' 산을 암시하는 것은 아닐까? 그것은 마치 모세가 일찍이 시나이 산에서 하느님의 십계를 선포했듯이, 상징적으로 그것에 견주어 예수님도 그와 같은 산 위에서 새로운 법, 새로운 삶의 규범을 선포한 것이 아닐까?

예수님이 '자리에 앉으셨다'고 하는데, 당시 유대교 율법학자들이 정식으로 가르칠 때, 그들은 반드시 '앉아서' 가르쳤는데, 그로써 엄숙함을 드러냈다. 당시 예수님이 선포하고 가르친 것은 일종의 새로운 삶의 규범일 뿐 아니라, 그것은 바로 복음의 중심 사상이다. 따라서 그분은 반드시 먼저 앉으신 뒤에 자신이 선포하고 가르치는 것이 얼마나 중요한지 드러냈을 것이다. 중국어 전통에서 주석(主席), 교석(敎席), 강좌(講座) 등의 어법이 있는데, 여기서 석(席)자 혹은 좌(座)자는 존엄하고 숭고한 것을 상징한다. 오늘날 선생님들이 서서 강의를 하는 게 일반적이지만, 중국에서는 전통적으로 스승이 늘 앉아서 가르쳤다.

예수님이 '입을 여시어' 그들을 가르치셨는데, 여기서 입을 연다는 것은 각별한 뜻이 있다. 그리스어 가운데 '입을 열어 말한다'는 표현은 앞으로 하게 될 말씀이 매우 중요하다는 함의가 있다. 이를테면 신전의 사제가 어떤 '신탁(Oracle)'을 선포할 때, 그는 반드시 먼저 '입을 열어 말한다'고 하여, 그 신탁이 그 개인이 생각해 낸 것이 아니라, 신이 자신을 통하여 그것을 알린다는 함의가 있다. 마태오 복음사가는 아마도 일찍이 그리스 교육을 받았을 것이기 때문에, 산상설교를 시작할 때, '입을 여시어 가르치셨다'고 함으로써, 예수님이 곧 선포하게 될 내용이 매우 중요하다는 것을 드러내어, 그것을 듣는 이들로 하여금 지극한 마음으로 그 말씀을 받들어 경청하도록 했을 것이다.

이와 같은 산상설교의 첫 번째 주제는 참행복[真福八端]이다. 그런데 우리가 다른 세 복음서를 참고하면, 요한복음에는 이것에 대하여 한 가지도 언급하지 않았고, 마르코 복음에는 비슷한 가르침이 있기는 하나, 그것에 대하여 집중적으로 논의하지 않았다. 다만 루카 복음에는 이것을 정식으로 기록했으나, 다만 네 가지[四端]로 요약하여, 결국 참행복 네 가지[真福四端]로 정리했다. 각 복음서가 이처럼 서로 다르게 기록한 것에 대하여 크게 놀라거나 의아해할 필요가 없으니, 그것은 사복음서 사가의 복음선포의 대상이 본래 서로 다르기 때문이었다. 이를테면 루카의 대상은 유대 지역 바깥에 있는 새로 입교한 이른바 이방인이었다. 루카는 참행복 가운데 유대인에게 적용되는 율법 같은 것을 굳이 이방인에게 적용할 필요가 없어서, 그러한 것을 모두 언급하지 않았다. 그와 달리 마태오가 의도한 주요 대상은 유대인이었다. 그 때문에 유대인의 풍속과 율법은 반드시 언급하고 논의해야 하는 것들이어서, 그러한 맥락에서 마태오 복음에 여덟 가지 참행복이 등장한 것이다. 그러나 유대인이든 이방인이든 예수님의 말씀은 모든 사람을 향해 열려있다. 따라서 마태오 복음서에 실린 참행복에 대하여 살피고, 경청할 필요가 있다.

여기서 한 가지 더 언급할 것 같으면, 참행복 선언 가운데 예수님이 일일이 선포한 '행복하다'는 구절은 도대체 어떤 '복'인가? 먼저 '행복하다'[有福的]라고 하여, 마음이 가난한 사람은 '행복하다', 마음이 깨끗한 사람은 '행복하다'와 같이 그 대상이 어떠하다고 직접 화법으로 언급한다. 예수님 당시 사용한 아라메아어 어법에 따르면, 그것은 "마음이 가난한 너희는 정말 복되구나!"처럼 경탄구(驚嘆句)로 표현되었다. 그런 점에서 한국의 '200주년 기념 성경'의 번역은 그 경탄구를 비교적 잘 살린 것으로 보인다. 성경학자들의 해석에 따르면, 아라메아어에서 강조할 때 경탄구가 사용된다고 한다. 그러므로 여기서 예수님은 앞으로 너희는 어떠한 복이 있으리라 한 것이 아니라, 그러한 너희는 '바로 여기서 지금 그 복을 누리고 있다'는 것이다.

1. 첫 번째 복: 마음이 가난한 사람들은 복되다

행복하여라, 마음이 가난한 사람들! 하늘 나라가 그들의 것이다.

(마태5,3: 루카6,20)

참행복 선언은 '가난한 사람'에서부터 시작된다. 그런데 이것은 보통 사람들의 통념과 배치된다. '돈[제물]'이 중심이 된 시대와 사회에서 사는 사람들에게 특히 그러해 보인다. 여기서 무엇보다도 먼저 '가난'이라는 두 글자의 뜻이 분명히 드러나야 할 것이다.

히브리어 가운데서 '가난'은 네 가지 뜻이 있고, 네 개의 발전과정이 담겨있다. 먼저 가난은 물질적으로 가진 게 아무것도 없는 상태를 말한다. 그리고 나중에 그것은 가난하기 때문에 아무런 권위도 사회적 영향력도 없는 가련한 사람을 가리키게 되었다. 그다음 세 번째로 가난은 가진 게 아무것도 없는 사람이 늘 다른 사람에게 무시당하고 능욕당하는 뜻이 담기게 되었다. 끝으로 히브리어 글 자 가운데, 가난은 비록 가진 게 아무것도 없지만, 오직 하느님께 온전히 의탁하고, 그 어떠한 역경도 기꺼이 받아들이는 사람의 상 태를 가리킨다. 우리는 시편 가운데서 이와 같이 온전히 가난한 사 람에 대하여 묘사한 것을 볼 수 있다.

> 여기 가련한 이가 부르짖자 주님께서 들으시어,
> 모든 곤경에서 그를 구원하셨네. (시편34,7)

> 가난한 이는 영원히 잊혀지지 않고
> 가련한 이들의 희망은 영원토록 헛되지 않으리라. (시편9,19)

> 당신의 무리가 그 위에서 살고 있으니
> 하느님, 당신께서 가련한 이들을 위하여
> 호의로 마련하신 것입니다. (시편68,11)

> 그가 백성 가운데서 가련한 이들의 권리를 보살피고
> 불쌍한 이들에게 도움을 베풀며…… (시편72,4)

> 불쌍한 이는 비참에서 들어 올리시고…… (시편107,41)

예수께서는 히브리인으로서, 당시 그 사회에서 '가난'이 무엇을 가리키는 것인지 물론 알았을 것이다. 그러므로 그분이 "행복하여라, 마음이 가난한 사람들!"이라고 말했을 때, 그것은 문자 그대로 모든 것이 결핍되어 가진 것이 아무것도 없는 빈곤한 사람이 무조건 행복한 사람이 된다는 것이 아니라, 모든 것을 떠나 한마음으로 온전히 하느님께 의탁하는 사람을 가리킨다고 본다. 실제로 아무것도 소유하지 않아 말 그대로 가난뱅이 처지에서 살아가지만, 그 누구도 원망하지 않고 자신의 본분을 다하며 삶을 영위하는 사람이 있다. 그런 사람은 "행복하여라, 가난한 사람!"이란 말을 들을 자격이 있다. 그러나 혹여 가진 것이 아무것도 없어 매우 빈곤한 처지에 있는 사람이 그러한 자신의 처지를 한탄하며 하느님을 원망하고, 자기 주변 사람을 원망하거나 저주한다면, 그러한 사람이 어떻게 '하늘 나라의 가치' 곧 '예수님이 선포한 복(福)'을 누릴 수 있겠는가?

주지하는 바와 같이 "행복하여라, 가난한 사람들!"이라고 선포한 루카 복음(6장20절)과 달리, 마태오 복음(5장3절)에서는 이렇게 선포한다: "행복하여라, 마음이 가난한 사람들!" 여기 '마음이 가난한(神貧, poor in spirit)'에서 따끔하게 급소를 찌르는 듯한 것이 바로 의역한 마음(여기서 '마음'이 중국어《思高聖經》역본 : 神貧의 '神'에 해당)이다. 여기서 하느님 외에는 아무것도 가진 것이 없는, 그렇게 마음(神, spirit)이 가난한(貧, poor) 사람이 행복하다는 것이지, 물질의 결핍을 나타내는 가난 그 자체가 복의 근원이 아니라는 것이다.

그런데 여기서 관건은 비록 물질의 결핍으로 야기된 가난 때문에 사는 게 몹시 힘들지라도, 그러한 현실을 담담히 받아들이는 그러한 사람 역시 당연히 행복한 사람으로 분류될 수 있을 것이다. 여기서 가난은 기본적으로 그 무엇인가 결핍된 상태를 가리킴으로, 마음이 가난한 (곧 정신적으로 그 무언가 결핍된 상태의) 사람은 바로 심리적으로 초조하거나, 그 무엇 때문에 실망감을 느끼는 상태의 사람일 것이다. 이러한 사람도 하느님의 눈길로 바라보면 실제로 가난한 사람에 속한다고 볼 수 있다.

심리학에서 심리적 결핍(Psychological Deficiency)이라는 용어가 사용되는데, 그러한 상태에 있는 사람은 곧 자신감이 결여되고, 실연을 하거나 걱정과 실망으로 심리적으로 결핍 상태에 처해 있는데, 이러한 사람이 참으로 가난한 사람이 아니란 말인가? 하느님이 이러한 사람을 돌보시지 않는다는 말인가? 정신적으로 결핍된 사람, 그런 가난한 사람은 참행복을 얻고 싶어 한다. 그러한 사람이 물질의 결핍을 겪는 사람 못지않게 먼저 갖추어야 할 조건이 있는데, 그것은 무엇보다도 먼저 하느님께 자신을 온전히 내맡기는[의탁하는] 일이다. 하느님께서는 그러한 이의 간절한 외침을 외면하지 않는다는 고백이 전승되어 오고 있다. "여기 가련한 이가 부르짖자 주님께서 들으시어 모든 곤경에서 구원하셨네."(시편34,7)

우리가 또 다른 측면에서 가난[貧窮]과 그것에 대비되는 부[財富]에 대하여 바라볼 수 있다. 어떤 부자들은 마치 부를 위하여 부를 축적하는 듯 보이기도 한다. 그러나 실제로 어떤 부자들은 부를 위한 부를 축적하기보다, 그들의 부를 문자 그대로 가난한 이들을 위하여, 필요한 이들을 위하여 사용한다. 이러한 부자들이 복되지 않다고 누가 감히 말할 수 있을까? 이를테면 먼저 아리마태아 사람 요셉을 떠올릴 수 있다. 명망 있는 산헤드린 의회 의원이기도 한 그는 예수께서 세상을 떠난 뒤, 평소에 그가 추종한 예수님의 장례를 치른 사람이다. 예수님이 두 명의 강도와 함께 십자가형으로 처형당하자, 그는 예수님의 시신을 내려다가 고운 베로 싸서 바위를 파 만든 무덤에 모셨다(루카23,53).

우리가 교회사를 펼쳐보면, 실제로 성인성녀들 가운데 적지 않은 이들이 부와 권력을 가진 황제나, 작위를 가진 귀족이었다. 그들이 부를 가졌다는 이유 때문에 하늘 나라에 들어가지 못할까? 예수께서 우선 관심을 갖고 어울린 이들 가운데 가난하고 병든 이들이 있는데, 그들만이 아니라 그것이 물질이든 지식이든 사회적 지위든, 많이 가진 이들과 높은 지위에 있는 이들 곧 부자나 지식인이나 명망가도 있었다. 관건이 되는 것은 단지 물질적 부와 지위를 가지고 있다는 데 있지 않고, 그 부를 어떻게 축적하고, 또 어떻게 쓰느냐에 달렸고, 그 지위에 걸맞은 직무를 어떻게 사용하느냐에 달렸다. 부유하지만 그 부를 자신의 것으로 여기지 않고, 그 부를 필요한 곳과 사람에게 적재적소에 제대로 쓰는 사람이 있다면, 다음과 같은 주님의 말씀이 자신과 상관없다고 여겨도 좋다. "불행하여라, 너희 부유한 사람들!"(루카6,24)

2. 두 번째 복: 슬퍼하는 사람들은 복되다

행복하여라, 슬퍼하는 사람들! 그들은 위로를 받을 것이다.

(마태5,4: 루카6,21)

여기서 우리는 어떤 사람들이 슬퍼하는 사람들이고, 그들이 어떻게 위로를 받게 되는지 살펴본다.

먼저 '슬픔'이라는 글자는 코이네 그리스 성경 원문 가운데서 흔히 '극도의 비통을 느끼는 슬픔'을 가리킨다. 그것은 상심한 나머지 목놓아 운다는 느낌이 들어있다. 그 때문에 부모 혹은 남편이나 부인 혹은 자녀가 세상을 떠났을 때, 이 낱말을 쓴다. 구약 가운데 야고보가 그가 사랑하는 아들 요셉이 죽었다는 말을 듣고, 부지불식간에 감내하기 어려운 슬픔이 복받쳐 올랐는데, 그때 사용된 것이 바로 여기서 사용된 '슬픔[哀慟]'이다. 이 슬픔을 중국어 역본 성경[思高聖經]에서는 대단히 슬프고 서럽다는 뜻을 지니고, 그 때문에 크게 울부짖는다는 뜻으로 쓰이기도 하는 통[慟]으로 번역했고, 우징슝(吳經熊) 박사는 개인적으로 그것을 마음이 아플 정도로 슬프다는 뜻을 담은 도(悼)로 번역했다. 이처럼 '애통'할 때의 통(慟)과 '애도'할 때의 도(悼)는 모두 극도의 슬픔을 나타낸다.

이처럼 슬퍼하는[애통해하는] 사람은 행복하다는 예수님의 말씀에 대하여, 성경학자들은 그것이 사람들이 보통 말하는 그런 정도의 슬픔이 아니라, 그 정도가 매우 깊은 상심과 비애를 담은 그러한 슬픔을 가리킨다고 본다. 그러면 이러한 슬픔[애통]에 처한 사람으로 위로를 받게 될 사람은 누구인가? 먼저 그 낱말이 지닌 뜻에 따라서 보면, 그들은 심한 고통 가운데 심적 갈등으로 매우 번민하는 사람으로, 그들은 모름지기 물질의 궁핍이나 극도의 인종차별 등으로 심한 모멸감을 느끼거나, 심리적으로 매우 절망감을 느끼는 상태에 처해 있을 것이다. 의심의 여지 없이 그러한 처지에 있는 사람들이 하느님의 위로를 받게 될 것이라는 것이다. 우리 육친의 부모의 경우, 그들은 자신의 자녀가 아무런 병에도 걸리지 않고 건강하고 기쁘게 잘 지낼 때는 자식에 대하여 별로 개의치 않는다. 그러나 그러한 부모들이 자신의 어린 자녀 가운데 그 누가 아파서 심한 고통을 겪게 되면, 태도가 급변하여, 때로는 침식을 잊을 정도로 크게 염려하며 온 관심을 그 자녀에게 집중하고 돌보느라 여념이 없다. 육친의 부모가 그러할진대, 하물며 하느님이야 오죽하시겠는가, 하는 것이 이 구절을 대하는 이들의 마음이다.

그리스도의 고난이 우리에게 넘치듯이,
그리스도를 통하여 내리는 위로도 우리에게 넘칩니다. (2코린1,5)

여러분이 우리와 고난을 함께 받듯이
위로도 함께 받는다는 것을 압니다. (2코린1,5)

어머니가 제 자식을 위로하듯
내가 너희를 위로하리라. (이사66,13)

주님의 은혜의 해, ……
슬퍼하는 이들을 모두 위로하게 하셨다. (이사61,2)

141

주님께서 슬퍼하는 이들을 특별히 돌보고 위로한다는 것은 의심의 여지가 없다. 어느 정도 자비심을 지니고 어려운 사람의 처지를 이해하고 동정하는 보통 사람들이 세상에서 고통을 받는 이들을 보고 마음이 움직이지 않을 수 없듯이, 하물며 지극한 자비심을 지닌 주님이 어떠하실지야 더 말할 나위가 없을 것이다. 지극한 슬픔을 혼자 감내하기 어려워하는 이들에게, 주님은 그들과 함께하고 위로해주는 분이시다. "행복하여라, 슬퍼하는 사람들!" 위로의 주님이 그들과 함께하시기 때문이다.

　그렇다. 슬퍼하는 사람은 복되다. 그러나 "불행하여라, 지금 웃는 사람들!"(루카 6,25) 이미 앞에서 언급한 '가난'[貧窮]과 '부'[財富]와 마찬가지로 '슬픔'[哀慟]과 '웃음'[歡笑]도 대비를 이룬다. 곧 '세속 가치'와 '복음 정신'이 강렬한 대비를 이루고 있다. 세상 사람들이 쫓는 것이 재물 곧 돈이고, 그들은 그것이 있으면 행복하다고 여긴다. 그러나 예수님은 가난한 사람이 행복하다고 선포한다. 마찬가지로 세상 사람들은 매일 웃고 지내는 것이 행복하다고 여기는 데 반해, 예수께서는 슬퍼하는 사람이 행복하다고 선포한다.

　실제로 이른바 세속 정신과 그리스도 정신이 어떻게 다른지에 대하여, 지극히 간단한 가치의 문제를 드러낸다. 내가 추구하는 것이 이 세상에서 한순간에 지나가 버리고 마는 그러한 행복인가, 아니면 하늘 나라의 가치로 드러나는 영원한 행복인가? 한순간 존재하는가 싶으면 곧 사라지는 눈앞의 즐거움인가, 아니면 영원히 지속되는 행복인가? 예수께서 말씀하시는 참행복(真福)에 참으로 불가사의한 현상이 있다. 그것은 바로 슬픔 가운데 살아가는 충직한 그리스도인이 겉으로 보기에 질병으로 인한 고통 혹은 빈곤이나 각종 고통 가운데 사는 것이 분명한데도, 실제로는 의연하게 그 내면의 평정을 지키고 기쁨을 잃지 않고 평온히 살아간다는 점이다. 그것은 하느님이 위로의 원천이라는 것을 그가 알고, 그러한 하느님께 모든 것을 맡기고 살아가기 때문이고, 이 세상에 쓸모없는 고통은 없다는 것을 그가 믿고 또 체득하기 때문일 것이다. 이것이 바로 참된 믿음이고 신앙이다. 산상설교의 가르침을 받아들이고 사는 사람은 행복하다.

3. 세 번째 복: 온유한 사람들은 복되다

행복하여라, 온유한 사람들! 그들은 땅을 차지할 것이다. (마태5,5)

여기서 땅을 차지한다는 것은 어떤 숨은 뜻이 있는가? 이스라엘 사람들 마음속에 땅은 곧 낙원이고, 행복한 보금자리를 뜻한다. 성경학자들은 그들의 이러한 관념이 시편의 영향을 받았기 때문이라고 여긴다. 시편 37장을 보면, 온 마음으로 주님을 신뢰하는 사람에 대하여 이렇게 말한다. "주님을 신뢰하며 선을 행하고 이 땅에 살며 신의를 지켜라. 주님 안에서 즐거워하여라."(시편37,3) 이어서 "그러나 가난한 이들은 땅을 차지하고 큰 평화로 즐거움을 누리리라."(시편37,11) 이처럼 낙원에 대한 관념이 나중에 이스라엘 사람들의 마음속에서 점차 행복한 보금자리요 영원한 복을 누리는 땅으로, 나아가 그들에게 땅은 하늘 나라의 복을 드러내는 자리로 여겨졌다. 그러므로 우리는 이 구절에 대한 성경학자들의 해석을 따라,

이렇게 말할 수 있다. "너희 온유한 이들은 복이 있으니, 너희는 이 땅에서 복을 누리고, 나중에 하늘 나라에서 영원한 행복을 누릴 것이다."

온유한 사람들은 어찌하여 이렇게 복을 누리게 되는가? 그들은 도대체 어떠한 사람들인가?

먼저, '온유'라는 낱말을 라틴어로 Mitis라 하고, 영어로 Meek이라 하고, 중국어 역본 3개 가운데,《시엔시엔 성경 전집(獻縣聖經全集)》에서는 선량한 사람(良善的人), 우징슝(吳經熊)이 번역한《신약성경(新經)》에서는 온공극기(溫恭克己), 중국 개신교 번역본에서는 온화(溫和)와 온유(溫柔) 등으로 번역되었다. 그러나 그것이 온유하든 선량한 사람이든 막론하고 필사적으로 경쟁하는 현대 사회에 그러한 덕목이 어울리는 것인지 묻는 사람이 있을 것이다. 그 누가 온화하다 혹은 온유하다는 말을 들으면, 그 사람의 목소리가 부드럽다거나, 자신의 주의 주장이 없어 우유부단해 보이는 인상을 떠올릴 수 있다.

그러면 이것이 온유하다는 말의 본래 의미일까?

'온유'는 신약성경의 언어 코이네 그리스어 원문으로 Praus이고, 그것은 매우 강렬한 도덕적 뜻을 지니고 있다. 그것은 이른바 언제나 화를 내지 않는 것이 아니라, 화를 내야 할 때 마땅히 화를 내고, 화를 내지 않아야 할 때 마땅히 화를 내지 않는 것이다. 예수님은 의심의 여지 없이 온유한 분이다. 그분이 이렇게 말씀하셨다. "나는 마음이 온유하고 겸손하니 내 멍에를 메고 나에게 배워라."(마태11.29) 그러나 이렇게 온유하고 겸손하신 분이 화를 내야 할 때는 마땅히 화를 냈다. 예수께서 어느 날 제자들과 함께 성전에 들어가셨다. 그분은 거기에서 사람들이 소와 양과 비둘기 등을 팔고 있는 것을 보고, 분노하지 않을 수 없었다. 그래서 그분은 채찍을 휘둘러서 성전 문밖으로 그들을 좇아냈다. 영성학자들은 이러한 분노를 일컬어 의로운 분노[義怒] 혹은 정의로운 분노라고 한다. 그런데 예수께서 그랬듯이, 이러한 '의분'의 행위가 가능하려면 깊은 자기 수양이 전제되어야 한다.

그렇다. 마땅히 분노해야 할 때 분노하고, 분노하지 않아야 할 때 분노하지 않을 수 있는 자기 절제와 함께 포악한 행동을 자제할 수 있는 힘을 평소에 길러야 한다. 플라톤은 일찍이 이렇게 말한 적이 있다. "모든 분노를 제어하는 제일 좋은 방법은 시간을 끄는 것이다." 오늘날 심리학자들도 이 점에 동의한다. 그들은 사람이 화를 내고 싶을 때는 먼저 1에서 10까지 수를 세도록 권고한다. 이렇게 수를 세는 것이 시간을 끌기에 좋은 방법이다. 1에서 10까지 수를 세는 것은 자기를 제어하는 좋은 방법이다. 화가 끓어오를 때, 화를 내더라도 당장 화를 내기에 앞서, 먼저 세 번 생각하고 난 뒤에 화를 내면, 절대로 이성을 잃을 정도로 분기탱천하지 않을 수 있을 것이다. 또한 화가 치밀어 오를 때 기왕이면 심호흡[복식호흡]을 하면서, 스스로 그 호흡의 수를 1에서 10까지 세는 것도 좋은 방법이다. 우리는 간혹 말도 안 되는 이유로 자기 자녀에게 화를 쏟아내는 부모와 영문도 모른 채 속수무책으로 그런 화를 입는 자녀를 목격할 때가 있다. 평소 자기를 다스리는 능력이 결핍된 부모는 자기 자녀를 자기 분노의 배출구로 여기는 것이 아닌지 모르겠다.

이렇게 보면, 예수님께서 "행복하여라, 온유한 사람들!"이라고 말씀하셨을 때, 그것은 이유를 알 수 없이 자주 화를 내는 사람을 가리키는 것이 아닌 것과 마찬가지로, 마땅히 분노해야 하는 그러한 상황을 맞이할 때 늘 회피하는 사람을 가리키는 것도 아니다. 여기서 우리는 이렇게 말할 수 있다. 온유는 이를테면 하나의 미덕(美德)이고, 일종의 중용(中庸)의 행위이기 때문에, 그것은 정도를 넘어설 정도로 과도하게 분노하지 않는 것인가 하면, 그렇다고 무조건 분노하지 않는 것도 아니라고 하겠다. 그러므로 여기서 관건이 되는 것은 그것이 마땅히 분노해야 하는 상황인지 그렇지 않은지, 그 대면하고 있는 상황과 관련이 있다. 이러한 까닭에 기독교 성경학자 바클레이(Wm. Barclay)는 이렇게 말했다. "자기 자신을 제어할 수 있고, 가벼이 화[분노]를 내지 않는 사람은 복되다."

중국 전통에서 이상적인 인간상은 바로 군자(君子)가 되는 것이다. 그러한 군자는 마땅히 "너그러움과 엄격함이 서로 조화를 이루고, 굳셈과 부드러움을 함께 지니고 사용(寬猛相濟, 剛柔幷用)"할 줄 알아야 한다. 이와 같이 군자는 반드시 너그럽고 부드럽고 엄격하고 굳세어야 한다. 그러나 이렇게 심리적인 균형을 이룬 사람을 어디에 가서 찾아볼 수 있을까? 정서·감정·공감 지수(EQ)에서 중시하는 것은 자기 절제·자기 제어인데, 자기 자신을 제어하고 다스리지 못하는 사람은 결국 다른 사람도 다스리지 못한다고 본다. 그리스 원문 가운데 온유라는 형용사는 늘 순하고 고분고분한 것과 연결되어 함께 사용된다. 따라서 잘 길들여진 야생마 한 마리를 보았을 때, 그 말은 온순하여 말을 잘 듣는다고 한다. 한 마리 야생마가 여러 차례 훈련을 받고 마침내 길들여졌을 때, 그 말은 온화하고 온유한 좋은 말이 되었다고 할 수 있다. 이것과 마찬가지로 포악하고 제멋대로 사는 사람이 수련[훈련]을 통하여 자기 자신을 제어할 수 있을 때, 그는 온유한 사람이 되고, 아무 때나 함부로 화를 내지 않는 사람이 되는 것이다. 그런데 이와 같은 훈련을 하기에 이상적인 때는 유년 시기처럼 어린 시절에 시작하는 것이 바람직하다. 사람의 성정은 한 번 굳어지면 쉽게 바뀌지 않기 때문에, 나중에 나이 들어서는 그것을 바꾸거나 고치려고 해도 쉽지 않다.

중국 대륙에서 일찍이 한 자녀 낳기 정책을 실행했는데, 특히 첫째가 남자아이일 경우에는 둘째를 낳을 수 없었다. 국가가 이렇게 산아 제한 정책을 강제하여, 그렇게 태어난 사내아이들은 어려서부터 각 가정에서 유아독존(唯我獨尊)으로 부모의 총애를 받고 왕자처럼 자랐다. 그런 아이가 원하는 것이 무엇이든 부모가 즉각 응해주는데, 만에 하나 아이의 요구가 즉각 받아들여지지 않으면, 그때 어떤 아이는 바닥에서 누워서 데굴데굴 굴기도 한다. 이런 상황에 직면한 부모는 아이의 요구대로 순순히 응해주게 되면서, 그러한 아이는 유아독존의 왕자처럼 되어버리는 것이다. 이러한 아이들이 장성하여 살아가는 사회는 어떤 사회가 될 것인가?

앞서 언급했듯이, 신약성경의 언어 코이네 그리스어 원문에서, 온화한 사람은 이를테면 마땅히 화를 내야 할 때 화를 내고, 마땅히 화를 내지 않아야 할 때 화를 내지 않는 자기 절제와 절도를 지닌 사람이다. 이런 견지에서 보면 모든 부모는 부모 나름의 온유한 사람이 되는 '사람됨의 원칙[做人原則]'을 지녀야 한다. 아이가 말을 듣지 않으면 마땅히 벌을 내리고, 아이가 말을 제대로 들으면 그에 걸맞은 칭찬을 하는 등, 너그러움과 엄격함 그리고 굳셈과 부드러움을 겸비해야 한다. 사실 이러한 사람됨의 원칙은 가정은 물론이고 학교 교실과 직장의 사무실, 각종 일터에서 늘 직면하는 모든 인간 관계에 적용되어야 할 일이다. 객관적으로 봐서 화를 내기에 타당하지 않은 사건이나 상황에서 화를 내지 않고, 반면에 마땅히 분노하여 바람직하지 않은 해당 상황에 경종을 울리는 정의로운 분노를 하는 사람은 참으로 복되다. 하느님은 그러한 사람들의 노력과 자기 수양에 대하여 어여삐 여기시고 기억하실 것이다. 그러한 이들은 이 세상의 삶에서도 균형 잡힌 마음의 평정을 누릴 것이고, 훗날 자비로우시고 의로우신 하느님과 함께 영원한 행복을 누릴 것이다.

4. 네 번째 복: 의로운 사람들은 복되다

행복하여라, 의로움에 주리고 목마른 사람들! 그들은 흡족해질 것이다. (마태5,6: 루카6,21)

여기서 우리가 먼저 이해해야 할 것은 '의로움에 주리고'에서 의로움[義]과 주림[飢餓]이 지닌 함의이다. 오늘날 풍족하게 입고 먹고 사는 사회에서 사는 우리가 예수께서 사시던 당시 팔레스티나 지방 사람들의 주린 생활을 실감하는 것이 물론 쉽지 않을 것이다.

그런데 일찍이 이스라엘에 성지순례를 다녀온 이들은 부분적으로라도 나름 어느 정도 그런 정황을 이해할 수 있을 것이다. 일단 예루살렘을 벗어나서 사방을 둘러보면, 그곳이 모래와 자갈로 이루어진 불모지라는 것을 볼 수 있다. "인생에서 가장 큰 일은 바로 배를 채우는 일이다!"라는 아라비아 속담이 당시 그곳 민중들의 생활을 족집게처럼 집어낸 말이 아닌가? 어느 누가 삼시세끼 제대로 챙겨 먹지 못하여 늘 주린 배를 안고 산다면, 그가 생각하는 것, 그가 꿈꾸는 것, 그가 추구하는 것이 오직 먹을 것과 관련되지 않을 수 없을 것이다. 마찬가지로 누가 갈증으로 목이 매우 마르면, 그때 그를 사로잡는 것은 시원한 물로 그 갈증을 식히고 싶은 생각 하나로 가득할 것이다.

예수께서는 우리가 의로움에 주리고 목마르기를 바라고 계신데, 우리가 의덕(義德)을 추구하고 수덕(修德)을 위한 생활을 할 때, 마치 주린 사람이 음식을 찾고, 목마른 사람이 물을 찾는 그런 절박감을 지녀야 하지 않겠는가! 그러면 여기서 다시 한번 '의로움에 주린다'는 그 의미를 생각해보자.

의(義) 혹은 의덕(義德)의 라틴어는 Justitia이다. 그러므로 의인(義人)은 Homo Justus(a just man)이다. 이러한 의인은 성경에서 통상 정의로운 사람, 선량한 사람을 가리키는데, 이는 우리가 보통 '좋은 사람'이라고 부르는 그런 사람과 같다. 그래서 의인은 노아, 아브라함, 야고보 등 사람 됨됨이가 괜찮은 옛 성인과 같은 사람으로, 이와 같은 사람들을 성경에서는 모두 의인이라고 부른다. 예수님 당시에도 이러한 관념이 일반적으로 널리 퍼져있었다. 이런 정황에서 우리는 예수님을 기르신 성요셉을 왜 의인이라 부르고, 밤낮으로 구세주의 내림을 대망해온 시메온을 왜 의인이라고 부르는지 이해할 수 있다. 예수께서도 당연히 의인 중에 의인이다. 예수님을 결박하여 로마 총독 빌라도 앞으로 끌고 간 이들이 예수님을 사형에 처해야 한다고 요구했을 때, 빌라도의 부인이 남편 빌라도에게 경고하지 않았는가? "당신은 그 의인의 일에 관여하지 마세요."(마태27,19) 나중에 빌라도는 사태의 엄중함을 의식하고, "물을 받아 군중 앞에서 손을 씻으며 말했다. '나는 이 사람의 피에 책임이 없소. 이것은 여러분의 일이오.'"(마태27,24-25)

여기서 '의'와 관련된 '의덕'(義德)을 좀 더 해석하면, 그 의미는 중국의 유가 전통에서 말하는 '지극한 선의 경지에 머무른다(止於至善)'는 그러한 지선(至善) 혹은 그리스 철학자가 강조하는 '제일 고상한 선'(最高尙的善) 혹은 진선미성(真善美聖) 가운데 있는 거룩한 선(聖善)에 매우 근접할 것이다. 만일 그렇다고 하면, 예수께서 아마 이렇게 말씀하시지 않았을까? "꾸준히 선을 행하고, 도덕을 추구하여 지극한 선의 경지에 머무르는 너희는 참으로 복되다!" 또한 그리스도인이 선을 행하고 악을 피하기를 마치 주린 이가 오로지 음식을 생각하고, 목마른 이가 시원한 물을 찾듯이, 그러한 열성과 절박한 자세로 행하는 모습을 떠올릴 수 있다. 이러한 점을 염두에 두면, 예수님이 산상설교 가운데서 요구한 주리고 목마른 사람처럼 그러한 자세로 의로움을 추구하라는 요구를 제대로 실천하기가 쉽지 않다는 것을 많은 사람이 공감한다. 그렇다. 이와 같은 예수님의 요구가 그리스도인에게 참으로 크나큰 도전이 아닐 수 없다는 점을 전제하고, 그 의로움을 추구하고 싶은 마음 한편에, 실제로 그렇게 행하는 데 걸림돌이 되는 자신의 영적 게으름(spiritual laziness)이 묵직하게 자리하고 있는 것을 의식하지 않을 수 없다.

그럼에도 우리는 여전히 예수님의 산상설교 가운데서 그분과 그분의 가르침에 충실한 신자가 "하늘에 너희 아버지께서 완전하신 것처럼 너희도 완전한 사람이 되어야 한다"(마태5,48)는 가르침대로 완전한 사람이 되기를 바란다. 산상설교를 듣는 이들은 누구나 예수께서 우리가 그렇게 되기를 바라는 지극한 의로움에 이르고[至義] 완전한 사람이 되는[成全] 경지에 머무르는 것이 결코 쉬운 일이 아니라는 것을 공감하게 된다. 그런데 산상설교를 통하여 우리가 그러한 경지에 이르기를 바라시는 예수께서는 허황된 이상주의자가 아니다. 그분은 나약한 우리 인간성을 잘 알고 있다. 그러한 경지에 머무는 일은 마치 높고 험난한 산에 오르는 것과 같아서, 산에 오르는 과정에서 매 고비마다 어려움이 놓여있고, 높이 오르면 오를수록 더 어려운 상황에 직면하게 된다. 그럼에도 그분은 왜 우리가 그러한 고지에 이르기를 바라시는가?

먼저, 세상에서 어떤 일을 이루어내는 데 있어서 그 누구도 단 한걸음에 그리고 단 하룻밤 새에 그것을 이루어낼 수 없다. 하물며 지극한 의로움에 이르고 자아 완성을 이루어내는 일에 자기 희생과 자기 절제 혹은 자기 제어의 노고가 따르지 않고 어찌 그것이 가능한 일이겠는가? 또한 그것은 마치 낙숫물이 떨어져 돌에 구멍을 내는 것과 같이 끊임없이 정진하여 이루어낼 수 있는 일이 아니겠는가? 이처럼 꾸준히 행하는 과정에서 이루어낼 수 있는 이 일이 지난해 보이는 것은 당연한 일이다. 그러나 지금 우리가 할 수 있고 또 해야 하는 것은 우리가 이루어내야 할 그 끝[목표]을 망연히 바라보는 데 있지 않고, 일단 시작하는 것이다. 이 점에서 노자

(老子)가 일찍이 이와 같은 이치를 설파했다. "한 아름 되는 큰 나무도 털끝같이 작은 싹에서 자랐고, 구층이나 되는 높은 탑도 바닥에서부터 흙을 쌓아올려 만들어졌고, 천 리 길도 한 걸음 내딛는 데서 시작된다.(合抱之木, 生於毫末; 九層之台, 起於累土; 千里之行, 始於足下.)"(老子第64章) 어떤 일이든 결국 목표[목적지]에 이르려면 마땅히 시작[출발]을 해야 한다. 의로움을 이루어 내고, 완전한 사람이 되는 '하느님의 사람됨'의 여정 또한 그러하다.

5. 다섯 번째 복: 자비로운 사람들은 복되다

행복하여라, 자비로운 사람들! 그들은 자비를 입을 것이다.
(마태5,7)

이 다섯 번째 복은 한눈에 쉽게 이해가 되는 듯하다. 우리가 지금 생에서 연민을 지닌 사람·동정하는 사람·자비로운 사람이 되면, 언젠가 나도 그러한 자비를 입게 될 것이다. 반면에 연민의 정이 없어 남을 동정할 줄 모르고 자비롭지 못하면, 하느님에게서 오는 자비를 입을 수 없을 것이다. 그런데 여기서 예수께서 말씀하신 연민에서 기인하는 자비는 좀 더 깊은 의미가 있다.

히브리어 가운데 진정으로 인간의 내면 깊은 곳에서 발출되는 일종의 연민의 마음[자비의 마음]을 헤세드(Chesedh)라고 부른다. 예수께서 말씀하신 것이 바로 그것이다. 그런데 자국어로 이 낱말을 번역할 때 어떻게 해야 그 원문의 뜻을 제대로 잘 드러낼 수 있는 낱말을 고를 수 있을지 곤혹스러운 일이다. 그것이 우리가 흔히 일반적으로 사용하는 동정·연민·가련 같은 낱말로 그 함의를 다 담아낼 수 없기 때문이다. 그 낱말이 지닌 함의를 다시 살펴보면, 그것은 인간의 내면 깊은 곳에서 우러나오는 진정성으로, "다른 사람이 생각하는 바를 생각하고, 다른 사람이 보는 바를 보고, 다른 사람이 느끼는 바를 느끼는" 것으로, 마음에서 마음을 이어주는 이를 하여 '이심전심'같이 마음과 마음이 서로 호응하는 진실한 접촉 같은 것이다. 이렇게 풀어서 서술한 내용을 어떤 한 낱말[단어]로 담아낼 수 있을까?

인간 내면의 심층적인 데서 우러나오는 이러한 능력을 나타내는 용어를 근대 심리학에서 만들어 냈는데, 그것이 바로 상대방의 입장에서 상대방의 감정을 이해해 주는 Empathy이다. 중국어로는 同理心으로, 한국어로는 '공감'으로 번역하여 사용하고 있다. 그 뜻은 곧 한 사람이 인지적으로 사상적으로 감정적으로 온전히 상대의 입장에서 생각하고 이해하고 느끼는 것으로, 그것은 바로 처지를 바꾸어 상대의 마음을 헤아리는 것이다. 바로 이러한 마음을 자비로운 마음이라 하지 않겠는가?

이와 관련하여 실제로 자신을 세심히 살피고 반성해 보면, 누구나 비슷한 결론에 이를 수 있다. 이를테면 살면서 본래 내 의도가 본의 아니게 특정인에게 잘못 전달되어 오해를 산 경험이 있을 수 있다. 꽤 유쾌하지 않을 수 있는 그러한 사건에 직면 했을 그때, 만일 내가 자존감이 높고 마음의 여유가 있어 유유자적할 정도가 되면, 상대의 오해에 대하여 그렇게 지나치게 예민하게 반응하지 않을 수 있다. 세상만사를 낙관적으로 바라보는 여유를 가지고 있는 사람이라면, 살면서 혹여 생길 수 있는 이런저런 오해에 대하여 "뭐, 그럴 수도 있지!"하는 마음을 가지고, 좀 더 너그럽게 대하고 반응할 수 있을 것이기 때문이다. 내 마음 상태가 이러하다면, 그 것은 마음의 공감 능력이 제대로 유지되고 있다는 표지가 된다.

그러나 내가 심리적으로 뭔가 위축된 상태에 있거나, 자존감이 떨어져 있거나, 마음의 여유가 없을 경우에 내 본래 의도와 상관없 는 그런 오해가 왜 생겼는지에 대하여 매우 예민해질 수 있다. 때 문에 그 작은 사건을 스스로 크게 확대하여 마음이 불편해지고, 그 때문에 밥맛도 제대로 느끼지 못하거나 잠을 제대로 자지 못하는 경우도 있을 수 있다. 뿐만 아니라 경우에 따라서는 자신의 의도를 오해하거나 곡해한 상대에게 지나치게 적대적 감정이 생기고, 분 노 수치가 오를 수도 있다. 그 때문에 그는 주변 사람에게 쉽게 화 를 낼 정도로 마음의 평정을 누리지 못하고, 그렇게 자기를 괴롭히 게 된다. 이러한 상태에서는 공감능력이 제대로 발휘될 수 없다.

이러한 심리적 반응을 통하여, 우리는 한 사람의 공감 능력의 바 탕[기초]은 그 개인의 심리적 건강 상태와 직결되어 있다는 것을 알 수 있다. 그런데 사실 '공감'은 그 무슨 신비로운 것이 아니다. 그 것은 다만 내가 상대방의 입장에 서서, 왜 그 사람이 그렇게 말했 고, 왜 그 사람이 그렇게 했는가 하는 것을 느끼고 이해하는 것이 다. 내가 만일 매사에 이와 같이 입장을 바꾸어서 생각하고 느끼고 행동하는데 익숙해지면, 그때 일상생활 가운데서 겪을 수 있는 이 런저런 크고 작은 오해와 충돌이 심각한 상태로 확대되거나 발전 되지 않고, 마치 산을 온통 뒤덮은 짙은 안개가 불어오는 골바람에 흩어지듯 쉽게 그리고 빨리 해소되어 산의 진면목이 드러나듯, 그렇게 진상이 드러나게 될 것이다.

여기서 우리는 복음서 가운데 등장하는 인물을 통하여 공감능력에 대하여 살펴본다. 그 대표적인 인물로 마르타를 꼽을 수 있다. 언니 마르타와 달리 동생 마리아는 비교적 상대가 생각하는 바대로 생각할 줄 안다. 예수께서는 당신이 돌아가시기 전에 며칠간 지낼 조용한 곳을 찾다가, 마침내 예루살렘에서 멀지 않은 곳에 있는 마르타 자매의 집을 찾았다. 그때 마르타는 당시 예수께서 겪는 마음 속의 느낌을 제대로 헤아리지 못하고, 늘 해왔듯이 음식을 만들어 예수님을 대접할 생각에 가득 차 분주히 움직였다. 그러던 와중에 동생 마리아가 예수님의 발치에 앉아 예수님의 말씀을 듣고 있는 것을 보았다. 그때 마르타는 왜 자신을 돕지 않느냐고 동생을 원망한다. 마르타는 물론 의심의 여지없이 좋은 사람이다. 그러나 그녀가 진심으로 예수님을 사랑했음에도, 아쉽게도 공감 능력이 다소 결핍되어, 당시 예수님의 입장에서 생각하고 느끼지 못했다. 결국 그녀는 자신의 사랑을 제대로 발휘할 방법을 터득하지 못한 셈이다.

연민이 있는 사람들 곧 자비로운 사람들은 복되다! 그들은 자비를 입을 것이기 때문이다. 그렇다. 우리가 가난한 사람, 오갈 데 없는 고아나 노인들에게 연민의 정을 느끼고, 그들에게 필요한 금전적 도움을 주거나 그들과 함께하며 그들을 자비롭게 대하는 것은 좋은 일이다. 그러나 가난하거나 의지할 데가 없는 이들을 챙기고 보살피는 데서 한 걸음 더 나아가, 나에게 잘못한 이나 나를 반대하거나 함부로 대한 이들에 대하여, 그들의 입장에 서서 생각해보고 느껴볼 수 있을까? 그리고 그러한 이들을 너그러운 마음으로 용서할 수 있을까? 만일 우리가 그렇게 할 수 있으면, 우리는 더욱 복된 사람이 될 것이다. 하느님도 그와 같이 우리를 대해주시고 우리의 잘못을 용서해 주실 것이기 때문이다.

우리 자신과 비교해 봤을 때, 예수께서는 우리보다 훨씬 더 '다른 사람이 느끼는 바대로 느끼는' 자비심을 지니고 공감능력이 탁월한 분이시다. 그것은 그분이 우리의 인간성이 얼마나 나약하고, 물질의 유혹에 얼마나 쉽게 빠지는지 아시기 때문이다. 때문에 그분은 간음하다 잡힌 여자를 단죄하지 않고 용서하실 수 있었고(요한 8,3-11 참조), 베드로에게는 일곱 번이 아니라 일흔일곱 번까지라도 용서해야 한다고 말씀하셨다(마태18,22 참조). 그리고 예수께서는 십자가 위에서 숨이 넘어가시기 전에 그곳 형장에서 창을 들고 자신을 조롱하는 이들을 용서해 달라고 하늘에 계신 아버지께 청하며, 이러한 말씀을 남긴다. "아버지, 저들을 용서해주십시오. 저들은 자기들이 무슨 일을 하는지 모릅니다."(루카23,34 참조). 하느님께서 우리를 용서해주시기를 바란다면, 우리에게 잘못한 이들을 우리도 이같이 용서해야 하지 않겠는가?

연민의 정을 담아 자비로운 마음으로 가난하고 고통받는 사람들의 소리를 듣고 그들의 처지를 이해하고 돕는 것과 마찬가지로, 나에게 잘못한 이들도 자비로운 마음으로 용서할 수 있다면, 우리는 우리가 할 수 있는 최대치를 행한 것이고, 그때 우리는 최고의 경지에 머무는 것이 된다.

행복하여라, 마음이 깨끗한 사람들! 그들은 하느님을 볼 것이다.

(마태5,8)

우리는 이렇게 물을 수 있다. 하느님이 아니 계신 곳이 없다(天主無所不在)고 하는데, 왜 나는 그분을 뵙지 못하는가? 이 여섯 번째 복이 바로 이 물음의 답변과 관련되어 있다. 마음이 깨끗한 사람들이 하느님을 볼 수 있다고 하는데, 우리가 그분을 제대로 뵙지 못하고 있는 것은 무슨 까닭인가? 혹여 우리 마음의 눈에 무엇이 씌었든가 결함이 있어서 그런 것은 아닌가? 마치 내 가까이에 무엇이 있는지 모를 정도로 짙은 안개가 자욱한 가운데 방향 감각마저 잃고 망연히 서 있는 것은 아닌지? 짙은 안개가 걷히고 나면, 그때 비로소 내 주변을 제대로 볼 수 있듯이, 내 마음의 눈을 가리고 있는 그 무엇이 걷히고 난 뒤에야, 비로소 아니 계신 곳이 없으신 그분을 제대로 뵙게 되지 않을까?

마음이 깨끗하다고 할 때, 그 '깨끗함'(純潔) 가운데 있는 한자 '순'(純)은 그리스어에서 세 가지 함의를 가지고 있다. 그것은 곧 '청결'(淸潔)을 가리키기도 한다. 그것은 마치 입은 옷에 어떤 때도 끼지 않은 상태와 같고, 집안이 먼지 한 톨 없이 깨끗한 상태와 같다. 그것은 수확한 보리를 체로 쳐서 잡초를 걸러 낸 뒤의 순 보리 알갱이만 남은 것과 같다. 그런가 하면 그것은 병영에서 최종 선발된 우수한 정예 군인과 같다. 순금(純金)처럼 어떤 낱말이든 그 앞에 이 '순'(純)을 두면 최상의 것이 된다. 이처럼 한 사람의 마음이 순

157

결(純潔)해지면, 곧 그렇게 깨끗해지면 얼마나 좋은가! 한 사람의 영혼이 순결하고, 생각과 행위가 곧아 삿됨이 없으면, 그런 사람의 마음에 하느님의 빛이 비추일 테니, 그런 사람은 참으로 복되다!

우리가 영혼의 순결을 말하고, 생각과 행위가 곧아 삿됨이 없는 것을 말하기는 쉬워도, 실제로 그러하기는 쉬운 일이 아니다. 사람들이 우러러보는 의인도 하루에 세번 넘어진다고 하니, 하물며 우리네 보통사람들이야 오죽하겠는가? 하늘의 아버지께서 완전하신 것처럼 그분의 자녀인 우리도 완전한 사람이 되기를 바라시는 우리의 스승 예수께서 우리가 도달할 수 없는 너무 큰 목표를 제시한 것은 아닌지? 여기서 마음의 순결을 논의할 때, 우리가 먼저 염두에 두어야 할 것은 바로 그 동기가 순수하고 정당한 것인가이다. 예수께서 당시 바리사이들을 질책한 이유 가운데 하나가 그들의 행위의 동기가 순수하지 못해서이기 때문이다. 그들은 좋은 일을 하고 나면, 그것을 사방팔방으로 널리 알려, 자신들이 얼마나 의로운지 드러냈고, 사람들로 하여금 자신들이 무슨 일을 했는지 알기를 바랐던 것이다. 그럴 때마다 예수께서는 이렇게 말씀하셨다. "그들은 자신들이 받을 상을 이미 받았다." 이와 같은 상황을 목도하게 된 예수께서는 이렇게 권고하셨다. "네가 자선을 베풀 때에는 오른손이 하는 일을 왼손이 모르게 하여라. 그렇게 하여 네 자선을 숨겨 두어라. 그러면 숨은 일도 보시는 네 아버지께서 너에게 갚아주실 것이다."(마태6,3-4)

사실 이것은 매우 엄숙한 동기(動機)의 문제이다. 특히 그리스도인의 영성 생활에서 동기(motivation)와 지향(intention)을 매우 중시한다. 왜 우리는 선행을 하고, 좋은 일은 하는가? 그것이 우리로 하여금 우리의 허영심 혹은 공명심을 만족시키기 때문인가, 아니면 다른 동기와 의도 때문인가? 그런데 모든 사람은 다소간에 허영심을 가지고 있다. 누가 남의 칭찬과 칭송을 받는 것에 대하여 무심하다면, 그가 이미 성인이 되었거나, 그렇지 않으면 비정상적이라고 볼수밖에 없다. 일반적으로 소화 데레사로 널리 알려진 예수 아기의 데레사(Therese de l'enfant-Jesus)의 어린 시절 이야기이다. 그녀가 어느 날 저녁에 아버지와 함께 집으로 돌아오는 도중에 머리를 들어 밤하늘을 바라봤다. 그때 천진난만한 그녀는 아버지에게 이렇게 말했다고 한다. "아빠, 보세요. 하늘에 있는 저 별들이 T 자 모양으로 배열되어 있네요. 바로 내 이름이 하늘에 있는 거예요." 우리가 늘 하늘을 바라보지는 않지만, 혹시 누가 자기의 이름이 하늘에 쓰여 있는 것을 본 적이 있는가?

훗날 사제가 된 어느 분의 신학생 시절의 이야기이다. 여름방학을 맞이한 그는 신학교를 떠나서 집에 돌아왔다. 어느 날 저녁 조용한 시간에 그는 어머니와 함께 묵주기도를 바쳤다. 묵주 한 꿰미를 다 바치고 난 뒤에, 그의 어머니는 갑자기 하늘을 쳐다보며 혼잣말로 이렇게 말했다. "나는 죽은 뒤에 천당에 갈 수 있어!" 어머니 곁에서 이 말을 들은 그는 이상한 느낌이 들었다. 어머니가 혹시 뭐 특별한 현상이라도 보았는가? "그렇지 않아! 내 아들이 장차 신부님이 될 터인데, 하느님이 어찌 신부님의 어머니로 하여금 천당에 들지 않도록 할 수 있겠어!"

사실 다시 생각해 보면, 여기서 소화 데레사나 신학생의 어머니는 참으로 천진난만하다. 그것은 마음이 순결해서 그런 것이 아닐까! 마음이 깨끗하여 삿됨이 없으니, 어느 곳에서나 하느님을 뵙게 되고, 어느 곳에서든지 하늘 나라를 생각하고, 그곳이 바로 언젠가 우리 인간이 돌아갈 곳이라고 고백하는 것이 아니겠는가! 아니 계신 곳이 없으신 하느님을 우리가 뵙지 못하면, 그것은 우리 마음이 하느님을 뵈올 만큼 그렇게 깨끗하지 못해서 그런 것이 아닐까!

7. 일곱 번째 복: 평화를 이루는 사람들은 복되다

행복하여라, 평화를 이루는 사람들! 그들은 하느님의 자녀라 불릴 것이다. (마태5,9)

Soloam! 중동지역을 방문하거나 그 지역 성지순례를 다녀온 이들은 이 인사말을 들었을 것이다. 아라비아 사람을 만나면, 듣게 되는 첫마디 말이 바로 Soloam(평화)이다. 우리식 인사법에 따르면, 아마 "안녕하세요"에 해당할 것이다.

평화! 이 얼마나 좋은 말인가! 그런데 평화를 이루는 사람들을 고무하고 격려하는 이 말로 미루어 보면, 이는 곧 이 세상이 평화롭지 않다는 것을 단적으로 드러내는 것이기도 하다. 너나 할 것 없이 평화를 말하는 세상이고, 그들이 내뱉는 말을 들으면 그들은 모두 평화애호가라고 해도 과언이 아닐 것이다. 그런데 이 평화라는 말은 심지어 전쟁을 일으키는 사람들의 입에서조차 나오는 형국이다.

전쟁과 평화를 이야기할 때, 독일의 아돌프 히틀러(Adolf Hitler,1889-1945)에 대하여 소극적이고 유화적인 정책을 유지하다

결국 전쟁을 막지 못한 인물로 1939년 제2차 세계대전이 발발하기 전까지 영국 수상을 역임한 아서 네빌 체임벌린(Arthur Neville Chamberlain, 1869-1940)이 도마에 오르곤 한다. 호시탐탐 전쟁을 일으키려는 기회를 엿보고 있는 상대의 야욕을 애써 무시하며, 그러한 상대와 타협하고 양보하며 시간을 질질 끌다 ―결국 전쟁의 싹을 잘라 버려야 할 때를 놓치고― 발생한 것이 바로 제2차 세계대전이라는 것이다. 히틀러와 같은 악한 세력에게 머리를 숙이고 제때에 단호하게 맞서지 않으면, 절대로 평화를 지킬 수 없다는 것이다.

예수께서 생전에 바리사이는 물론 율법학자들과 충돌을 피하려고, 자신의 원칙을 양보하고 그들과 타협하는 삶을 살았으면, 십자가형을 받고 그렇게 치욕적으로 일생을 마감하지 않았을 것이다. 하느님의 정의를 위한 싸움, 약자를 위한 투쟁, 악한 세력에게 결코 머리를 숙이고 타협하지 않은 삶의 태도, 예수님의 일생이 바로 이러한 것들로 채워졌다고 해도 과언이 아니다.

평화를 위하여 일한다고 할 때, 우리가 쉽게 떠올리는 것 가운데 하나가 평화를 도모하는 세계적인 조직이다. 예컨대 그린피스(Greenpeace)나 각종 국제중재위원회 같은 국제 조직이다. 그렇다! 그들 조직이 세계 평화를 위하여 일하는 것이 틀림없다. 우리가 그런 조직을 지원하고 그 어떤 부분에서 참여할 수 있으면, 그것도 세계평화를 위하여 기여하는 일이 된다. 그런데 우리 가운데 과연 몇이나 그와 같은 조직에 참여하여 활동하는가?

미국인은 "애덕이 가정에서 시작된다"(Charity begins at home)고 늘 말한다. 그렇다. 애덕만이 아니라, 평화도 가정에서 시작된다. 한 가정이 평화로워야 그 이웃들이 평화로울 수 있다. 한 동네가 평화로워야 그것이 속한 사회와 국가가 평화로울 수 있고, 마침내 온 세상이 평화로울 수 있다. 공자(孔子)께서 말씀하신 수신제가치국 평천하(修身齊家治國平天下)도 역시 이런 상식에 기반하고 있다고 본다. 공자처럼 우리가 평화를 이루기 위해 평화의 뿌리를 향해 계속 소급해 가다 보면, 어떤 요인이 사회의 혼란이나 안녕을 결정하는 것인지 드러난다. 예기(禮記) 대학편(大學篇)에 소개되었듯이, "세상에 밝은 덕을 드러내려는 사람은 먼저 그 나라를 다스려야 한다. 그 나라를 다스리려는 사람은 먼저 그 집안을 다스려야 한다. 그 집안을 다스리려는 사람은 먼저 그 자신을 닦아야 한다. 그 자신을 닦으려는 사람은 먼저 그 마음을 바르게 해야 한다."(欲明明德於天下者, 先治其國; 欲治其國者, 先齊其家; 欲齊其家者, 先修其身; 欲修其身者, 先正其心.)

이와 같이 소급하여 분석해 보니, 세상에 밝은 덕이 드러나 평화로운 세상이 되려면, 그 기초는 결국 각 개인이 각자 자신의 마음을 바르게 하는 데 있다(正心). 그렇다. 모든 평화는 개인의 양심의 평안에서 비롯된다. 하늘을 향하여 부끄럽지 않은 그러한 순결하고 곧은 마음을 지닌 개인들이 복음의 정신을 따라 '하느님의 사람됨'의 길에 정진할 때, 개인과 세상이 두루 평화로워진다.

모든 평화와 전쟁은 결국 모두 사람의 마음에서 시작된다. 내 마음이 평화롭고 안녕하면 내 주변의 사람들도 안녕과 즐거움을 누릴 수 있다. 그러나 혹여 내 마음이 어떤 갈등으로 혼란스럽고 불안하면, 그것은 곧바로 내 주변 사람에게 영향을 주어 그들의 마음에 불편한 마음 곧 불안을 안겨주게 된다. 이처럼 평화를 이루는 것은 바로 나라는 개인에게서 비롯된다. 사람들이 감성 혹은 정서

지수(EQ)를 말할 때가 있는데, 그 정서 지수의 주요 내용은 결국 '자아 제어[절제]'에 대한 것이다. 다니엘 골만(Daniel Goleman)이 역점을 두는 것처럼, '감정 조절[제어]'을 잘하는 것이 마음의 평화의 첫걸음이다. 격렬한 감정을 잘 제어하여 이성과 감성이 평형을 이루면, 그때 평화는 저절로 따르게 된다. 내 자신이 평화를 이루고, 가정과 사회가 평화와 함께 가면, 국가와 세계의 평화도 그것에 따라오게 된다.

"행복하여라, 평화를 이루는 사람들! 그들은 하느님의 자녀라 불릴 것이다." 우리는 하느님의 자녀로서 그분을 직접 "아빠, 아버지!"라고 부른다. 그러한 우리는 그리스도와 함께 하늘 나라의 상속자이다(로마8,15-17참조). 이러한 우리가 행복하지 않으면 누가 행복하겠는가!

8. 여덟 번째 복: 의로움 때문에 박해를 받는 사람들은 복되다

행복하여라, 의로움 때문에 박해를 받는 사람들! 하늘 나라가 그들의 것이다. (마태5,10)
모든 사람이 너희를 좋게 말하면, 너희는 불행하다! 사실 그들의 조상들도 거짓 예언자들을 그렇게 대하였다. (루카6,26)

의로움 때문에 박해를 받거나 신앙을 지키기 위하여 목숨을 잃은 사람들이 있다. 교회사를 살펴보면 세상 곳곳에서 이러한 교난과 순교의 역사가 전개된 사실을 목도하게 된다. 21세기 오늘날에도 지엽적이기는 해도 세계 곳곳에서 신앙 때문에 박해를 당하고 순교하는 일이 간혹 생기지만, 그보다는 신앙의 자유를 누리고 사는 사람들이 훨씬 더 많다. 피 흘리고 목숨을 잃는 박해를 당하지 않고 사는 신자들도 또 다른 의미에서 순교자적 생활을 하는데, 피 흘리고 목숨 바치는 것을 '적색순교'라고 하는 반면에, 피 흘리지 않는 순교라는 뜻으로 '백색순교'라고 한다. 백색순교란 이를테면 자기의 물욕과 정욕을 다스리며 사는 일인데, 그 과정에서 치르는 희생을 마음에서 흘리는 피[內心流血] 같은 것으로 표현하기도 한다.

삶 자체가 본래 격렬한 전쟁터가 아닌가? 영과 육이 벌이는 전쟁! 정의와 죄악이 벌이는 전쟁! 그래서 어떤 영성신학자가 이렇게 말하기도 했다. "순교성인들은 칼로 혹은 창으로 피를 흘리고 단번에 돌아가셨지만, 우리는 매일 분투하고, 매일 노력하고, 매일 피를 흘려야 한다." 어떤 질병을 급성과 만성으로 구별하는데, 이와 같은 우리의 삶은 일종의 '만성적 순교'[慢性的 殉道]와 다르지 않다. 이와 같이 일상적으로 이루어지는 순교의 삶에서 겪는 혹독한 심적 고통이 칼과 창 아래 스러져간 순교성인의 고통에 미치지 못하랴!

마음의 순결의 비법이 자기 제어[절제]에 있다고 했듯이, 자기를 제어한다는 것은 바로 예(禮)가 아닌 것을 보지 않고, 예가 아닌 곳에 가지 않고, 예가 없는 친구와 왕래하지 않는 것이다. 이것 역시 말은 쉬어도 실제로 행하기가 그리 쉽지 않을 것이다. 물욕과 정욕은 마치 물이 위에서 아래로 흐르듯 한데, 그것은 내가 무엇을 하려고 생각할 필요 없고, 또 내가 무엇을 하려고 생각할 필요가 없어도, 사람이라면 누구에게나 자동적으로[저절로] 추구하여 거기서 만족을 얻으려고 한다. 그러나 프로이트가 강조했듯이 사람이 늘 원시적 본능에 굴복하여, 매일 먹고 마시고 즐기며 자기를 제어[절제]하지 못하면, 결국 그 본능이 거꾸로 우리를 제어(control)하게 된다.

충실한 그리스도인은 주님을 사랑하고 이웃을 사랑하는 뜻을 세우고 수덕생활을 하며, 매일 자기 십자가를 지고 예수님과 함께 나아간다. 그렇다. 평탄하지 않고 울퉁불퉁한 길 위를 때로는 불안하게 걸으면서도, 우리는 하느님에게서 오는 도움과 위로에 힘입어, 하늘 나라를 향한 여정을 계속한다. 힘겹고 어려운 여정 속에서도 어떤 때는 계속 앞을 향해 나아가기 어려운 느낌에 주저앉고 싶을 때도 있다. 심신이 지쳐있을 때 자신의 감정을 제어[절제]하기가 쉽지 않은데, 그때 누가 나에게 분노를 유발시키면 쉽게 폭발할 위험이 있고, 그때는 "원수를 사랑하라"는 사랑의 큰 계명도 잊고, 그리스도인의 본분도 잠시 망각한 체, '이에는 이'라는 동태복수법 감정이 나를 지배하기 십상이다. 그러나 문득 정신을 차리고 그리스도인으로서 자신의 본분을 되새기고, 예수님을 떠올리며 그 위기를 넘어선다.

신앙을 지키고 그리스도를 따르는 여정에 있는 21세기 그리스도인으로서 우리는 칼과 창 아래 피를 흘리고 단숨에 순교하는 적색 순교가 아니라, 매일 마음으로 순교의 피를 수도 없이 흘리는 백색 순교자라는 사실을 상기한다. 복음의 가르침대로 살기 위하여, 자신의 감정을 제어하며 도처에 산재한 물질이 주는 즐거움을 희생하느라 흘린 적지 않은 마음의 피눈물은 바로 의로움 때문에 혹은 의로움을 지키기 위하여 박해를 받는 것과 다름이 없지 않은가?

"행복하여라, 의로움 때문에 박해를 받는 사람들! 하늘 나라가 그들의 것이다."(마태5,10)

이 <真福八端>을 쓴 呂漁亭 신부는 2010년 향년 87세로 선종하였다. 그는 일찍이 天主教輔仁大學(Fu Jen Catholic University)에서 教育心理學과 應用心理學 교수로 재직하며 후학 양성에 기여했다. 그가 쓴 책으로《人生幸福與信仰》,《信仰花絮集》,《山中聖訓》,《今生 人生 永生》등이 있다. 원문에 몇 가지 소소한 일화가 등장하는데, 그러한 것이 없어도 본문 이해에 하등의 문제가 없다고 판단된 경우에 그러한 것들을 제외하였다. 또 본문의 여러 주제들과 관련하여 그 이해를 더욱 도모하기 위하여, 본문의 취지에 걸맞은 범위 내에서 역자가 보충한 부분도 있다. (2020년5월10일 오후, 苗栗 銅鑼에서)

노자 도덕경 제44장에 비추어 본 어리석은 부자 이야기

노자의 인생철학이 담긴 도덕경 제44장에 대하여 2개의 서로 다른 영어 역본, 그리고 원문과 그 원문에 대한 현대 중국어 역본과 한글 역본을 아래에 차례로 소개한다. 그리고 이 《노자 도덕경》 제44장과 맨 아래에 실린 루카복음 12,16-21에 있는 〈어리석은 부자 이야기〉를 견주어 보고, 또 그것들을 서로 대조해 보며 음미하는 것도 각별하다. ─편집자 주

Fame or self: Which matters more?

Self or wealth: Which is more precious?

Gain or loss: Which is more painful?

He who is attached to things will suffer much.

He who saves will suffer heavy loss.

A contended man is never disappointed.

He who knows when to stop does not find himself in trouble.

He will stay forever safe.

(This verse 44 comes from P. 46 of 《Tao Te Ching》
originally by Lao Tsu, and translated by Gia-Fu Feng
and Jane English, Vintage Books Edition, New York, 1989)

Which is closer, your name or your body?

Which is more, your body or your possession?

Which is more destructive, gain or loss?

Extreme fondness means great expense,

and abundant possessions mean much loss.

If you know when you have enough,

you will not be disgraced.

If you know when to stop,

you will not be endangered.

It is possible thereby to live long.

(This verse 44 comes from p. 36 of 《The Essential Tao》
translated & presented by Thomas Cleary,
Castle Books, New York, 1992)

名與身孰親? 身與貨孰多? 得與亡孰病?

甚愛必大費; 多藏必厚亡。

故知足不辱, 知足不殆, 可以長久。

(이 老子 道德經 44장은 《王弼 校正本》에서 취했고,
방점은 鄭鴻이 붙인 것을 따랐다.)

榮譽或生命, 那個較珍貴?

生命或財富, 那個較重要?

利益或損失, 那個較有害?

貪戀於佔有, 定會大破費。

多積以謀利, 必會大虧損。

故知道滿足的, 不受羞辱;

知適時而止的, 不招危險;

因他堅守中堅, 可以持久。

(鄭鴻,《老子思想 新譯》44장(186頁),
Global Publishing Co. Inc., NJ, USA, 2000)

사람들 입에 오르내리는 영예와 자신의 생명 가운데,

어느 것이 더 소중한가?

자기 생명과 재산 가운데, 어느 것이 더 소중한가?

이익과 손해 가운데, 어느 것이 더 해로운가?

탐욕에 빠지면, 반드시 큰 대가를 치르게 되고,

지나치게 재산축적에 골몰하면, 반드시 큰 손실을 입게 된다.

따라서 만족할 줄 알면, 수치를 당할 리가 없고,

멈출 때를 제대로 알면, 위험을 초래하지 않으니,

그로써 오래도록 평온을 누리며 살 수 있을 것이다.

《노자 도덕경》 44장, 한역:양재오)

예수께서 비유를 들어 말씀하셨다:

"어느 부자가 밭에서 많은 소출을 거두었는데, '쌓아둘 데가 없으니 어떻게 할까?' 속으로 궁리한 끝에 '옳지! 곳간들을 헐어 버리고 더 큰 것을 지어 밀과 재물을 모아 두어야지. 그러고는 내 영혼에게 말하리라. 영혼아, 여러 해 동안 사용할 많은 재물을 쌓아 두었으니 쉬고 먹고 마시며 즐기자' 하였습니다. 그러나 하느님은 '어리석은 자야, 이 밤에 너한테서 영혼을 되찾아 가리라. 그러면 네가 마련해 둔 것이 누구 차지가 되겠느냐?' 하셨습니다. 자기 자신을 위해서는 보물을 모으면서 하느님 앞에 부요하지 못한 사람은 이와 같습니다."

(루카 12,16-21. 어리석은 부자 이야기)

#노자 도덕경 44장의 한문본《王弼 校正本》과 다른 판본들을 참조하여 한글로 옮겼다. (2015년 10월 13일 신주에서)

관상이란 무엇인가?

관상은 진리를 발견하는 것일 뿐만 아니라,
나아가 스스로 어떻게 진리 가운데서 생활하는지
바라보고 아는 것이다.

관상은 자신의 존재를 발견하는 것일 뿐만 아니라,
나아가 스스로 어떻게 하느님의 뜻에 따라 생활하는지
바라보고 아는 것이다.

관상은 과거의 나를 바라보는 것만이 아니라,
나아가 스스로 어떻게 점점 더 새로운 사람이 되어 가는지
바라보는 것이다.

관상은 예수님의 신비한 생활을 바라보는 것만이 아니라,
나아가 스스로 어떻게 이 신비로운 생활에 참여하는지
바라보는 것이다.

관상은 십자가를 진 예수님을 바라보는 것만이 아니라,
나아가 스스로 어떻게 십자가를 진 예수님과 동행하는지
바라보는 것이다.

관상은 예수님의 거룩한 죽음을 바라보는 것만이 아니라,
나아가 예수님의 거룩한 죽음이
어떻게 우리에게 영원한 생명을 가져다주는지
바라보는 것이다.

관상은 예수께서 어떻게 우리와 동행하는지
바라보는 것만이 아니라,
나아가 우리가 어떻게 예수와 동행하는지
바라보는 것이다.

관상은 고요한 가운데 성체를
바라보는 것만이 아니라,
나아가 스스로 고요한 기도 가운데서
성체와 하나[일치] 되는지
바라보고 아는 것이다.

관상은 하느님을 주시하는 것만이 아니라,
나아가 일찍이 우리를 주시하는 하느님을
발견하는 것이다.

관상은 하느님이 인간을 사랑하여
스스로를 포기한 것을
바라보는 것만이 아니라,
나아가 스스로 하느님을 사랑하여
자신을 포기하는 것을

바라보는 것이다.

관상은 믿음으로 자신이 영원한 생명 가운데
기뻐하며 하느님을 포옹하는 것만이 아니라,
나아가 희망으로 현세 안에서 스스로 기뻐하며
십자가를 포옹하는 것이다.

관상은 하느님이 사랑이시라는 것을
바라보는 것만이 아니라, 나아가
스스로 어떻게 하느님과 서로 사랑하는지
바라보는 것이다.

관상은 숨어계신 하느님을 찾는 것만이 아니라,
나아가 숨어계신 하느님을 찾기 위하여
어떻게 자기를 감추고 있는지
바라보고 아는 것이다.

관상은 고통받는 예수 성심을 바라보는 것만이 아니라,
나아가 자신이 받는 고난으로 인하여
예수님과 마음과 마음으로 어떻게 서로 통하는지
보고 아는 것이다.

관상은 하느님이 어떻게 멋진 신랑의 옷을 입고 있는지
바라보는 것만이 아니라, 나아가 어떻게
스스로 아름다운 신랑의 모습으로 나타나는지

바라보는 것이다.

관상은 단지 (   )을 하는 것만이 아니라,
나아가 (   )을 하는 것이다.
여기서 앞 단락은 사랑의 관점에서 바라본 것이요,
뒤 단락은 사랑의 행위의 관점에서 바라본 것이다.
앞 단락은 깨달음의 관점에서 바라본 것이요,
뒤 단락은 결정적인 참여의 관점에서 바라본 것이다.

진정한 사랑이 없으면, 진정한 행동이 없다.
진정한 깨달음이 없으면, 진정한 행동이 없고,
행동이 없으면, 깨달음을 실현할 수 없다.

관상은 한도가 없는 발견이요,
경탄이며, 맛보고, 참여하는 것으로,
영원한 생명 가운데 의연하게
끊임없이 나아가는 것이다.

江奇星 신부가 쓴 글의 번역이다. 교회의 기도용어와 관련하여 한국 천주교
에서 통용되는 관상(觀想)이 중화권 천주교에서는 靜觀(정관) 혹은 默觀
(묵관)으로 통용된다. 따라서 중화권에 속한 江奇星 신부가 이 글에서 사용
한 용어는 默觀(묵관)이었으나, 여기서 한글로 옮길 때 그것을 한국 신자들
에게 익숙한 '관상'으로 옮겼다. '관상'이든, '정관'이든, '묵관'이든 그것은 저
마다 모두 라틴어 Contemplatio(영어 Contemplation)의 번역어이다. (2007년3
월14일 저녁 신주에서)

왜 토마스 머튼을 읽는가?

수도승이자 작가인 토마스 머튼(Thomas Merton, 1915-1968)은 1941년 12월 10일 켄터키 주 루이스빌 부근의 게세마니에 있는 씨토 수도회(a Cistersian monastery)에 속한 성모 마리아 수도원(the Abbey of Our Lady)에 입회하였다. 그 한 가지 이유는 그가 가장 좋아하는 글쓰기를 포기하는 것이었다. 그가 1938년 23세의 나이로 가톨릭 신자가 된 뒤, 그는 글쓰기가 자신의 인생의 진정한 목적 곧 하느님께 온전히 맡겨진 관상기도 생활을 하는 데 방해가 된다는 것을 알았다. 머튼의 저작물을 통하여 도움을 받고 있는 우리는 현명한 그의 장상들에게 큰 은혜를 입고 있다. 그들은 하느님께서 그에게 관대하게 부여한 재능 곧 언어의 감각에 대한 선물을 계발하도록 머튼을 격려했다. 무려 60여 권에 이르는 저작물은 토마스 머튼에게 귀속되며, 그 가운데 거의 모든 작품들이 인쇄되어 있고, 놀라울 정도로 글의 주제의 범위가 다양하다.

나는 1960년대 대학 학창시절에 토마스 머튼의 작품들을 읽었다. 아버지는 《칠층산(The Seven Story Mountain)》, 《명상의 씨앗(The Seeds of Contemplation)》과 몇 권의 시선집을 포함하여 머튼의 책을 많이 가지고 있었다. 그 가운데 《칠층산》과 《명상의 씨앗》은 이미 신앙의 고전으로 여겨지고 있었다. 그 뒤 나는 말 그대로 그의 많은 작품을 탐독했다. 돌이켜 보면, 나는 머튼이 없었다면 거의 불가능했을 20세기의 영성, 특히 그 내적 생활을 믿는다. 트라피스트 수도원의 수도승 머튼은 그가 수도원에 입회한 지 꼭 27년이 되던 날인 1968년 12월 10일 급작스레 태국의 방콕에서 별세했을 때, 그의 스승이자 평생지기 마크 반 도렌(Mark Van Doren)은 이제부터 100년 뒤에, 사람들이 20세기 영혼의 심층(the depths of the 20th century soul)을 알기를 바랄 때, 머튼의 저작물에서 그것을 발견할 수 있을 것이라고 말했다. 머튼은 그의 은총의 펜으로 우리의 모든 삶을 풍요롭게 하였다. 이와 마찬가지로 중요한 것은 그가 필요한 인간 문화와 학문에 대한 열정과 사랑을 우리 삶 속으로 많이 가져왔다는 것이다.

머튼은 때때로 그가 속한 서구 사람들과 그들의 관념에서 깊이 느끼지 못했던 친밀한 혈연 관계를 아시아인들과 아시아의 사상에서 느꼈다. 그를 알고 있는 몇몇 아시아인들—예컨대 달라이 라마(Dalai Lama), 베트남의 불교 수도승이자 시인인 틱낱한(Thich Nhat Hanh), 나의 아버지 존 C. H. 우(吳經熊, John C. H. Wu), 파키스탄의 수피 레자 아라스테(the Pakistani Sufi, Reza Arasteh), 러시아의 시인이자 소설가인 보리스 파스테르나크(Boris Pasternak) 그리고 스즈키 다이세츠(D. T. Suzuki)—은 삶에 있어 그 자신의 개인적이고 친밀한 머튼의 철저한 아시아인다움(Asianness)을 진실된 것으로 입증했다. 수도승으로서 머튼은 서구에 있는 그 누구보다도 더 많이 아시아를 사랑했다. 머튼이 자신의 아시아 형제들에게 그처럼 깊은 공감을 지녔음에도 불구하고, 그의 사상을 밀착해서 검토한 결과는 그가 여전히 자신의 과거의 영성[그리스도교 영성]의 핵심에 대하여 여전히 정통적이라는 것을 말해주었다. 다양한 종교적 영적 전통들 안에서 살아있는 그리스도를 찾는 그의 선물은 여전히 풀리지 않는 역설이다. 아마도 그것은 그리스도의 자비로운 마음을 지니고 인간의 통합과 일치의 살아있는 체험 안에서 이해될 수 있을 것이다.

머튼이 그의 구세주와 하나 되어 우주적 마음의 길로 모든 것을 받아들인 것으로 보인다. 머튼이 노자(老子)와 장자(莊子), 공자(孔子)와 맹자(孟子)와 마찬가지로 혜능(慧能)과 탁월한 다른 선사(禪師)들이나 십자가의 성 요한, 클레르보의 베르나르도, 마이스터 에크하르트와 소화 데레사를 사랑하여 가슴 속에 품을 수 있었다면, 그것은 그의 넓은 마음이 그 모든 것을 동시에 품을 수 있었기 때문이었다. 그의 내면[영성] 생활은 이들의 차이들[다름]에도 불구하고, 존재하는 모든 것을 창조한 하느님은 유대 그리스도교적인 유일한 하느님으로 제한되지 않고, 모든 인간의 하느님이라는 믿음에 의하여 영위되고 지탱되었다.

동방의 현자들과 사막의 교부들과 그가 속한 교회의 성인들에 대한 이 미국 수도승의 사랑은 —내 생각에 이것은 매우 대담한 것으로 생각되는데— 현대의 다양한 영적 전통들을 대표하는 사람들과 지칠 줄 모르는 그의 종교 간 대화의 노력에 의하여 상호 보완되어 채워졌다. 학자들은 그가 1800명이 넘는 사람들과 서신왕래를 했으며, 그들 가운데 많은 이들이 시인, 화가, 남녀 수도자[수행자]들이었다고 어림잡아 평가한다. 그들 가운데 노벨상 수상자 파스테르나크와 체슬라브 밀로즈, 자끄 마리땡과 라이사 마리땡, 여성주의 신학자 로즈매리 래드포드 루이써, 가난한 이들을 위하여 투신한 가톨릭 노동운동가 도로시 데이, 에리히 프롬과 앨더스 헉슬리 같은 사람들도 여기에 포함된다. 많은 경우에 머튼이 그 접촉을 시도하였다. 글을 쓰거나 누군가와 만나기 전에 그는 그들의 작품과 사상들을 철저히 파악하였다.

그가 스즈키 박사와 나의 아버지와 교분을 나누고, 그가 사흘에 걸쳐 달라이 라마와 함께 매우 유익한 날을 보냈다는 것은 틀림이 없다. 따뜻한 태도를 지닌 티베트의 영적 지도자 달라이 라마는 머튼이 그에게 호응한 사람들의 전형이었다고 말한다. 달라이 라마는 그의 자서전에서 그가 1968년 11월에 인도의 다람살라에서 머튼과 함께했던 날에 대하여 회고를 했는데, 그때는 방콕에서 머튼이 비극적 죽음을 당하기 불과 몇 주 전이었다:

"나는 그가 참으로 겸손하고 영적인 사람이라는 것을 볼 수 있었다. 그리스도교 신앙을 고백하는 사람들에게서 이런 강력한 느낌을 받게 된 것은 그때가 처음이었다. 그 이후, 나는 이와 같은 느낌을 가지고 다른 사람들을 만났다. 그러나 '그리스도인'이라는 말의 참된 의미를 나에게 처음으로 소개해 준 사람은 머튼이었다. 머튼은 유머가 있고 훌륭한 지식을 지녔다. …… 나는 서방 수도원 전통에 관하여 할 수 있는 만큼 열성적으로 배웠다. …… 머튼은 보살의 이상(the Bodhisattva ideal)에 대하여 모든 것을 알고 싶어 했다. …… 비록 그것은 매우 유익한 교환이었을지라도, …… 머튼은 서로 다른 우리 종교 전통들 사이의 훌륭한 가교 역할을 다했다. 무엇보다도 그는 내가 사랑과 자비의 가르침을 지닌 모든 주요 종교가 좋은 인간을 양성해 낼 수 있다는 것을 이해하도록 도와주었다."

나는 여러 가지 이유로 토마스 머튼을 좋아한다. 하나는 그가 책과 미술과 음악을 통하여 다양한 문화를 사랑하기 때문이고, 더 중요한 다른 하나는 그 자신이 설정한 방향이 아니라, 하느님이 그가 가기를 원하시는 방향이라면 그 길이 무엇이든지 두려움 없이 나아갔기 때문이다. 세속적이든 종교적이든 머튼과 같은 작가들은 많이 있다. 그러나 머튼이 한 것처럼 깊이 있게 사상을 흡수하고 취급한 작가를 찾는 것은 매우 어려울 것이다. 지성인으로서 그는 위를 향하여 상승하듯, 타고 오르는 사다리의 매 계단에서 그리스도의 마음(the heart of Christ)에 닿거나 닿게 되도록 그의 사상을 사용하기 위하여 배웠다. 그는 지성적이고 미학적이고 윤리적인 모든 가능성들에 대하여 개방된 상태를 유지하도록 깨어있었고, 그의 수양(修養)은 이른바 세속의 사상들마저도 그 자신을 단련시키는 데 이용할 정도였고, 그는 하느님의 음성을 듣고 하느님께서 그에게 그러한 사상들을 소화하도록 원하시는 길을 분명히 들었다.

가톨릭 평신도의 입장에서는, 자신이 수도 공동체에서 사는 것이 아니라 때때로 신앙적 느낌이 없고 '영의 생명(life of the spirit)'을 믿지 못하는 사람들과 함께 팔꿈치를 스치며 지나는 세속 사회에서 산다는 것이 중요하다. 머튼은 내가 어느 곳에서든지, 그가 그리스도인이건 아니건 막론하고 모든 사람 안에서, 그들의 인간적인 기쁨과 고통 속에서 하느님의 현존을 보도록 도와주었다. 머튼은 극도의 신중함과 진지함으로 육화의 작업을 시도하였다. 그가 쓴 많은 작품들은 우리에게 새 아담(the New Adam)으로 우리를 위하여 낙원을 회복시켜 준 그리스도를 상기시킨다. 게다가 그는 예상하지 못한 순간들과 가망이 없어 보이는 곳들에서도 하느님께서 현현(顯現,epiphanies)하실 것이라는 것을 우리에게 가르쳤다. 그런데 사실 그와 같은 특정한 순간들과 장소들은 없으며, 결국 시간과 공간도 하느님께서 창조하신 것이다.

그의 작품들에는 하느님께서 그야말로 조용히 우리 가운데 들어오셔서 그분의 현존을 매우 깊이 느끼도록 하는 본보기들이 무수히 많다. 그 가운데 특히 몇 편은 시편을 닮은 머튼의 기도에서 볼 수 있다. 그 기도문들은 우리가 고독(孤獨)과 정관(靜觀)의 장엄한 심연으로 들어가도록 해주는데, 그것은 사랑하는 천상의 아버지와 우리가 나누는 평이하고 개인적 차원의 담화를 통하여 단순한 말마디를 노래로 변용시킨다.

고독과 정관은 인간의 마음이 우리의 창조주와 친교를 갖는 우리의 영성생활과 기도생활과 성장을 에워싼 지형(地形,geography)이 아닌가? 담화는 우리가 그것으로 하느님이 현존하는 지성소(감실,tabernacle)를 만드는 데 사용하는 벽돌이 되고, 우리의 사랑을 목말라하는 하느님조차 우리 안에서 위안을 찾는 곳이 되지 않는가? 그리고 우리가 그분의 현존을 바랄 때, 그것은 우리의 마음에 말하고 우리의 마음을 어루만지는 숨겨짐과 어두움 속에 계신 하느님, 그분의 생명에 주어지는 특권으로 신적 생명인 고독과 정관 안에 있는 것이 아닌가?

기도는 우리가 입으로 말하는 뭔가가 아니다. 때때로 우리는 우리의 혀가 입천장에 달라붙을 때, 우리가 다른 말을 할 수 없을 때, 가장 깊은 기도를 하게 된다. 우리가 마음의 기도(the prayer of the heart)를 배우는 때는 우리가 시련과 고뇌에 압도되거나 우리 자신이 말을 잃어버릴 정도로 하느님의 사랑에 압도될 때가 바로 그런 순간들이다. 머튼은 그러한 때를 말한다. 곧 "응답들은 없고, 고독

속에 정관에 임한 사람은 결국 유일한 응답은 하느님 자신이라는 것을 깨닫는다." 그 느낌은 철저한 좌절로 보여 질 수도 있다. 그러나 하느님께서 나를 사랑하신다는 것을 믿고, 그분이 내가 나의 뿌연 눈으로는 볼 수 없는 목적이시기 때문에, 그것은 신앙의 행위 안에서 갑작스레 "행복한 절망"으로 바뀌는 것일 수 있다. 곧 그런 정황 안에서 내가 확고히 믿는 나의 좌절하는 생명은 하느님 손 안에 있는 영광 안에서 사랑스럽게 함께 유지된다. 어떤 것이 이보다 더 기쁠 수 있을까? 참으로, 신앙은 우리가 "아무것도 할 수 없다"는 것을 깨달을 때 가능해진다. 그런 순간에 우리는 우리의 잃어버린 에덴으로 되돌아가는 첫걸음을 옮기게 된다. 그리고 하느님께서 허락하신다면, 하느님은 우리에게 일순간 섬광처럼 빛나는 당신의 얼굴을 뵙도록 허락해 주실 것이다.

John Wu, Jr.(중국명:吳樹德)가 《恒毅》 雙月刊 第527期(2005年2月)에 기고한 〈Why Read Thomas Merton?〉를 한글로 옮겼다. (2006년2월8일 신주에서)

이 글을 쓴 존 우 2세(John Wu, Jr.)는 이미 한글로 번역 소개 된 《동서의 피안》, 《내심낙원》, 《선학의 황금시대》등의 저자 故 존 C. H. 우(John C. H. Wu)의 아들로서, 타이완 東吳大學에서 교편을 잡고 있다. 그리고 故 존 C. H. 우의 또 다른 아들 Peter A. Wu(중국명:吳叔平)은 미국 메리놀 외방 선교회에 입회하여 사제가 되었으며, 선교사로서 타이완의 중부지방 타이중 산간지역 본당에서 오랫동안 사목한 뒤 은퇴하였다. 그리고 이 글을 쓴 존 우 2세의 아버지 존 C. H. 우(John C. H. Wu)의 중국어 이름은 우징슝(吳經熊)이다. 1899년 생으로 1986년 작고한 우징슝은 일찍이 린위탕(林語堂)과 함께 동인활동을 한 바 있듯이, 문재(文才)에 뛰어났다. 법철학의 권위자인 그의 활동이 다양한데, 그 가운데 기억할 만한 것으로, 그는 중화민국헌법을 기초했고, UN 헌장을 기초하는데 참여했다. 《동서의 피안》은 그의 자서전인 셈이다.

머튼의 기도 |

"내 주 하느님, 저는 제가 어디로 가고 있는지 모르겠습니다. 저는 제 앞에 있는 길을 보지 못합니다. 저는 그것이 어디서 끝나는지도 확실히 알지 못합니다. 저는 정말로 제 자신을 모르고, 제가 당신의 뜻을 따른다는 사실이 실제로 제가 그렇게 하고 있다는 것을 뜻하지는 않습니다. 그러나 제가 당신을 기쁘게 해드리려는 그 갈망이 사실은 당신을 기쁘게 해드린다는 것을 믿습니다. 그리고 저는 제가 하는 모든 것 안에서 그러한 갈망을 지니기를 바랍니다. 저는 그러한 갈망을 떠나서는 어떤 것도 결코 하지 않으렵니다. 그리고 제가 이렇게 한다면, 비록 제가 그것에 대하여 아무것도 모를지라도, 저는 당신께서 저를 바른 길로 이끌어 주시리라는 것을 압니다. 그러므로 저를 잃어버리게 되는 것처럼 보이고, 제가 죽음의 그늘에 머물러 있는 것처럼 보일지라도, 저는 언제나 당신을 믿고 맡기렵니다. 당신이 늘 저와 함께하시니, 저는 두려워하지 않겠습니다. 그리고 당신께서는 제가 홀로 위험에 직면하도록 결코 저를 떠나지 않으실 것입니다.   —《고독 속의 사색(Thoughts in Solitude)》에서

"My Lord God, I have no idea where I am going. I do not see the road ahead of me. I cannot know for certain where it will end. Nor do I really know myself, and the fact that I am following Your will does not mean that I am actually doing so. But I believe the desire to please You does in fact please You. And I hope I have that desire in all that I am doing. I hope that I will never do anything apart from that desire. And I know that, if I do this, You will lead me by the right road, though I may know nothing about it. Therefore I will trust You always though I may seem to be lost and in the shadow of death. I will not fear, for You are ever with me, and You will never leave me to face my perils alone."　　　　—from《Thoughts in Solitude》

존 우 2세(John Wu, Jr.)의 〈해설〉

　　어쩌면 이것은 가장 잘 알려진 토마스 머튼의 기도문일 것입니다. 이 주옥같은 말들은 우리가 하고 있는 것들이 하느님께서 우리가 하기를 원하는 것이 아닐지도 모른다는 우리 인간의 가장 기본적인 두려움을 드러내고 있습니다. 당신은 한 문장을 가지고 여러 번 묵상할 수 있는데, 그런 다음 다시 새롭게 시작할 수 있으며, 마치 그 낱말들을 생전 처음 대하듯이 보았다는 것을 느낄 수 있습니다. 기도문들은 그리스도에 대한 근심스러운 마음들과 관련되어 있습니다.

　　"내 주 하느님, 저는 어디로 가고 있는지 모르겠습니다. 저는 제 앞에 있는 길을 보지 못합니다. 저는 그것이 어디서 끝나는지도 확실히 알지 못합니다." 머튼의 기도는 우리가 길을 잃어버렸다는 고백으로 시작합니다. 우리를 사랑하심에도 불구하고, 하느님은 우리를 내버려두는 것 같습니다. 이 낱말들은 현대의 시편(a contemporary Psalm) 같은 느낌과 분위기를 지니고 있습니다. 하느님 안에 머무는 나의 신앙 때문에 나는 내 길을 알고 있지만, 무수한 얽힘과 뒤집힘으로 내 인생은 나를 혼란스럽게 하고, 내가 가고 있는 길이 걱정스럽고 힘듭니다. 내가 다음에는 어디서 방향을 바꾸어야 할지 볼 수 없다면, 그러한 내가 어찌 내 여정의 끝을 볼 수 있겠습니까?

그다음 줄에서 보는 "저는 정말로 제 자신을 모르고, 제가 당신의 뜻을 따른다는 사실이 실제로 제가 그렇게 하고 있다는 것을 뜻하지는 않습니다." 라고 하는 것은 지식과 자기 자신으로 가득 채운 우리 가운데 몇몇 사람을 위한 대담한 고백입니다. 그러나 영적으로 그것은 중요한 돌파구입니다. 우리의 뿌연 눈으로 우리를 위한 하느님의 계획을 보기가 어렵고, 그분의 뜻을 따르기도 어렵습니다. 특히 자기중심주의가 만연한 이 시대(age of narcissism)에 그것을 확실하게 제대로 생각하고 실행하기가 쉽지 않습니다. 그리스도인으로서 우리는 하느님의 뜻을 지키도록 배우고 익힌 까닭에, 제멋대로 자기 방식을 고수하지 않는 사람은 행복하다고 말할 수 있습니다. 비록 좀 헤매고 불완전할지라도 하느님의 분부를 행하려고 늘 깨어있는 것보다 더한 기쁨은 없습니다.

머튼의 저작 가운데 우리는 자아(自我, the self)를 찾도록 독자를 격려하지 않는 곳을 볼 수 없습니다. 그에게 있어서 고립(孤立, alienation)은 자아를 대상(對象)으로 파악하려는 우리의 고착(固

着)에서 비롯되는 것입니다. 그것에 의하여 우리는 우리 자신과 다른 사람들을 어리석은 우상(偶像)들에 빠져들게 하는 것입니다. 바로 여기에서 현대 심리학과 머튼의 영성에 대한 관념이 대립(對立)합니다. 앞의 것[현대 심리학]의 대상은 이른바 건강한 자아를 확립하는 일인데, 머튼에게 있어서 건강한 심리학과 영성생활을 둘 다 계발하는 것은 자아도 함께 잊어버리게 하는 것이었습니다. 이와 같은 제시는 우리에게 놀라움을 가져다 줄 수 있습니다. 그는 우리가 끊임없이 자아를 추구하면, 그때 우리는 우리 안에서 하느님의 현존을 뵙는 일이 더욱 어려워지게 될 것이라고 생각합니다. 그것은 우리가 무지하게도 하느님을 우리의 삶으로부터 격리해 버리기 때문입니다. 그분은 우리가 그분을 뵙지 못하는 곳에 계십니다. 머튼은 그것[자아를 찾는 것]은 우리가 아니라 우리에게 참된 정체성을 선사하시는 하느님이시라는 것을 상기시킵니다. 그러나 우리는 동경 받는 대상으로서의 자아에 사로잡혀 버릴지도 모릅니다. 그리고 그렇게 함으로써 우리는 하느님의 암호에 의하여 가리켜진 진짜가 아닌 자아(假我, an inauthentic self)를 참된 자아(眞我, the true self)로 잘못 알아 우리 자신을 가두어버립니다. 역설적이게도 참된 자아(the genuine self)를 혼동시키는 것보다, 오히려 그러한 자아를 모르는 것이 더 나을 것입니다. 왜냐하면 참된 자아는 하느님께서 우리와 공유하고, 완전히 유일무이하게 해주는 우리 안에 계시는 하느님의 비밀이기 때문입니다.

"그러나 제가 당신을 기쁘게 해드리려는 그 갈망이 사실은 당신을 기쁘게 해드린다는 것을 믿습니다. 그리고 저는 제가 하는 모든 것 안에서 그러한 갈망을 지니기를 바랍니다. 저는 그러한 갈망을 떠나서는 어떤 것도 결코 하지 않으렵니다. 그리고 제가 이렇게 한다면, 비록 제가 그것에 대하여 아무것도 모를지라도, 저는 당신께서 저를 바른 길로 이끌어 주시리라는 것을 압니다." 이 낱말들 곧 "당신을 기쁘게 해드리려는 그 갈망"이라는 말들을 묵상함으로써, 우리는 인격 사이에 깊숙이 존재하는 관계 속으로 들어가고, 부모 자식 관계의 친밀함 속으로 들어갑니다. 그러나 여기서 "당신(You)"은 우리의 육친의 부모가 아니라 하늘에 계신 우리 아버지이십니다.

사람은 그러한 낱말들이 효성스런 아이의 마음에서 나온다고 쉽게 가정할 수 있습니다. 그러나 우리의 부모는 우리와 똑같이 인간의 허약함을 지니고 있으므로 신적(神的)이지도 않고 전지(全知)하지도 않기 때문에, 기쁘게 해드리려는 우리의 갈망이 사실상 그분들을 기쁘게 해드리지 못할 수 있습니다. 기쁘게 해드리려고 애쓰는 가운데, 우리가 거절당하고 몇몇 작은 오해 때문에 상처를 입었을 때, 우리는 얼마나 자주 실망했던가요. 우리 부모님들이 사랑과 이해가 부족하고 불완전하다는 이유로 우리가 우리의 부모님들을 비난할 수는 없습니다. 그렇지만 하느님은 완전한 사랑으로 우리를 이해하고 사랑하십니다. 그분은 우리 인간들이 지니지 못한 자비로움을 지니고 우리의 마음을 읽습니다. 우리가 하느님에게서 발견되는 지혜의 기준을 가지고 우리 부모님들에게 그처럼 해주기를 바라는 것은 부당할 수 있습니다.

하느님은 사랑이시고 그 분을 기쁘게 해드리려는 우리의 갈망을 선명히 보시기 때문에, 비록 우리가 이 갈망을 채우는 우리의 목표에 충분히 이르지 못할지라도, 우리는 우리가 미처 이해할 수 없는 방법으로 그분을 기쁘게 해드립니다. 나에게 은총은 우리의 부족한 점을 채워서 완전하게 하는 하느님의 길[방법]입니다. 그리고 신앙은 그분께서 참으로 그렇게 하실 수 있다는 것을 믿는 것입니다. 마지막 두 줄은 '착한 목자'에 관한 이야기가 나오는 시편의 네 번째 시구에 대한 거의 완전한 반향입니다. 하느님의 현존에 대하여 깨어있지 않으면, 우리는 참으로 외롭습니다. 그분과 함께라면 생명의 위험조차도 천국을 향하여 나아가는 디딤돌이 될 수 있습니다. 왜냐하면 신앙 안에서 내딛는 매 발걸음은 단계적으로 우리를 본향(本鄕,Home)으로 인도할 것이기 때문입니다.

《恒毅》雙月刊 第528期(2005年4月)에 존 우 2세(John Wu, Jr.)가 해설(commentary)한 토마스 머튼의 기도(Merton Prayer 1)를 한글로 옮겼다. (2006년2월11일 '세계 병자의 날' 신주에서)

존 우 2세의 해설 본문 가운데 "마지막 두 줄은 착한 목자(the Good Shepherd)에 관한 이야기가 나오는 시편의 네 번째 시구(詩句)"는 시편 23편 4절을 일컫는 것으로 보인다. "제가 비록 어둠의 골짜기를 간다 하여도 / 재앙을 두려워하지 않으리니 / 당신께서 저와 함께 계시기 때문입니다. / 당신의 막대와 지팡이가 / 저에게 위안을 줍니다."(시편23,4)

"그가 온 세상을 얻는다 해도, 자기의 생명을 잃으면 무슨 유익이 있을까?"(마태16,26)

1. 누군가 그대를 칭송할 때, 그대가 인정을 받고, 그대에게 박수 갈채가 이어질 때, 그대가 가진 느낌을 회상해 보라. 그리고 이것을 그대가 일출과 일몰을 바라볼 때, 혹은 대자연을 바라볼 때, 혹은 그대가 좋아하는 독서에 몰입하거나 영화를 관람할 때, 그대 안에서 일어나는 느낌과 대조해보라. 그리고 그 느낌을 맛보라.

그리고 이것들을 그대가 칭송받을 때 그대 안에서 처음 일어나는 그 어떤 것과 대조해보라. 또한 자신이 영예를 누리고 시쳇말로 자신의 주가가 한참 올라갈 때 나오는 첫 느낌의 유형이 어떠한지를 이해해보라.

2. 여기에 또 다른 대조가 있다. 그대가 성공했을 때, 그리고 그대가 어떤 것을 성취해냈을 때, 또는 그대가 정상에 올랐을 때, 또는 그대가 경기[게임]에 이겼을 때나 토론에서 승자가 되었을 때 오는 느낌의 종류를 회상해보라.

이것들을 그대가 즐겁게 자신의 일을 수행하고, 또 그런 일에 몰입하고, 또 최근에 그대와 관련된 행위를 즐기는 것과 대조해보라. 그리고 명리를 쫓는 세속의 느낌과 영혼의 느낌 사이에 있는 질적인 차이에 대해 다시 한번 더 주목해 보라.

3. 여기 또 다른 대조가 하나 더 있다. 그대가 권력을 가졌을 때, 우두머리가 되었을 때, 사람들이 그대를 우러러보고 그대에게서 명령을 하달받을 때, 혹은 그대가 인기를 누릴 때, 그대 안에서 무슨 느낌이 드는지 기억해보라. 그리고 이런 세속적인 느낌과 친밀감 혹은 동료들과 함께 흡족하게 우정을 나누는 데서 오는 느낌 혹은 그룹 안에서 함께 웃고 떠들며 지내는 느낌을 대조해보라.

a. 이와 같은 대조를 하면서, 이를테면 자신이 승진했거나 영예를 누리는 데서 오는 세속적 느낌의 참된 본질을 이해해보라. 그것들은 본질적인 것이 아니어서 부자연스럽다.

그것들은 그대가 고안해 내거나 조종할 수 있는 사회와 그대의 문화 안에서 만들어진 것들이다. 이런 느낌들은 사람이 자연을 관조하거나 동무들과 함께 어울리는 가운데 오는 즐거움이나 즐겨 삼매경에 빠지게 하는 일이 줄 수 있는 진정한 자양분과 행복을 창조해낼 수 없다. 그것들은 전율과 마음을 들뜨게 만드는 흥분과 헛된 것을 만들어 내는 것을 뜻한다.

b. 그런 다음 하루의 일과 중이나 한 주간의 일과 중 그대 자신을 바라보라. 그리고 그대가 얼마나 많은 동작과 행위를 연출했는지, 이와 같은 전율을 맛보려고 또 오직 헛된 것에서 오는 특별한 흥분을 느

껴보려고, 사람들의 시선을 끌려고, 인정받고, 명성을 얻고, 인기를 얻고, 성공하고, 권력을 향유하려고 부당하거나 타락한 행위를 얼마나 많이 했는지 생각해 보라.

c. 그리고 그대 주변에 있는 사람들을 바라보라. 그들 가운데 이와 같은 세속적인 느낌에 탐닉하지 않는 한결같은 사람이 있는가?

그것들에 의해 조종받지 않고, 그것들에 목말라하지 않는 사람이 의식적 혹은 무의식적으로 그것들을 추구하면서 자신의 매 순간을 지내지 않는가?

그대가 이것을 볼 때, 그대는 사람들이 어떻게 세속적인 것을 얻기 위해 애쓰는지, 그 과정 안에서 자신들의 영혼을 잃는 것을 이해할 것이다. 그들은 헛되게 살고, 영혼 없는 삶을 살고 있다.

여기에 그대가 빠져드는 삶에 대한 비유가 하나 있다. 한 무리의 관광객이 여러 호수와 산들과 초원 그리고 강물이 넘실넘실 흘러가는 눈부시게 아름다운 나라를 달려가는 버스에 앉아있다. 그러나 버스의 해 가리개[블라인드]가 내려졌다. 그러자 그들은 버스 창문 너머에 무엇이 놓여있는지 거의 생각할 수 없게 되었다. 그들은 자신들의 남은 여정의 모든 시간을 누가 버스 안에서 제일 영예로운 자리에 앉아야 하는지, 누가 칭송을 받아야 하는지, 누가 존경받아야 하는지 서로 다투느라 허비했다. 그리고 그것은 그들의 여행이 끝날 때까지 계속되었다.

〈WORLD FEELING VERSUS SOUL FEELING〉 from 《CALL TO LOVE: Meditations》 by Anthony De Mello, S. J. (2008년 여름 신주에서 '안토니 드 멜로' 신부의 이 글을 한글로 옮겼다.)

"누가 내게로 오면서, 제 아버지와 어머니, 아내와 자녀, 형제와 자매, 심지어 제 목숨까지도 미워하지 않는다면 내 제자가 될 수 없습니다."(루카14,26)

1. 세상을 바라보고 그대 주변과 그대 안에 있는 불행을 바라보십시오. 그대는 불행을 일으키는 원인이 어디에 있는지 아십니까?

그대는 아마 그것이 외로움이나 억압, 전쟁이나 증오 혹은 무신론 같은 데서 기인한다고 말할지도 모르겠습니다. 만일 그렇게 대답한다면, 그것은 틀렸습니다.

불행의 원인은 오직 하나인데, 그것은 그대의 머릿속에 자리한 그릇된 믿음입니다. 광범위하게 유포되고 일상화된 그릇된 그 믿음에 대하여 아무런 의문도 제기하지 않는데 문제의 원인이 있으며, 이 그릇된 믿음들 때문에 그대는 세상과 자기 자신을 왜곡된 눈길로 바라보고 있는 것입니다.

그대의 프로그래밍(programming)은 매우 강하고 사회의 관행화된 억압은 매우 강하여, 그대는 문자 그대로 그릇된 방식으로 세상을 인지하고 있는 것입니다.

여기서 빠져나갈 출구는 없습니다. 왜냐하면 그대는 자신이 지각하고 인지하는 것이 그릇되었다는 것을 전혀 의심하지 않기 때문입니다. 그러나 실제로 그대의 생각은 틀렸고, 그대의 믿음은 그릇되었습니다.

2. 주변을 둘러보십시오. 그리고 진정으로 행복한 사람, 곧 두려움 없고 각종 불안과 근심과 긴장과 걱정들로부터 자유로운 사람 한 명을 그대가 찾아낼 수 있는지 바라보십시오.

수많은 사람 가운데 그러한 사람을 한 명 발견했다면 그대는 행운아일 것입니다. 이것은 그대가 프로그램화된 것과 그대와 사람들이 일상적으로 가지고 있는 믿음들에 대하여 의문을 갖게 해 줄 것입니다. 그러나 그대는 의심의 여지없이 이미 프로그램화되었습니다. 그것이 그대의 전통과 문화와 사회와 종교 안에 스며들어 있다는 가정을 믿으십시오. 그리고 그대가 불행하다면 그대의 프로그래밍과 문화와 물려받은 관념과 믿음들을 꾸짖을 것이 아니라, 바로 그런 그대 자신을 꾸짖을 수 있어야겠습니다.

3. 더욱 끔찍한 것은 대부분의 사람이 마치 꿈을 꾸는 사람이 그가 꿈을 꾸고 있는지 모르는 것과 마찬가지로 그들이 얼마나 불행한지 깨닫지 못할 정도로 엄청나게 세뇌되어 있다는 사실입니다.

행복에 걸림돌이 되는 이 그릇된 믿음들이 무엇입니까? 여기 몇 가지 예가 있습니다.

가. 첫 번째 믿음: 그대는 그대가 집착하는 것들 없이 행복할 수 없고, 그대가 소중하다고 여기는 것 없이 행복할 수 없습니다.

그렇지 않습니다. 당신 생에 당신이 행복할 필요가 있는 것들을 가지지 않은 적이 한 순간도 없었습니다.

그것에 대하여 잠깐 생각해 보십시오.

당신이 불행한 까닭은 당신이 지금 가지고 있는 것보다는 오히려 가지지 않은 것에 초점을 맞추었기 때문입니다.

나. 또 다른 믿음: 행복은 미래에 있다. 그렇지 않습니다. 바로 지금 여기서 당신은 행복합니다. 그리고 당신은 그것을 모릅니다. 왜냐하면 그대의 그릇된 믿음들과 그릇된 인식이 그대가 두려움과 근심과 애착과 갈등과 죄의식에 사로잡히게 만듭니다. 그리고 그것들이 당신으로 하여금 이미 프로그램화된 경기[게임]의 주인이 되게 합니다.

그대가 이것을 통하여 볼 수 있다면, 그대는 그대가 행복하고 그것을 모른다는 것을 깨닫게 될 것입니다.

다. 그 밖의 또 다른 믿음: 만일 그대가 자신이 처한 상황과 그대 주변 사람들을 변화시킬 수 있으면 행복이 도래할 것이다.

그렇지 않습니다. 그대는 어리석게도 자신이 세상을 바꿔놓기 위하여 엄청난 에너지를 탕진하고 있습니다.

만일 세상을 바꿔놓는 것이 그대 생의 소명이라면, 곧바로 그렇게 착수하여 세상을 바꾸십시오. 그러나 그대를 행복하게 해줄 것 같은 망상의 항구에 닻을 내리려고 하지 마십시오.

그대를 행복하게 하거나 불행하게 하는 것은 세상도 아니고 그대 주변 사람들도 아니며, 그것은 바로 그대 머릿속의 생각입니다.

대양의 침대 위에 있는 독수리의 둥지를 찾는 것처럼, 그대 바깥세상에서 행복을 찾고 있습니다.

따라서 그대가 찾는 것이 행복이라면, 그대의 대머리를 치료하거나 매력적인 몸매를 만들거나 당신의 주거 혹은 직업 혹은 생활방식 혹은 그대의 성격을 바꾸기 위하여 애쓰느라 에너지를 낭비하지 말아야 합니다.

그대는 그대가 이런 것들 가운데 하나를 바꿀 수 있다는 것을 의식하고 있습니까? 그대는 보기 좋은 훌륭한 몸을 만들 수 있고, 참으로 매력적인 성품을 함양할 수 있고, 매우 쾌적하고 훌륭한 환경을 만들 수 있습니다. 그런데 그러고 나서도 여전히 행복하지 않습니까?

깊이 생각해 보면, 그대는 이것이 진실이라는 것을 알면서도, 그대를 행복하게 해줄 수 없는 것이라는 것을 알면서도, 그것을 얻기 위하여 애쓰느라 여전히 그대의 노력과 에너지를 낭비하고 있습니다.

라. 또 다른 그릇된 믿음: 그대의 모든 갈망이 충족되면 그대는 행복할 것이다. 진실이 아닙니다. 사실 그것이 이러한 갈망들이고, 그대를 긴장하게 만드는 집착들이고, 혼란스러운 것들이고, 신경에 거슬리는 것들이고, 불안하고 두려운 것들입니다.

당신이 집착하고 갈망하는 것들의 목록을 만들어보십시오. 그리고 그것들 하나하나에게 이와 같이 말해보십시오. "내 마음 속 깊은 곳에서 나는 내가 당신을 얻은 뒤에도 내가 행복을 얻을 수 없다는 것을 안다."

그리고 그 말들의 진실에 잠겨보십시오. 갈망의 충족은 어떤 순간의 최고의 즐거움과 흥분의 쾌감을 가져다 줄 수 있습니다. 그러나 그것이 행복을 위한 것이라고 착각하지 마십시오.

그러면 행복은 무엇입니까?

거의 대부분의 사람들이 모르며, 아무도 그대에게 말해 줄 수 없습니다. 왜냐하면 행복은 묘사될 수 없는 것이기 때문입니다. 그대는 평생을 어둠 속에 앉아서 지내는 사람에게 빛에 대하여 묘사해보여줄 수 있습니까? 그대는 꿈속에서 누군가에게 실재(reality)에 대하여 묘사해 줄 수 있습니까? 그대의 어두움을 이해하십시오. 그러면 그것이 사라질 것입니다. 그런 다음 그대는 무엇이 빛인지 알게 될 것입니다. 그대의 악몽이 무엇인지 그리고 그것이 어떻게 멈출 수 있는지 이해하십시오. 그러면 그대는 실재를 깨닫게 될 것입니다.

그대의 그릇된 믿음을 이해하고 그것들을 던져버리십시오. 그러면 그대는 행복의 맛을 보게 될 것입니다.

만일 사람들이 정말 행복을 원한다면, 어찌하여 그들의 그릇된 믿음을 이해하려고 시도하지 않습니까?

1. 첫째, 왜냐하면 그것이 그들이 그것들을 거짓으로 혹은 믿음으로 보도록 결코 일어난 적이 없기 때문입니다.

그들은 그것들을 사실과 실재로 볼 정도로 깊이 프로그래밍이 되어 있습니다.

2. 둘째, 왜냐하면 그들은 그들이 알고 있는 유일한 세계, 곧 쾌락과 안도감과 이것들이 가져다주는 흥분과 함께 갈망과 애착과 두려움과 사회적 억압과 긴장과 야망과 걱정과 죄책감의 세계를 잃어버리는 것을 두려워하기 때문입니다.

악몽에 시달리면서도 그 악몽이 떠나는 것을 두려워하는 사람을 생각해 보십시오. 왜냐하면 결국 그것이 그 사람이 알고 있는 유일한 세상이기 때문입니다. 거기서 그대는 자신과 다른 사람들의 영상[화신]을 봅니다.

그대가 영속적인 행복을 얻기를 원한다면, 그대는 아버지와 어머니, 심지어 그대 자신의 생명마저 미워할 준비를 해야만 하고, 그대가 소유한 모든 것을 버릴 준비를 해야만 합니다.

어떻게 그럴 수 있을까요? 왜냐하면 언제나 다시 튀어 오르는 것들을 그대가 무리하게 억지로 포기하기 때문에, 그것들을 단념하는 것도, 그것들을 포기하는 것도 아닙니다. 그러기보다는 오히려 그것들을 악몽 속에서 있는 그대로 바라보는 것입니다. 그러한 다음 그대가 그것들을 지속하든가 않든가 결정하게 될 것입니다. 그리고 그것들은 그대를 움켜잡은 손아귀를 놓아버릴 것이고, 그대에게 상처를 가한 힘을 잃어버릴 것이고, 그대는 마침내 꿈에서 깨어날 것이고, 그대의 어두움과 두려움과 불행에서 벗어날 것입니다.

진정으로 그것이 무엇인지, 한편으로 그대에게 흥분과 쾌감을 유발시키는 악몽, 게다가 또한 다른 한편으로 근심과 불안감과 긴장과 걱정과 두려움과 불행 등, 그대에게 매달린 그것들을 하나하나 바라보는 데 얼마간의 시간을 써야 할 것입니다.

아버지와 어머니는 악몽(nightmare)입니다. 아내와 아이들, 형제들과 자매들은 악몽입니다. 그대가 가진 모든 소유가 악몽입니다. 지금 그대의 생명이 악몽입니다. 그대가 매달린 단순한 것조차, 그리고 그것 없이는 행복할 수 없다고 그대 자신이 확신을 가지고 있는 것들이 악몽입니다.

그러면 그대는 아버지와 어머니, 아내와 자녀들, 형제들과 자매들 그리고 그대 자신의 생명마저 미워해야 할 것입니다.

그리고 그대는 자신의 모든 소유물에서 가볍게 떠나야 할 것입니다. 곧 그대는 어느 것에도 더 이상 메여있지 않도록 해야 하고,

그대를 해치는 그 힘이 파괴되도록 해야 할 것입니다.

  그런 뒤 마침내 그대는 형언할 수 없는 신비로운 상태와 형언할 수 없는 행복과 평화에 머무는 상태를 체험할 것입니다. 그리고 그 대는 형제들 혹은 자매들, 아버지나 어머니, 아내나 아이들, 땅 혹은 집 등에 메이지 않는 모든 것들이 진정으로 어떤 것인지 이해하게 될 것입니다. 그리고 이런 이해에 도달함으로써 마침내 백배의 상급을 받게 되고 또 영원한 생명을 얻게 될 것입니다.

  # 〈THE CAUSES OF UNHAPPINESS〉 from 《CALL TO LOVE: Meditations》by
  Anthony De Mello, S. J. (2008년 여름 신주에서 '안토니 드 멜로' 신부의 이 글을 한
  글로 옮겼다.)

21세기 그리스도인의 눈으로 바라보는 삶과 세상

VI

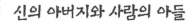

신의 아버지와 사람의 아들

　호칭[명칭]은 매우 중요하다. 따라서 중국인은 올바른 이름[正名]을 매우 중시한다. 그것은 호칭이 윤리의 발단[시작]이요, 조직 체계의 기초이기 때문이다.

　호칭은 또한 한 개인의 지위와 마음의 상태를 결정한다. (타이완에서) 어찌하여 많은 청소년들이 조직깡패 세계의 생활을 동경하는가. 그것은 사람들에게 따꺼(형님, 大哥)라고 불리는 그 호칭이 흡인력을 지녔기 때문이다. 많은 사람들이 장래 그 어떤 사람으로 불리기를 바라며, 바로 그것을 이루기 위해서 노력한다.

　천주교(天主敎)의 성직자를 신부(神父)라고 부른다. 이것은 외국에서 들어온 말을 중국어로 번역한 것이다. 개신교(改新敎)에서는 성직자를 목사(牧師)라 부른다. 이 둘 가운데 여러분이 보기에 어느 호칭[칭호]이 더 나은가? 목사가 반드시 제일 좋은 호칭은 아니다. 그러나 신부라는 호칭은 분명히 큰 약점을 지니고 있다. 신부라는 이 호칭의 역사적 유래가 어떠한지는 모르겠다. 이와 관련하여 연구하는 이가 있다면, 그에 관하여 연구한 것을 발표해주었으면 한다.

　사실 신부라는 호칭이 성경에서 나오지 않은 것은 분명하다. 다른 한편으로, 우리는 다만 초기 교회에서 교부(敎父)라는 호칭이 사용되었음은 알고 있는데, 보통 그 대부분은 위대한 신학자이다. 그리고 교부라 하면, 우리는 세례 받을 때의 대부(代父)와 헷갈릴 수 있다. 신부(神父)라는 호칭이 외교인(外敎人)들에게 주는 즉각적인 반응은 신의 아버지(神的父親), 곧 천주(天主)이다. 그렇다면 이것은 천주(天主,하느님)를 모독하는 것인가? 이것은 참으로 부담스러운 일이 아닌가! 그러므로 우리가 복음을 전할 때, 외교인의 이와 같은 반응에 직면하면, 곧바로 벙어리처럼 말문이 막혀 버린다.

이제 가정 윤리 측면에서 한번 생각해 보자. 한 가정에 아버지[父]가 있으면, 마땅히 어머니[母]도 있다. 그런데 한 가정의 측면에서 보면, 분명히 우리 교회는 양친 중 한쪽만 있는 가정[單親家庭]이다. 비록 어떤 본당에는 수녀들이 수고하지만, 그러나 우리 모두 아는 바와 같이 교회에서 수녀와 신부의 지위상의 차이가 대단히 크다. 수녀는 사실상 평신도와 같은 지위이다. 양친 가운데 한쪽만 있는 가정은 그렇게 썩 이상적이지 않다.

다음으로, 신부(神父)라는 호칭은 천주교회 안에서 실제로 여성사제(女性司祭)의 가능성을 이미 부정하고 있다. 생각해 보라. 만일 장래에 천주교회에서 여성사제가 출현한다면, 어떤 호칭으로 불러야 할까? 신모(神母)일까? 듣기가 무척 거북한가! 그리고 이것은 또한 천주의 모친(天主之母,하느님의 어머니) 성모 마리아(聖母瑪利亞)를 모독하게 될 것이다. 비록 가까운 장래에 천주교회에 여성사제가 출현하지는 않을지라도, 시대의 변천과 진보에 따라, 우리는 그런 가능성을 배제할 수 없을 것이다.

다시 앞 선 논의로 돌아가 보자. 신부라는 호칭은 사실상 천주교회의 가부장 체계[父權體系]의 표징이다. 이것은 시대의 흐름[潮流], 양성 평등(兩性平等)의 사상, 인류문명의 진보와 사실상 부합하지 못한 것이다. 지금 이 문제를 외면한다 하더라도, 그 시기가 다소 늦던 빠르던 언젠가는 마주해야[對面] 할 문제이다. 신부(神父)라는 외국어 호칭은 실제로 아버지[父親]이다.

어떤 신부들은 내면의 수덕생활이 탁월하여, 언행과 행동거지에서 확실히 아버지의 풍모를 지니고 있다. 이러한 신부에 대하여 우리는 아버지와 같은 모습을 뵙고 대하며, 그들에게 신부라 부르는 호칭이 결코 적절하지 않다고 생각하지 않는다.

그러나 어떤 신부는 안팎[內外]이 서로 부합하지 않는다. 그들은 심지어 나쁜 표양을 보이기도 한다. 이러한 신부는 실제로 그 호칭에 해를 끼치는데, 교만하거나 오만하고, 권위의식에 사로잡히고, 독재적이거나 타락함으로써, 모두 나쁜 표양을 남긴다. 우리는 미래에 성직자와 수도자의 심리학 전문 인력이 나오기를 기대하며, 폭넓고 깊은 연구를 수행할 수 있는 환경이 마련되고, 그 연구 성과가 교회 단체와 개인들 모두에게 도움이 되기를 바란다.

물론 사람이 말하고 주장하는 것이 모두 진리는 아니며, 주 예수 그리스도가 최고의 중재자이다. 그러면 주 예수 그리스도는 신부라는 호칭을 어떻게 볼까? 나는 그가 신부라는 호칭을 반대할 것이라고 생각한다. 주 예수 그리스도[主耶蘇基督]는 2000년 전에 아주 멀리 내다보시고, 지혜와 기교를 갖추어 자신의 견해를 피력하였다. 그는 스스로 인자(人子)라 호칭하였다. 인자(人子,사람의 아들), 그것은 바로 신부(神父,신의 아버지)의 반의어[反義詞]가 아닌가!

民國 93년(主曆 2004) 7月11日자《教友生活周刊》5쪽에 실린 秦關月의〈神父與人子〉를 한글로 옮겼다. (2004년7월 신주에서)

흥미로운 이 글을 쓴 친관위에(秦關月)는 신부(神父)를 인자(人子,사람의 아들)에 대비하여, 신부(神父,신의 아버지)로 보는 해석의 관점을 취했다. 물론 해당 글의 전체 맥락을 고려하며, 그 나름 성찰의 자료로 삼을 수 있는 글이다.

그러나 이런 점을 충분히 참작하면서도, 실제로 중국어에서 '신(神)'은 정신·영혼·마음의 뜻을 담아 사용되기도 한다는 점을 유념했으면 한다. 또한 중국에서 전통적으로 사용되는 어법에 따르면 이 '神'자는 이름씨[명사]에서부터 꾸밈씨[형용사]까지 그 용례가 다양한데, 그것은 또한 "넓고 깊은 지식이 있거나 능력이 출중한(知識淵博或技能超羣的)"의 뜻을 담은 꾸밈씨로 쓰이기도 한다[예컨대, 神工: 재능이 출중한 장인. 여기서 神은 그 뒤의 工의 꾸밈씨로 쓰이고, 工은 '장인'을 뜻하는 이름씨로 쓰임]. 따라서 그것의 사용처와 해당 맥락을 보면 그 뜻이 파악된다. 이러한 맥락에서 신부(神父)의 '신(神)'을 정신 혹은 영혼의 뜻으로 보고, 그러한 영혼을 돌보는 '부(父)' 같은 존재로 바라보면, 이때 신부(神父)는 영적 지도자의 뜻을 담아 영적 아버지(神父,spiritual father)로 이해되고 받아들일 수 있다. 또한 이러한 뜻으로 이해하고 사용하는 것이 로마 가톨릭교회[라틴 교회,천주교회]의 직무를 수행하는 성직자 혹은 사제(sacerdos,司祭)를 일반적으로 호칭하는 pater(父,아버지)를 한어(漢語)로 애초에 번역하여 사용한 사람들의 이해일 것이라고 본다.

한편 라틴어로 pater는 '아버지[父]'인데, 교회에서 신자들을 영적으로 돌보는 성직자도 역시 pater이다. 그런데 pater의 첫 철자 소문자 p를 대문자 P로 써서 Pater로 표기하면, 그것은 삼위일체 —성부와 성자와 성령— 가운데서 성부(Pater,聖父)를 가리킨다. 이처럼 그 언어의 기본 철자를 대문자와 소문자로 구별하여 표기하는 라틴어 등 서방 세계의 언어 사용 습관과 달리, 우리 한글처럼 대문자와 소문자의 구별이 없는 중국어에서는 해당 글자 앞에 '聖을 덧붙여 聖父'로 '神을 덧붙여 神父'로 번역하여, 일반적 용법과 그것들을 구별하여 사용하는 언어 습관을 엿볼 수 있다. (이때 聖과 神은 모두 그 뒤의 父를 꾸며주는 형용사로 이해하는 것이 온당하다: 여기서 聖은 '거룩한holy', 神은 '영적 spiritual'으로 쓰였다고 본다).

지난 18세기에 중국을 통하여 그리스도교[천주교] 신앙을 받아들인 한국천주

교는, 과거 중국천주교에서 일찍이 라틴어로 된 교회 용어를 한자로 번역하여 사용해 오던 각종 교회 용어를 그대로 받아들여 한글로 옮겨서, 지금까지 사용해 오고 있는 실정이다. 그런데 불행하게도 과거 한때 일본이 한반도를 강점하여 통치하는 과정에서 한반도에 정착하게 된 일본어의 영향으로, 한국인이 사용하는 한자에는 중국의 한자 문화 영향권에 더하여, 일본식 한자조어도 꽤 많이 뒤섞여 있다. 이러한 것들이 한국인의 한자 사용 과정에 그대로 나타나고 있으며, 그것이 또한 천주교 전례 용어 개정에 영향을 준 경우도 있다.

그 대표적인 사례가 바로 성삼위 가운데 성신(聖神)을 성령(聖靈)으로 바꾼 경우이다. 중국 본토를 비롯하여 중국어권에 속한 타이완, 홍콩, 마카오 등지에서 지금까지 줄곧 성삼위를 聖父와 聖子와 聖神으로 표기하여 사용하고 있고, 중국 한자문화권에 속한 한국에서도 줄곧 그렇게 표기하여 사용해 왔다. 그런데 1987년에 한국천주교 주교회의 전례위원회에서 미사통상문을 부분 수정하는 과정에서 성삼위를 가리키는 기존의 '성부(聖父)와 성자(聖子)와 성신(聖神)'을 '성부(聖父)와 성자(聖子)와 성령(聖靈)'으로 바꾸고 지금까지 사용해 오고 있다. 여기서도 관건은 '神'을 어떻게 이해하느냐에 달린 것이었다. 사실 聖神과 聖靈에서 神과 靈은 모두 라틴어 Spiritus에 해당하기 때문에, Spiritus가 神으로도 靈으로도 번역된다. 뿐만 아니라 라틴어 Deus가 神으로도 번역된다. 이를 바꾸어 말하면, 한자 靈은 Spiritus로만 번역이 되지만, 이와 달리 한자 神은 그것이 배치된 위치와 맥락에 따라 Spiritus는 물론 Deus로도 번역된다. 결국 한자 神이 함축한 그 뜻을 협소하게 한쪽으로만 이해한 사람들의 인식이 중국에서 전해진 뒤로 오랫동안 사용해 왔던 聖神을 나중에 聖靈으로 바꾸게 한 것으로 보인다. 참고로 일본 천주교에서 편찬하여 사용하는 미사통상문은 父と子と聖靈 곧 부(父)와 자(子)와 성령(聖靈)으로 표기되었다. 결국 한국 천주교 미사통상문이 결과적으로 처음에는 중국의 용례를 그대로 받아들여 사용하다가, 나중에는 일부분을 일본식 용례로 바꾸었다고 해도 과언이 아닐 것 같다.

친절하고 온유한 베네딕토 16세

__미국 추기경들이 베네딕토 16세를 친절하고 온유한 사람이라고 칭송하다

베네딕토 16세는 화요일 거행된 (교황으로 선출된 뒤에 거행한) 그의 첫 미사에서 부드러운 어조로 타종교와 타교파들에게 다가갈 것을 약속했으며, 추기경들은 대중들이 이전의 요셉 라칭거 추기경을 풍자했던 토대 위에서 새 교황을 판단하지 않기를 요청하였다.

시스티나 성당에서 추기경들에게 전한 그의 메시지[전언]에서, 베네딕토 교황은 "내 권한으로 할 수 있는 모든 것을 다하여 세계 교회일치를 위한 근본적인 일을 증진하도록 하겠다고" 언약했다.

다른 그리스도교 교회들과 관계를 증진하는 일은 "선의의 지향을 지니는 것에 그치지 않고, 그 영혼에 들어가서 의식의 변화를 도모하는 구체적인 행위"를 요청한다고 그는 언명했다. 그는 또한 타종교들과 "성실한 대화"를 하겠다는 희망을 표명했다.

(교황으로 선출된 뒤 추기경들과 함께한 첫 미사에서) 대화를 요청하는 것은 그가 현대 사회의 "상대주의 독재성[지배]"에 맞서도록 추기경들에게 경고한 "교황선출을 위한 미사에서 그가 보여준 강력한 교의적인 주제와 첨예한 대조를 이루었다. (첫 미사에서 보여준) 호소력 있는 어조는 또한 그가 바티칸의 신학적 감시견 역할을 하던 것과 상당한 거리가 있는 것으로 보인다.

베네딕토 교황은 미사 중에 선임 교황이 젊은 세대가 제2차 바

티칸 공의회의 과제를 계속해 나가도록 호소한 점을 반복하여 상기할 때, 요한 바오로 2세 교황을 여러 번 언급했다.

베네딕토 교황은 그 자신도 그의 선임자[교황]들의 뜻과 2,000년 전통을 이어오는 신앙의 연속성을 자각하여, "바티칸 공의회 정신을 실현하는 데 있어서 헌신하겠다는 확고한 의지를 천명" 하기를 희망했다고 말했다.

미사를 마친 뒤 곧이어, 콘클라베[교황선출을 위한 추기경 비밀회의]에서 투표를 한 미국 추기경들은 합동 기자회견을 하는 가운데, 이전의 냉혹한 강요자로서의 라칭거 추기경이라는 대중적 인상들을 지워버렸다고 밝혔다.

시카고의 프란시스 죠지 추기경은 이러한 인상들이 매체의 풍자만화들 때문에 각인된 것으로 보며, 그것들이 베네딕토 교황의 "겸손한 특질"을 잘못 묘사했다고 하였다.

뉴욕의 추기경 에드워드 이건은 베네딕토 교황을 "대단히 친절" 하고 "멋진 신사"로 그 특징을 설명했다.

디트로이트의 아담 마이다 추기경은 "나는 은사와 재능을 가진 라칭거 추기경이 그의 단점에도 불구하고 어떻게든 다른 사람들에게 다가가리라고 분명히 믿는다."고 했다.

로스엔젤레스의 로저 마호니 추기경은 "교황을 풍자하고 그를 평가할 때 대단히 신중해야 한다."고 기자들에게 말하며, 그는 "나는 이미 그런 것에 관하여 몇몇 기사의 머리말에서 보았다."고 덧붙였다.

흥분한 화요일에 터져 나온 그러한 머리 기사들의 대부분은 유럽에서 나온 것이다. 영국 통신[브리튼 텔레그래프,Britain's Telegraph]의 머리 기사는 "하느님의 로트바일러[독일 원산의 크고 검은 목축견, 경찰견, 집 지키는 개]"라고 하는가 하면, 이탈리아의 코뮤니스트 데일리 Il 마니페스토(Italy's communist daily Il Manifesto)는 더 교묘한 말장난으로 "독일 셰퍼드"라는 단어를 사용했다.

미국 추기경들은 또한 베네딕토 교황의 선출은 서유럽의 가치관의 축이 기울어가는 것에 맞서 싸우는 교회를 위하여 전략상의 중요성을 가진다고 시사했다. "26년 전 교회의 선교가 동쪽으로부터 오는 가장 어려운 도전들에 직면했을 때, 카롤 보이티야가 베드로의 후계자로 선택되었다."며, 마호니 추기경은 소비에트 공산주의를 넘어뜨린 요한 바오로 2세의 중요한 역할을 언급했다. 이어서 그는 "26년이 지난 뒤, 교회의 선교에서 가장 어려운 도전들이 서쪽에서 오고 있다. 그리고 지금 (그것을 위하여) 잘 준비된 사람이 있다."고 덧붙였다.

필라델피아의 저스틴 리갈리 추기경은 베네딕토라는 이름이 교회에 출석하는 사람들이 극도로 감소하고 세속주의가 만연하고 있는 유럽에서 교회의 선교를 위하여 상징적 가치를 지닌다고 말했다. 유럽의 그리스도교인들의 뿌리를 확고히 하려는 자신의 역할을 위하여 유럽의 수호 성인을 언명한 "교황은 위대한 성인 베네딕토의 기억을 불러냈다"며, "그 자신은 그가 유럽 출신이라는 사실을 의식하고 있다"고 리갈리 추기경은 말하였다.

교황으로 선출되기 전 추기경으로서의 라칭거와 충돌한 온건한 성향의 유럽 추기경들은 장차 그의 교황직무가 가져올 것에 대한 자신들의 평가에 있어서 신중했다. 베네딕토 교황이 선출된 뒤 수요일에 독일의 발터 카스퍼 추기경은 "나는 그가 화해와 평화의 교황이 될 것으로 생각한다"고 말했다.

　콘클라베 뒤에 이어진 기자 회견에서 벨지움[벨기에]의 곤프리드 다니엘스는 교황직은 베네딕토 교황을 유연하게 하는 효과가 있을 것이라고 보았다. 벨기에의 일간지 드 스탠다드(daily De Standaard)는 그[곤프리드 다니엘스]의 말을 인용하며 "라칭거는 이제 보편 교회의 목자[사목자]가 되었다. 그는 더 이상 신앙교리성의 수장이 아니다. 교황의 자격으로 그는 모든 이들의 목자가 되었다. 그는 더 이상 한 분야 혹은 다른 특정 분야를 한정하여 다루지 않는다"고 보도했다. "우리는 기다리고 지켜보아야 할 것이다. 그 푸딩의 맛이 어떠한지 입증하기 위하여 먹기 시작했다"고 그는 말했다.

　# 베네딕토 16세 교황 선출 당시 로마에 거주하던 Stacy Meichtry가 《National Catholic Reporter》에 기고한 〈U.S. cardinals tout a kinder, gentler Benedict XVI〉을 한글로 옮겼다. (2005년4월 신주에서)
　　출처:http://www.nationalcatholicreporter.org/update/conclave/pt042005a.htm
　# 1927년4월16일생인 베네딕토 16세 교황은 그의 나이 78세가 되던 해(2005년) 4월24일에 콘클라베에서 교황으로 선출되었다. 그 뒤 베네딕토 16세 교황은 자신의 교황 재임 8년차가 되던 2013년2월 11일에 바티칸에서 열린 추기경 회의에서, 2013년2월28일 오후 8시를 기해서 교황직을 사임한다고 발표했고, 그에 따라 교황직에서 사임한 뒤 명예교황의 신분이 되었다.

거대한 도전들이 다음 교황을 기다린다

교황 베네딕토 16세의 교황직 사임 결정은 바티칸을 지켜보는 수많은 사람들, 그 가운데서도 특별히 교황청 내부 인사들의 눈길을 사로잡았다. 그러나 이번에 교황의 사임 결정에 대하여 실제로 그 내부에서는 생각만큼 그리 놀라워하지 않는 것 같다.

교회법에 교황직 사임에 대한 규정이 있다. 그러나 전통적으로 교황들은 마치 한 가정의 아버지가 죽을 때까지 자신의 위치를 지키듯이, 그렇게 종신토록 그 직무를 수행해왔다. 베네딕토 교황은 교황이 되기 전에 요셉 라칭거 추기경으로서 전임 교황 요한 바오로 2세가 갈수록 쇠약해지는 가운데서 교황으로서 막중한 책임을 감내하고 수많은 일들을 처리하느라 힘겨워하는 모습을 지켜봐 왔고, 또 그 자신의 마지막 시기 몇 년 동안에 미국과 유럽 지역에서 성직자들의 성추문 관련한 위기를 겪는 것을 지켜봐 왔다.

베네딕토 교황의 사임 결정이 그리 놀랍지 않은 또 다른 이유는 그가 2010년 피터 씨월드와 인터뷰 했는데, 그 내용이 묶여서 《세상의 빛》이라는 이름으로 출간되었다. 그 인터뷰에서 베네딕토 교황은 교황직 사임에 대한 자신의 생각을 공개적으로 분명히 표명했다.

그렇다. 교황은 사임할 수 있다. 베네딕토 교황은 이렇게 말했다. "교황이 만일 신체적으로 심리적으로 그리고 영성적으로 그 자신의 직무를 제대로 수행할 수 없다는 것을 분명히 의식한다면, 그때 그는 그럴만한 여건이 되는 상황에서 사임할 권리가 있고, 또 사임해야 한다." 그리고 베네딕토 교황은 1294년 교황직을 사임한 선임 교황 첼레스틴 5세의 무덤을 세 차례나 참배했다.

그러면 어떤 후속 절차가 따를 것인가? 예상컨대 현 교황의 사임 뒤에 따라올 의례나 절차는 교황이 임종했을 때와 같은 절차를 따를 것으로 본다. 현 교황의 주요한 결정들과 선언들은 교황 자신이 사임일로 정한 2월28일까지 행해질 것이다. 그 뒤부터 새로운 교황이 선출되기 전까지 성 베드로 좌(The See of Peter)는 공석이 될 것이다. 곧 공식적으로 공석(Sede Vacante)이 된다.

이런 상황에서 이탈리아 인으로서 교황청 국무장관으로 재직 중인 타르시오 베르토네 추기경이 다른 세 명의 추기경들의 도움을 받아 교황청을 책임지고 이끌 것이다. 교황의 이름으로 발행되는 문서들에는 교황의 반지[인장,seal]를 눌러 찍음으로써 그 효력이 발생하는데, 혹시 있을 수 있는 위조 문서를 방지하기 위하여, 베르토네 추기경은 작은 망치로 교황의 이름으로 반포되는 문서들에 찍히는 교황의 어부의 반지를 깨뜨릴 것이다. 또한 공식적인 문서들을 보호하기 위하여 베네딕토 교황의 아파트[숙소]는 봉해질 것이다.

베르토네 추기경은 새 교황을 선출할 118명의 추기경들을 콘클라베에 소집할 것이다. 그들은 베네딕토 교황의 후임자를 선출하기 위하여 현 교황의 임기가 끝나는 날로부터 20일 이내에 로마에 모여야 한다. 그리고 시스티나 성당의 굴뚝에서 흰 연기가 솟아 오르면, 그것은 새 교황이 선출되었다는 것을 알리는 것이 된다. 전

세계적으로 현 교황 후임에 관심과 흥미를 가진 이들은 누가 새 교황으로 선출될지를 두고 여러 관측을 하고 있다.

그런 관찰자들을 통하여 항간에 거론되는 새 교황 깜으로 이탈리아 밀라노 교구장인 안젤로 스콜라 추기경의 이름과 전 캐나다 퀘벡 교구장인 마르크 켈렛 추기경과 교황청 정의평화위원회 위원장인 아프리카 가나 출신 피터 툭손 추기경 등의 이름이 거론된다. 특히 아프리카 교회의 성장과 영향력을 긍정하는 시각에서 툭손 추기경의 이름이 거론된다. 거기에 더하여 미래의 교회를 자유롭게 이끌 인물로 브라질의 호아오 브라스 데 아비스 추기경의 이름도 거론된다. 그러면 미국 출신인 도날드 우에리 혹은 티모시 돌란 같은 추기경은 어떠할까? 그들은 교황 후보 경쟁 그룹 밖에 있다. 세상 사람들은 미국은 이미 너무 강한 힘을 가지고 있다고 보기 때문에 미국 출신 교황의 가능성에 대해서는 그리 고운 눈길을 보내지 않는다.

누가 교황으로 선출되든 많은 도전에 직면할 것이다. 베네딕토 교황은 더 이상 현명한 결정을 할 스테미너가 없다는 것이 분명하다. 교회가 직면한 도전들에는 다음과 같은 것들이 있다.

1) 점증하는 세속화와 서구에 대한 반감
2) 파키스탄, 이집트, 시리아 같은 나라에서 발생하는 것과 같은 이슬람권에서의 그리스도인들에 대한 폭력과 불관용
3) 이스라엘 성지와 이라크 그리고 중동 지역 어느 곳에서나 당면하고 있는 그리스도인들이 증발되는 현상
4) 아프리카와 라틴 아메리카에서 더 참혹히 드러나는 성직자들의 성적 침해와 그 문제에 대하여 여전히 적절히 대응하지 못하는

현상

5) 지속적인 사제 감소 현상

6) 교회 활동 참석률이 급감하는 현상

7) 사제들의 선택적 독신제에 대한 요청의 증가

8) 여성 사제 서품에 대한 지속적인 요구들

누군가 새 교황으로 선출될 것인데, 과연 누가 진정으로 이와 같은 직무를 원할 것인가?

아마도 지금 믿음을 가지고 새로운 선례가 만들어지고 있으며, 실제로 부끄럽지 않은 퇴임이긴 하지만, 그런 반면에 여전히 그 물음에 대하여 완전히 자유로울 수 없을 것이다. 누군가 용기를 가지고 과감히 앞으로 나가야 할 것이다. 그리고 교회 전통의 오묘함 안에서 보면, 새 교황은 반드시 성직자여야 할 필요는 없으며, 세례받은 남성이라면 누구든 교황에 선출될 수 있다. 만일 당신이 세례받은 천주교 신자라면 교황 선출권이 있는 추기경 단에 당신의 명단을 제출해보라. 그런 한편으로 누가 다음 교황이 되든지 그가 연민과 자비와 비전을 겸비하도록 기도하자.

교황 베네딕토 16세의 사임과 그에 따른 후속 절차와 새 교황 선출 문제, 그리고 교회가 당면한 문제 및 과제를 중심으로 당시 케빈 클라크(Kevin Clarke)가 『CNN』에 기고한 〈Huge challenges await next pope〉을 한글로 옮겼다(2013년 2월 신주에서). 케빈 클라크는 미국 예수회에서 발행하는 주간지 《America magazine》의 부편집장이다. 그는 주로 가톨릭 관련 이슈들에 대한 기사를 쓰고, 뉴스·책 서평·예술에 대한 글과 시론을 쓴다.

출처: http://edition.cnn.com/2013/02/11/opinion/clarke-pope/index.html

베네딕토 16세 교황 사임 이후, 콘클라베에서 새 교황 선출 전에, 과거에도 늘 그랬듯이 누가 차기 교황이 될 가능성이 있는지에 대하여 항간에 여러 예측과 풍문이 나돌았다. 그러나 호사가들의 이런저런 예측과 달리 당시 아르헨티나 부에노스아이레스 대교구 교구장이던 호르헤 마리오 베르고글리오 추기경이 콘클라베에서 전임 교황 베네딕토 16세에 이어 새 교황으로 선출되었다. 새 교황으로 선출된 그는 교황으로서 '아시시의 성프란치스코'의 이름을 따서 자신의 이름을 '프란치스코'로 정했다.

프란치스코 교황의 전화 받고 놀란 젊은 수위

그는 그것이 장난 전화였다고 생각했다. 로마에 있는 예수회 본원에서 수위[문지기]로 근무하는 젊은이[안드레아 베체, Andrea Vece]는 프란치스코 교황에게서 전화가 걸려올 줄은 꿈에도 생각하지 못했다.

예수회 총장에게서 교황 선출 축하 편지를 받은 프란치스코 교황은 자신이 교황으로 선출된 바로 다음 날 오전에 그것에 대하여 예수회 총장에게 감사를 표할 필요가 있음을 참을성 있고 친절하게 예수회 본원의 젊은 수위에게 설명했다.

바로 그곳에서 이 사정의 전말을 파악한 예수회 클라우디오 바리가 신부가 세계 곳곳에 있는 그의 동료들에게 보낸 이메일에 의하면, 전혀 생각지도 않았던 교황의 전화가 예수회 본원으로 걸려온 것은 로마 시간으로 2013년 3월 14일(목요일) 오전 10시 15분이었다.

수위가 전화를 받았습니다.

그것은 교황청 안에 있는 숙소 '성녀 마르타의 집(Domus Sanctae Marthae)'에서 걸려온 것이었습니다. 수위는 부드럽고 차분한 목소리를 들었습니다.

"좋은 아침입니다. 나는 프란치스코 교황입니다. 총장과 통화를 하려고 합니다(Buon Giorno, sono il Papa Francesco, vorrei parlare con il Padre Generale)."

이와 같은 교황의 요청에 젊은 수위는 마뜩잖아서 이렇게 대답했습니다.

"어, 나는 나폴레옹이오."

그러나 교황은 개의치 않고 물었습니다.

"지금 전화를 받는 분은 누구신가요?"

그때 교황은 그 젊은이가 자신이 교황이라는 것을 믿지 않는다는 것을 알아챘지요.

그래서 교황은 친절하게 반복했습니다.

"나는 프란치스코 교황입니다. 당신의 이름이 뭐죠?"

바르게 신부는 이렇게 말했습니다.

"사실 교황 선출 뒤에, 우리 집 전화는 거의 2분 간격으로 울렸습니다. 많은 사람들이 전화를 걸어왔던 거죠. 개중에 더러 이상한 전화도 걸려왔습니다."

이런 상황에서 그 젊은 이탈리아인 수위는 자신이 실수했다는 것을 알았습니다.

그는 머뭇거리며 긴장된 목소리로,

"제 이름은 안드레아입니다" 하고 대답했습니다.

"안드레아, 안녕?" 하고 교황이 말했습니다.

"예, 안녕하세요. 죄송합니다. 제가 잠깐 헷갈렸습니다."

그때 교황은 이렇게 대답했습니다.

"걱정 말게. 총장에게 전화 연결 좀 해주게나? 그가 나에게 축하

편지를 보냈기에, 그에게 감사를 표하고 싶네."

"교황님, 잠깐만요. 곧바로 연결해드리겠습니다." 하고 젊은이가
말했습니다.

"내게 필요한 시간만큼 기다릴 테니, 걱정말게." 하고 프란치스
코 교황이 말했습니다.

젊은이는 전화를 총장 개인 비서, 알퐁소 수사에게 연결해 주었
습니다.

"여보세요?" 알퐁소 수사가 전화를 받았습니다.

"지금 전화 받은 사람은 누군가요?" 교황이 물었습니다.

"알퐁소입니다. 총장의 개인 비서이죠." 하고 그가 대답했습니
다.

"나는 교황이요. 총장이 내게 아름다운 편지를 보내왔기에, 그에
게 감사를 표하고 싶어 전화를 했소."

"그러십니까. 잠깐만 기다리세요." 알퐁소 수사는 어안이 벙벙한
채 이렇게 대답했죠.

예수회 총장, 아돌포 니콜라스 신부의 사무실로 걸어 가면서, 그
는 계속 통화했습니다.

"교황성하, 당선을 축하드립니다! 여기에 있는 우리 모두는 교황
님이 선출되어서 무척 기쁩니다. 교황님을 위해서 기도를 많이 하
고 있습니다." 알퐁소 수사는 교황에게 이렇게 말했습니다.

"내가 계속 이 직무를 수행하도록 기도하는 건가? 아니면 돌아오
도록 기도하는 건가?" 하고 교황은 농담을 했습니다.

"물론 직무를 계속 수행하도록 기도하고 있습니다." 하고 그가
대답하자, 교황은 웃었습니다.

어리바리한 상태에서 알퐁소 수사는 노크도 하지 않은 채, 곧바로 총장 신부의 사무실로 들어갔습니다. 이러한 그를 본 총장 신부는 놀랐습니다. 그는 전화기를 총장에게 건네주며, 이렇게 말했습니다.

"교황이십니다."

이것이 바리가 신부가 정리해서 전해준 이야기입니다.

끝으로, 바리가 신부가 전해준 메시지는 다음과 같습니다. "교황이 총장에게 진심으로 감사를 표한 것 외에, 그 다음에 무슨 일이 일어났는지, 그 자세한 내용을 우리는 모릅니다. 총장 신부는 교황을 만나서 그에게 인사를 하고 싶다고 말했습니다. 교황은 그들이 가능한 빨리 만날 수 있도록 자신의 비서가 일정을 잡도록 하겠다고 했습니다."

프란치스코 교황의 소탈한 모습이 인상적이어서 소개한다. (2013년 성요셉대축일 제266대 교황 프란체스코 즉위일에 신주에서)

출처: Rome, Italy, Mar 15, 2013 (CNA/EWTN News)

http://www.catholicnewsagency.com/news/jesuit-doorman-surprised-by-popes-phone-call/

교회와 권력

교회와 권력. 이것에 대하여 1980년대에 학교에서 경험하였다. 나는 (사람도 타고 짐도 싣는) 소형차를 한 대 갖고 있었다. 여러 해 동안 사용했는데, 평소 일주일에 한 번은 세차를 했다. 물론 다른 사람에게 부탁하지 않고 스스로 하였다. 어느 해 관할 주교는 나를 신학대학 학장으로 임명했다. 학장직을 수락하고 근무한 이튿날이었다. 나는 늘 하던 대로 물통과 세차도구를 갖다 놓고 내가 오랫동안 사용하고 있는 내 차를 씻고 있었다. 그런데 갑자기 학교 관리를 담당하는 이가 주방에서 뛰어나오며, 마침 그때 유리창을 닦고 있던 직원에게 유리창 닦는 일을 중지하고, 빨리 학장 신부의 차를 닦으라고 불렀다. 그때 나는 상관하지 않고 내가 하던 일을 계속했다. 그러나 내가 내 차를 계속 닦을 수 없게 되었으니, 그것은 내가 쓰던 물통을 이미 다른 사람이 낚아챘기 때문이다. 그 뒤 내가 8년간이나 끌고 다닌 그 소형차는 매일 깨끗하게 닦여서 윤이 반짝반짝 나게 되었다.

어느 날 학교 직원과 함께 필요한 물품을 구입하러 시내에 갔다. 도중에 백화점을 지나게 되었는데, 그때 마침 중국 대륙의 예술작품 전시회가 열리고 있었다. 나는 공예품을 좋아하기 때문에 들어가서 둘러보았다. 그 가운데 산동(山東)에서 출품한 자기[瓷器]에 입힌 타이산(泰山)의 산수화(山水畵)가 눈에 들어와서, 한참을 바라보왔다. 그때 점원이 나에게 다가와 말하기를 이 그림은 이 전시회를 위해서 만든 전 중국에서 유일한 작품의 견본이라고 한다. 세 주간이 지난 뒤, 내 생일을 맞이한 날 아침 식사를 마치고 집무실에 내려가서 일을 시작하려는 참에 누군가 문을 두드리는 소리를 들었다. 문을 여니, 학교 관리를 담당하는 이가 직원들을 모두 데리고 와서 나에게 생일 인사를 한다. 그런데 나를 놀라게 한 것은 직원 중 두 사람이 일전에 백화점에서 내가 감상했던 바로 그 도자기 그림을 나에게 건네주는 것이 아닌가!

교회는 줄곧 권력은 봉사를 위한 것이라고 강조한다. 그렇다. 천주교와 같은 너무나 방대한 조직을 잘 다스리려면 일정한 행정기구가 필요하고, 그 제도 안에는 일정한 권력(혹은 권한)과 책임이 있게 된다. 권력과 책임 자체는 하나의 도구요 수단으로써, 실제적인 공공의 이익과 필요에 따른 것으로, 형편에 따라서 고쳐져야만 한다. 그리고 대단히 나쁜 관건(關鍵)은 권력은 그 행사하는 사람에게 달려있다는 것이다. 많은 사람들이 권력을 장악한 초기에는 의식이 상당히 깨어있고, 그에게 주어진 권력을 의식(意識)을 갖고 행사한다. 그러나 오래지 않아 사람은 권력을 올바로 행사하는 것에 대한 의식을 제대로 유지하지 못하는 경우가 있다.

권력이 사람에게 주는 제일 큰 유혹은 그것이 너무 편리하다는 것이다. 권력이 있기 이전의 얻기 어려웠던 조그마한 편리함이나 다른 사람에게서 받기 어려운 과분한 봉사나 마음씀이, 권력이 있고 나면 금방 쉽게 얻게 된다. 많은 경우에 당신이 요구하지 않아도 다른 사람이 알아서 당신에게 보낸다. 권력이 사람에게 주는 두 번째 것은 더 위험스러운 것인데, 그것은 권력을 가진 당사자가 참으로 자기가 누구인지 잊어버리는 것이다. 편리한 것이 습관이 되고, 사람마다 내[자기]가 가는 길을 비켜주고, 분부한 일은 누군가 나서서 척척 해치운다. 어떤 말을 하면 누구나 다 주의해서 듣는다. 어떤 일에 대하여 토론을 한 뒤, 최후에 여전히 당신이 방망이를 두들겨 결정을 한다. 많은 일이 본래는 참여자들이 손을 들고 결정한 뒤 시행하게 되었으나, 당신이 더 중요하다고 생각하는 일이 있다는 큰 이유를 들어 이 절차를 생략해버린다. 그러한 가운데 권력을 가진 사람은 점차 정말로 자기는 대중(大衆)과 다른 존재라고 여기게 되고, 급기야 자신의 참된 신분 곧 사람은 모두 평등하고[衆生皆平等] 너와 나 모두 하느님의 자녀이며 우리 모두 형제자매라는 사실을 망각해 버린다.

교회 안에서 가지고 있는 권력이 반드시 나쁜 것은 아니다. 그렇지만 자기가 갖고 있는 권력이 어떠한 것인지 분명한 의식을 지니고 있어야, 이를 무책임하고 등한히 행사하게 되지 않게 될 것이다.

로마에서 신학을 공부하던 시절, 제2차 바티칸공의회 이후의 교회론을 공부할 때였다. 정말 공부에 열중했고, 그리스도께서 세우신 교회 안에서 스스로 그리스도의 참된 면모를 인식할 수 있게 되어서 기뻤다. 그러나 수업이 끝나고 로마의 거리를 거닐 때 부딪히는 많은 이들은 바티칸의 각 부문에서 일을 마치고 나오는 이들인데, 보면 모두 무표정한 모습의 성직자들이다. 게다가 어떤 때는 호화로운 승용차 뒷자리에 빨간 모자를 쓰고 한가롭게 성무일도를 손에 받쳐 들고, 입으로 기도문을 좇아 읽는 추기경 어른을 보게 된다. 당시 나는 정말로 우리의 스승이신 예수께서 가시관을 쓰셨다는 것, 고생스레 이리저리 떠다니시고, 때로는 머리 둘 곳조차 찾지 못했던 것이 무슨 이유 때문인지, 그리고 어찌하여 '종 중의 종[servus servorum]'이 결국 이런 모양으로 변해버렸는지 납득할 수 없었다.

솔직히 말하면, 나는 오늘에 이르기까지 여전히 이해가 되지 않는다!

唐儒君이 타이완 천주교 정기 간행물《見證月刊》2000년7월호에 기고한 〈教會與權力〉을 한글로 옮겼다.
이 글의 필자가 이른바 교회 내 지도자의 한 사람으로서 자신이 겪은 일상의 작은 경험에 의거하여, 이른바 '권력'에 대하여 쉽게 성찰하도록 도움을 주는 글이다.

이 글이 직접적으로는 교회라는 특수한 조직과 그 안에서 발생하는 권력에 대한 것이지만, 한걸음 물러나 좀 더 넓은 시각에서 바라보면, 이는 비단 교회라는 특정 집단에 한정된 것이 아니라는 것을 직감할 수 있다. 사람은 둘 이상 모이기 시작하면 단체를 만들고, 그 단체를 유지하고 통솔하기 위하여 규범을 만든다. 처음부터 특정한 규범을 만들지 않더라도, 이른바 관례·관습(법)에 따라서, 곧 그 사회에 통용되는 관행에 따라서, 해당 단체[조직]를 유지하고 관리해 나가기 마련이다.

이와 같은 단체를 이끌고 나가는 과정에서 역할분담은 불가피한 일이다. 그리고 그 역할 분담을 바꾸어 말하면, 그것은 곧 권력의 분담이라 할 수 있다. 이것은 혈연으로 뭉친 가족은 말할 나위 없고, 이념에 의하여 형성된 크고 작은 단체에 모두 해당된다. 이러한 점에서 피할 수 없는 현실 권력에 대하여 한번쯤 성찰할 필요가 있다.

하나의 사회인으로서 내가 속해있는 집단은 중층적이다. 한 가정의 일원으로서 혹은 한 지역의 일원으로서 혹은 한 학교의 일원으로서 혹은 한 직장의 일원으로서 혹은 한 국가의 일원으로서, 하다못해 한 동호회나 동창회의 일원으로서 나는 내가 속해 있는 집단에서 크든 작든 일정부분 권력 혹은 영향력을 분점하고 있는 것을 부정할 수 없다.

어쩌면 우리는 출생과 더불어 사회에 편입되듯이 동시에 어떤 특정한 권력 체계에 편입된다고 볼 수 있다. 그러나 부부관계는 말할 나위 없고, 자식들과의 관계에 있어서도 그들에게 권력을 행사한다고 스스로 의식하고 있는 부모들은 극히 드물 것이라고 본다. 그러나 엄밀히 보면, 혈연으로 구성되어 있는 집단에도 권력은 여전히 존재하고 또 행사된다.

문제는 그 권력을 누가 어떻게 행사하느냐 하는 것이다. 한 사회나 가정에서 어떤 이는 보다 큰 권력을 어떤 이는 상대적으로 작은 권력을 행사할 터인데, 이 글은 그와 같은 권력에 대한 성찰을 도와주는 길잡이 정도로 보면 좋을 듯싶다.

21세기 그리스도인의 눈으로 바라보는 삶과 세상

VII

중국은 정말 변했다

한 세기 이상 중국은 서구 열강으로부터 부당한 압박과 피해를 입었다. 중국인에게는 보편적으로 일종의 자괴감이 있는데, 그것은 외국인은 중국인보다 부유하고 서양인은 중국인보다 강하다고 생각하는 데서 오는 것이다. 이러한 숭배심리는 중국인으로 하여금 부지불식간에 외국인의 모든 것은 다 좋고, 중국인은 어느 것 하나도 서양인에 미치지 못한다고 여기게 만든다. 이른바 외국의 달은 중국의 달보다 둥글다는 것이다(所謂外國月亮比中國的圓).

1990년대 덩샤오핑(鄧小平)이 중국대륙 개방정책을 실시했다. 1989년 베이징(北京)에서 64운동이 발생하여 전국적인 개혁으로 발전하려는 중에 좌절을 겪었다. 1991년부터 2000년 희년에 이르기까지의 10년 안에 중국대륙의 모습은 완전히 새롭게 바뀌었다. 상공업, 항공과 육로 등 교통, 사회, 경제, 정치, 교육 등 각 방면에 걸쳐서 모두 빠른 발전을 가져왔다.

30년 전에 중국대륙의 젊은이들은 모두 미국, 캐나다, 프랑스, 영국으로 그리고 경제능력이 비교적 떨어지는 경우는 적어도 홍콩이나 타이완으로 관광을 가고 싶어 했었다. 그러나 오늘날 유럽과 미국에서 귀국한 중국인[華]시은 국내의 동포들에게 오히려 이렇게 말한다. "당신이 만일 대륙의 상하이(上海), 베이징(北京), 광저우(廣

州), 선전(深圳)을 가보았다면 구태여 뉴욕, 파리, 런던에 갈 필요가 없고, 홍콩이나 타이완에도 굳이 갈 필요가 없다. 왜냐하면 그곳에 있는 것들이 국내에도 모두 있기 때문이다, 그곳에 아름다운 곳이 있으면, 국내에는 더 아름답고 게다가 더 새로운 것이 많기 때문이다."

중국은 변했다. 정말로 변했다. 게다가 더 아름답고 더 빨리 변했다. 근 10년 내에 나타난 하나의 주목할 만한 현상은 중국이 변해도 크게 그리고 놀랍게 변했다는 것이다. 그것은 바로 빈부의 격차가 너무 커졌다는 것이다. 1980년, 쟝수(江蘇) 이북에서부터 쟝난(江南) 일대에 이르기까지 일하는 노동 청년들이 먹는 것이 고작 감자가루로 빚어 만든 떡이었다. 그 시기에 해외에서 대륙에 살고 있는 가족들을 만나러 온 사람들이 닭, 오리, 생선, 고기 등을 사려면 미리 신청을 해야 하고, 그리고 나서 또 양식 배급표를 발급받아야 했었다. 상하이 사람이 베이징에 왔을 경우, 현지의 양식 배급표가 없으면, 빵 한 조각조차 살 수 없었다. 1990년 이후 중국의 양식 배급표는 쓸모없게 되었고, 런민삐(人民幣) 1원 혹은 2원만 있으면 농부나 공장 노동자 모두 풍성한 아침식사를 했다. 그 무렵부터 농부는 말할 나위 없고 심지어 어부도 육지에다 새 집을 지었고, 남녀노소 막론하고 모두 덩샤오핑 할아버지의 은전에 감사하였다. 그러나 애석하게도 이 좋은 시절이 계속되지 못했다. 10년도 채 안 되어서 농민들이 수확한 농산물 판매가격이 갈수록 떨어졌고, 어민들의 수산물 가격도 갈수록 이전 같지 않았다. 비료, 농약 값은 말할 나위 없고, 양어 사료, 어민들이 동력선에 쓰는 기름값이 모두 올랐다. 이 때문에 농어민들의 생활은 빈궁해지고 말았다.

이와는 정반대로, 대도시에 사는 사람들은 외국자본의 대량유입에 따른 상공업의 발달, 각종 토목공사의 발주, 부동산업 등의 발달의 혜택을 입었다. 또한 각 지방의 저렴한 노동력이 대도시로 대량으로 유입되었다. 비록 그들의 밥상에 오르는 것이 채소나 두부에서 진일보하여 돼지고기, 닭고기로 바뀌었음에도 불구하고, 욕심이 끝이 없는 상공업 자본가들은 큰 폭리를 취했다. 그들은 주식시장의 조종, 암시장에서의 교역, 금권결탁, 공적자금의 남용, 사기 등, 치부하기 위하여 수단 방법을 가리지 않는다. 이와 같은 상황에서 중국인민들의 빈부격차는 갈수록 커지고 있다. 상하이에 있는 관광호텔들은 곳곳이 만원사례다. 술상 하나에 2천원이면 이상할 것도 없다. 평민들의 식당에서는 밥 한끼 해결하는데 5원이면 된다. 허베이성(河北省) 농민의 하루 생활비는 1원이다. 공동생활을 하는 사람들은 매년 평균 일인당 2백원이 소요된다. 그러면 이제 당신에게 물어보겠다. 중국의 빈부격차가 큰가, 크지 않은가? 이와 같은 현상이 이른바 사회주의 국가라고 하는 중국에서 나타나고 있다.

#《益世評論》第266期(中華民國89年11月1日)에 실린〈中國眞的變了〉을 한 글로 옮겼다.
이 글이 번역된 지 거의 20년이 다 되어 가는데, 국가와 사회의 부가 증가하면서 빈부격차도 가일층 심화되고 있다. 이처럼 외형적 경제규모가 커질수록 오히려 부익부 빈익빈의 현상이 날로 심화되어, 그것이 중국 사회 내부 갈등의 큰 요인이 되고 있어, 한 나라의 서로 다른 두 얼굴을 보는 듯하다.

풍향이 바뀌고 있다

'티엔샤(天下)'라는 잡지사의 기자로 상하이(上海)에 주재하는 이가 전화를 하여 타이베이(臺北)에 있는 나를 방문하겠다고 한다. 사연인 즉, 그가 상하이의 서점에서 내가 중국 대륙에서 출판한 책들이 그곳 서점의 맨 앞쪽에 진열되어 있는 것을 보았는데, 그것이 매우 장관이었다는 것이다. 그 자신도 타이완(臺灣) 출신으로서, 그런 정경이 눈앞에 펼쳐졌을 때 상당히 영예롭게 느꼈다고 한다. 그가 상하이 서점에서 본 내 책들과 관련하여 그것이 무슨 연유가 있는지 나와 대담하기를 희망했다.

내가 9월 초 대륙에 가서 몇몇 주요 대학과 학술기관을 순회하며 강연을 했는데, 열하루 동안에 27회나 강연을 했다. 타이완에 돌아온 뒤, 매우 피곤하여 내 여정에 관하여 자세하게 글 쓸 시간을 갖지 못했다. 여기서 간단히 말하면 모든 것이 순리였다. 그것은 내가 "일에 임해서 두려워하지 않고, 일을 잘 도모하여 반드시 이루어 낸다."는 공자의 가르침을 받들기 때문이다.

대개 경제가 신속히 번영한 까닭에 중국 대륙의 국력은 일취월장했으며, 그에 따라 인민들은 의식이 높아져서 자신의 문화와 그 가치에 대하여 좀 더 생각하게 되었다. 상당한 기간 공산주의 사상이 무르익었을 때, 베이징(北京)의 티엔안먼(天安門) 위에 네 폭의 사진이 걸렸었다. 그들은 마르크스, 엥겔스, 레닌, 스탈린이다. 이 가운데 중국 사람은 한 명도 없었다. 문화대혁명 10년 동안 전통적인 문화 자원은 거의 쓰레기 취급을 당했는데, 이제 와서 그러한 과거의 생각이 바뀌고 있다. 내가 여섯 개 대학에서 강연을 했는데, 강의 제목은 모두 달랐다. 베이징에서 말한 것은 적절하게도 공자(孔子), 맹자(孟子), 노자(老子) 그리고 장자(莊子)였다. 그리고 내 강연에 대한 대학생들의 반응은 실로 의외였다.

먼저 내가 베이징 대학교(北京大學)에서 장자의 사상을 소개했다. 400명이 들어가는 강당에 무려 700여 명이 왔다. 그리고 강당 밖에도 적지 않은 사람들이 운집했는데, 어떤 이들은 서기도 하고, 또 어떤 이들은 바닥에 앉기도 하였다. 장자가 표방하는 것은 마음의 자재(自在)와 소요(逍遙)이다. 그의 방법은 당연히 도(道)를 깨닫는 것이다. 도라 하면 만물의 실상을 포용하는 것만이 아니라 만물의 유래(來源)와 돌아가 머물 곳[歸宿]을 아는 것이다. 따라서 우리가 만약 도를 깨쳤다면, 그것은 도의 관점에서 만물을 대하는 일종의 평등의 경계를 말하는 것이다. 또한 사물 하나하나의 아름다움을 아끼고 그 진가를 인정하는 것이다. 그와 동시에 또 하나 분명한 것은 만물이 변화 가운데 있다는 것을 알고, 우리가 걱정을 하지 않는 것이다. 왜냐하면 도는 초월(超越)하고 항구히 존재[恒存]하는 것이기 때문이다. 그것은 곧 만물의 변화에 따르지 않으면서 변화하는 것이다. 이처럼 이것은 허무주의의 위기에 빠지는 것을 없앨 수 있다. 그러나 만일 진정으로 장자를 배우고 싶으면 두 걸음 더 나아가야 한다. 첫째, 몸이 마음에 합치하는 것이다. 그것은 숙련된 모종의 기술에 의하여 예술의 오묘한 경지를 마음으로 체득하고 드러내는 것이다. 둘째, 마음이 도에 합치하는 것이다. 도를 깨닫는 것은 어떠한 집착도 하지 않는 것이다. 그것은 때에 따라 편안히 머무는 것을 말한다. 겉으로 드러나는 것이 내면의 것과 같아 보이지 않을 수 있다. 이것은 겉으로 드러난 언행이 일반인과 다름이 없다는 것을 말한다. 그러나 내심(內心)은 도에 대한 깨달음을 보존하고 있다. 이를테면 그것은 하나의 경지이다.

계속하여 나는 베이징 사범대학교(北京師範大學)에서 공자를 소개했다. 여기서 말한 것은 유가(儒家)와 인간관계의 개선이다. 나는 청중들에게 이와 같이 말했다. 유가에서 말하는 것은 인성(人性)이 선(善)하다는 것이다. 그것은 인성이 참되고 성실하다는 것을 전제한 것이다. 그리고 그것은 내심에서부터 요구하는 힘이다. 그러고 나서 선행을 행하는 것과 합치하는 것이다. 여기서 반드시 세 가지 점을 생각해야 한다. 내심에서 느끼는 것은 참되고 성실해야 하며, 상대방과 소통이 되어야 하며, 사회의 규범을 지켜야 한다. 만일 이 세 가지가 서로 충돌하면, 참되고 성실한 것이 주(主)가 되어야 한다. 왜냐하면 정성이 지극할 때 쇠붙이와 돌도 쪼개지기 때문이다[金石爲開]. 또한 인간은 스스로에 대하여 책임을 져야 한다. 그곳에서 내가 예를 들 때, 자동차에서 양보하는 사례를 들었다. 그 시간이 끝난 뒤에 청중 가운데 한 사람이 내가 든 예가 마음에 다가왔다고 말을 하자, 이에 대하여 여러 사람이 공감했다.

세 번째로 중국 인민 대학교(中國人民大學)에서 강의를 했는데, 주제는 노자 사상이었다. 여기서 내가 강조한 중점은 두 가지다. 하나는 도(道)는 자연계(自然界)와 같지 않다는 것이다. 두 번째로 노자의 인지(認知)에 대한 이해이다. 노자와 성인이 가르치는 것은 동물의 인지능력과 다르다는 것이다. 다시 말해서 인지는 만물을 구분하고 식별한다. 인지는 사람들이 모든 재난을 피하게 해준다. 그리고 인지는 깨닫게 해주고 밝음이 드러나게(啟明) 해준다. 그 방법은 비움[虛]과 고요[靜]이다. 자신의 뜻과 생각, 욕망, 소견, 집착으로부터 떠나서 고요한 가운데 밝음이 자동적으로 드러나게 된다. 광명은 본래 깨달음에서 온다. 그러면 도는 무엇인가? 도는 자연계와 다르다. 그러나 도는 자연계의 근원이고 돌아갈 곳이다. 이점을 분명히 하는 것은 도가(道家)가 묘사하는 각종의 관념을 긍정하는 것을 어렵지 않게 한다. 배움[學]은 나날이 더해지지만, 도(道)는 닦을수록 줄어들고 또 줄어든다. 그리고 마침내 마음[心]은 무위(無爲)에 이른다. 여기서 무위란 그냥 하지 않음을 가리키는 것이 아니다.

네 번째 방문한 칭화대학교(淸華大學)가 마지막 강연장이었다. 칭화대학교의 캠퍼스는 대단히 크다. 우리가 차를 타고 캠퍼스를 20분 정도 달려서야 강연장에 도착했다. 강연장은 독립된 단층 건물이다. 300명이 들어갈 수 있는 곳인데, 그곳에 모인 청중은 거의 1천 명에 달했다. 우리 일행은 주최 측의 도움으로 인파를 헤치고 강단으로 나아가야 했다. 여기서는 맹자의 사상을 강의했다. 내가 타이완에 있을 때 이처럼 많은 사람이 맹자의 강연을 들으려고 오는 모습을 상상할 수가 없었다. 여기서 볼 수 있는 것은 중국 대륙의 학생들이 앎에 대한 갈망이 무척 크다는 것이다. 여기서 말한 것은 학술이요 전통이요 자신의 문화이다. 그들은 모두 더 자세한 이야기를 듣고 싶어 했다.

내가 앞서 27개의 강의를 했다고 언급했는데, 그 가운데 상하이의 사회과학원 및 베이징의 중국사회과학원에서 개최한 두 차례의 강연도 포함된다. 나는 그 두 곳에서 역경(易經)과 맹자(孟子)에 대하여 각각 강의했다. 그 외에 내가 상하이 TV 방송국(上海電視台)의 '문화 중국(文化中國)'이라는 프로그램에 출연하여 역경(易經)을 5부로 강의하여 녹화했다. 또한 베이징의 중앙 텔레비전 방송국(中央電視台)에서 역시 역경에 대하여 2부 분량의 강의를 했다. 나중에 심의를 거친 뒤, 나는 11월에 다시 가서 정식으로 강의를 시작하게 될 것이다. '석가강단(石家講壇)'이라는 프로그램에서 방영한 것은 무려 3천만 명이 시청했다. 그 외에 열 곳의 텔레비전 방송국과 신문사에서 나를 탐방했다. 여기서 내가 말한 모든 것은 중화문화(中華文化)에 관한 것이었다.

그런데 한 가지 매우 흥미 있는 일은 그곳을 떠나기 하루 전날, 인터넷 매체 신랑왕(新浪網)이 나를 방문한 것이다. 나 스스로는 컴퓨터를 사용하지 못한다. 당연히 인터넷을 사용할 줄도 모른다. 베이징의 출판사에서 직원 한 사람을 내게 보내서 나를 위하여 책임지고 블로그(部落格)를 만들고, 거기에 내가 대륙에서 강연한 내용들을 올려주었다. 그 결과 일주일 안에 그 블로그를 방문한 수가 30만 명을 넘었다. 나는 이름이라는 것은 단지 부호(符號)에 불과하다는 것을 안다. 따라서 사람들에게 내 이름이 알려졌는지 어땠는지는 개의치 않는다. 내가 관심을 갖는 것은 양안(兩岸) 중국인의 공통의 문화자원 곧 유가, 도가, 역경, 이 모든 것이 배울만한 가치가 있고 아껴야 할 보배라는 것이다. 만일 여러분이 그 가운데 있는 도리[이치]를 깨달은 뒤, 그것에 따라 실천한다면, 양안 간의 모든 문제는 어느 날 분명히 다 해결될 것이다.

전통을 배우는 것은 우리가 서야 할 발판[근거지]을 찾는 일이다.

중화문화는 절대 유물론도 아니요 무신론도 아니다. 그러므로 이런 전통에 대한 정확한 해석은 매우 급선무이다. 대륙은 오랜 기간 동안 사상적으로 방황했다. 그러나 지금 풍향(風向)이 바뀌고 있다. 이것은 그저 한 시류를 따라가는 것이 아니라, 돌아가야 할 올바른 전통으로 회귀하는 것이다. 이러한 것을 기초로 하여 유물론과 무신론의 관념을 버릴 때, 인생은 온전한 방향으로 나아가고 완전한 선을 추구할 수 있을 것이다.

국립타이완대학교(國立台灣大學) 철학과 교수 傅佩榮이 쓴 글을 한글로 옮겼다. (2007년3월14일 저녁 신주에서)

공산당 당원은 신앙이 필요하다

여름 휴가 때 상하이(上海)에 살고 있는 가족을 방문하러 갔다가 의외의 소득을 얻었는데, 그것은 거기서 몇몇 고위 공산당 간부의 글을 보게 된 것이다. 자신들의 글에서 그들은 모두 신앙의 절대 중요성을 언급하며, 정부는 종교 신앙에 대하여 개방하고, 공산당 당원들이 신앙을 가질 수 있도록 허가해야 한다고 주장한다.

국무원 경제제도 개혁실 부주임 판위에(潘岳)는 그가 2001년에 쓴 〈맑스주의 종교관은 반드시 시대와 함께 나아가야 한다〉는 글에서, 그리고 인민해방군 공군 중장으로 공군 부정치위원(副政委) 리우야저우(劉亞洲)는 그가 2007년에 쓴 〈종교에 대하여 논한다〉는 글에서, 국가 경제무역위원회 경제연구센터 부장 홍관부(宏觀部)는 2006년에 그가 쓴 〈교회가 있는 시장경제와 교회가 없는 시장경제〉라는 글과 역시 그가 2008년에 쓴 〈십자가 있는 변혁과 십자가 없는 변혁〉에서, 그리고 중국 사회과학원 미국 연구소 연구원이며 동시에 베이징 세계사회과학연구소 소장 리우펑(劉澎)이 2009년에 쓴 〈중국의 흥기—신앙〉에서 모두 같은 논조로 종교 신앙에 대하여 논한다.

이러한 글은 모두 중국 대륙에 범람하는 독직과 횡령 같은 현상에 대하여 매우 통탄하며, 중국이 개혁개방 뒤에 오직 경제만을 우선시하고 배금주의에 기울었다고 보며, 또한 이와 같은 현상이 계속된다면 중국의 문화와 도덕은 결국 소멸될 수밖에 없을 것이라고 본다. 이들은 한결같이 애국심에서 혼신의 힘을 다하여 신앙의 중요성을 고취한다. 이들의 글 가운데 여기서는 리우펑(劉澎)의 최근 글 한 편을 소개한다.

리우펑은 먼저 '신앙'이라는 것은 반드시 마음[內心]에서 나오는 그 어떤 것이며, 그것은 '진정한 믿음'이라고 여긴다. 신앙인은 신앙하는 대상에 대하여 회의를 하지 않으며, 신앙으로 인하여 형성된 가치관이 확고하다. 그리고 신앙은 반드시 진심에서 기인하고, 자각적이고 스스로 원하는 것이며, 조건 없이 받아들이고 믿으며, 우러러 경배와 숭배를 드리고 추구하는 일이다. 사람이 신앙생활을 시작하면 그의 외면과 내면의 생활 그리고 모든 행위를 하는 데 있어, 모두 신앙에 의한 결정을 받아들이게 된다. 곧 신앙은 개인과 민족과 국가, 나아가 전 인류에게 모두 절대 필요한 것이다. 개인에 대하여 말할 것 같으면, 신앙은 개인이 하나의 중심 목표를 위하여 노력하도록 독려한다. 또한 민족과 국가에 대하여 말할 것 같으면, 신앙은 사회와 국가의 구성원이 공통된 인식을 갖고 모두 단결하여 앞으로 나아가게 하는 정신과 기초와 동력을 제공한다. 국가의 신앙은 개인 신앙의 집합이요 구현이어야 하며, 마땅히 전국의 신앙이어야 할 것이다. 국가의 신앙이 만일 개인의 신앙과 어긋나면, 가장 근본이 되는 동력을 잃어버리고, 한낱 휴지 조각으로 변하고 말 것이다.

수천 년이 흐르며 유·불·도는 개인과 민족의 정신을 지켜왔다. 이 셋은 실제로 중국의 신앙이다. 54운동(五四運動)이 공자의 사상을 철폐하고 오직 과학과 민주를 추종하였다. 이와 같은 서방의 가치는 아직 중국의 문화 전통과 통합이 되지 않아, 여전히 새로운 전 국민의 신앙으로 정착하지 못했다. 삼민주의(三民主義)는 구호에 불과할 뿐, 아무도 그것을 위해 진정으로 헌신하려고 하지 않는다.

　1949년 이후 마오저둥(毛澤東)이 '수난 받는 전 인류의 해방을 위한 위대한 혁명'의 깃발을 높이 들고, 각종 투쟁을 일으키고 장애요인을 철폐하는 힘, 곧 횡령과 낭비와 관료주의를 반대한다는 이른바 삼반(三反), 공상업자들이 전개한 이른바 뇌물 탈세 국가재산횡령 건축현장의 비리 국가 경제 정보 훔쳐내기 등을 반대한다는 이른바 오반(五反), 반후펑(反胡風), 그리고 우경화 반대[反右] 등을 총동원하였다. 문화혁명 때 마오저둥과 그의 어록《毛語錄》은 전국이 숭배하는 신과 성경이 되었으며, 붉은색 물결이 전국 곳곳에서 비등하였고, 구시대의 사상과 문화와 풍속과 습관을 쓸어버리는데 진력했으니, 이러한 정신의 핵폭탄은 온 세계를 놀라게 했다. 문화혁명은 수많은 사람들의 청춘과 생명과 가정을 삼켜 버려, 중국 역사상 가장 잔혹하고 규모가 큰 재난이었다.

　덩샤오핑(鄧小平)이 정권을 잡은 뒤 개혁개방을 추진했고, 결국 GDP가 상승하여, 중국은 세계 대국의 대열에 끼었다. 그러나 사람들은 돈을 벌어 치부하고, 그들이 신앙하는 것은 배금교(拜金敎)가 되었다. 덩샤오핑이 세상을 떠난 뒤, 권력을 가진 사람들의 집단은 국가의 재산을 미친 듯이 삼켜버렸고, 빈부격차와 관리의 부패는 놀라울 정도의 속도로 만연해갔다. 그러나 돈이 만능은 아니다. 왜냐하면 마음의 행복은 돈을 주고도 사지 못하기 때문이다. 사람들은 종교에서 평안과 위로와 마음의 의지처를 찾는다. 이에 공산당 당원 신분인 리우평은 당이 인민들에게 모든 국민이 공통으로 인식할 수 있고 그들을 일치시킬 진정한 신앙을 제공하도록 요구했다. 이 신앙이 어느 특정 종교는 아니지만, 모든 큰 종교를 포용하여, 각 종교가 '서로 조화를 이룬다'는 원칙에 각각 그 자신을 헌신하도록 요청한다. 그리하여 당과 협력하여 함께 중국문화를 본바탕으로 하여 국가를 재건하는 신앙이어야 한다.

리우평은 그의 글 말미에 큰 소리로 이와 같이 외친다. 당은 반드시 종교 신앙을 개방하고, 서로 다른 각종 이념과 화해하여, 각 종교의 풍부한 자원이 당과 협력하여 사회화합과 사회의 발전목표를 실현하도록 해야 한다.

리우평의 글은 기세당당하고, 사람들을 놀라게 할 정도로 파격적이다. 문제의 핵심을 정확히 짚는 그의 글은 신앙이 개인과 국가에 절대 빠질 수 없다는 점을 가리킨다. 왜냐하면 신앙만이 중국 그리고 나아가 온 세상에 진정한 행복과 발전의 청사진을 제공할 수 있기 때문이다. 허베이(河北)의 천주교 간행물《使徒報》는 리우평의 글이 발표되고 한 달이 지난 2009년 8월 1일자에 다음과 같은 소식을 전하는데, 그것은 〈중공 중앙당 학교가 당원의 신앙과 종교를 허가해달라는 건의서에 대한 보고〉였다. 종교개방과 종교를 신봉하는 것은 오늘날 공산당 당원들이 공통으로 인식하고 있는 일이다. 우리는 눈을 비비고 또 다른 개혁개방의 도래를 기다린다.

#《恒毅》雙月刊 (2009年12月) 10-11쪽에 실린 陸達誠 신부의 글을 한글로 옮겼다. (2009년12월에 신주에서)

통상적인 이해에 따르면, 공산주의 사상은 물질이라는 하부구조가 모든 변화와 변혁을 초래하는 기본 바탕이 된다고 주장했다. 이와 같은 유물론에 입각하여 공산주의는 일찍이 '종교는 인민의 아편'이라며 배척했다.

지난 세기말에 공산사회주의국가 소련이 해체되면서, 그 그늘에서 정권을 유지하던 동유럽의 공산사회주의 국가들도 해체되었지만, 아시아 대륙 한편을 크게 점유하고 있는 중국[중화인민공화국]은 지금까지도 선언적으로는 여전히 공산사회주의 국가로 자처하고 있다. 그러나 주지하는 바와 같이 그와 같은 유명무실한 국가 정체성과 달리, 자본주의—그것도 실제로 정글의 법칙이 지배하는 천민자본주의에 따라 국가와 사회를 장악하고 운영해 가는 중국공산당 정권에도 갈수록 이전과 다른 변화가 감지된다.

국가의 통합과 통치의 편의를 위하여 여전히 사회주의 기치를 내걸고, 국부를 창출하고 인민의 생활을 향상시키기 위하여 자본주의를 수용하여, 사회주의와 자본주의가 기묘하게 공생공존하는 중국 공산당 정권은 이를테면 실용주의 노선을 걷고 있다고 할 수 있다. 이와 같은 실용주의를 극명하게 천명한 것이 바로 중국 개혁개방의 주초를 놓은 덩샤오핑의 검은 고양이와 흰 고양이 논법이 아닌가! 검은 고양이든 흰 고양이든 고양이는 쥐만 잘 잡으면 된다. 그러니 한가하게 그것이 검은지 흰지 색깔 타령하는 것은 의미가 없듯이, 탁상공론적인 이념 논쟁도 의미가 없다는 말이 아니겠는가!

이처럼 중국인은 현실적이고 실용적인 감각이 뛰어나다. 그런데 그들의 이와 같은 실용주의 관점과 태도는 종교·신앙에도 그대로 적용된다. 앞서 본 글을 통하여 그러한 면모를 재삼 확인하게 되며, 그와 동시에 이념지향적인 이들에게는 기이하게 느껴질 정도로 국가와 사회에 유익하다면 그 무엇도 마다하지 않고 다 수용하겠다는 입장으로 읽힐 수 있다.

이와 관련하여 陸達誠 신부가 이 글을 쓴 2009년 무렵과 달리, 그 후의 중국 정부의 종교정책을 보면, 특히 중국 정부의 가톨릭[천주교]에 대한 정책은 몇몇 측면에서 그리 낙관하기 어려운 국면이 자주 조성되고 있다.

21세기 그리스도인의 눈으로 바라보는 삶과 세상

VIII

나비효과

현대인들에게 있어 '나비효과[蝴蝶效應]'는 여러 번 듣는 것이어서, 그것은 누구나 자세한 설명을 할 수 있을 정도로 잘 알려진 낱말이다. 그리고 그럴듯하게 들리는 이 낱말이 무슨 새로운 것은 아니다. 수많은 이전의 종교계 인사들이 일찍이 그 이치[道理]를 알았으나, 다만 이것을 오늘날 우리가 사용하고 있는 용어로 그 이치를 설명하지 않았을 뿐이다. 이를테면 윤회(輪廻)라는 것은 일종의 나비효과를 말하는 것이 아닌가? 만물은 서로 상관관계가 있으므로 만물은 모두 윤회 가운데 있다. 다만 사람 중심의 종교 교의(宗教教義)에 입각하여, 언제나 사람 중심으로 윤회의 이치를 설명했을 뿐이며, 다른 사물과의 비교의 관점에서는 매우 적게 언급했을 뿐이다. 종교인은 마음속으로 만물이 상호 작용하는 것이 영구불변의 진리라는 것을 분명히 알고 있다. 어떤 생각과 말과 행위든 그것은 다른 존재의 윤회의 방향과 상황에 영향을 주지 않을 수 없다.

그리스도교 신자[基督徒]는 그리스도의 심오한 몸[基督奧體]의 신비[참된 면모]를 깊이 믿고 있다. 곧 만물은 그리스도를 통하여 그리스도에 의하여 존재하며, 그분은 모든 것을 꿰뚫고 모든 것 안에 계신다. 이를테면 몸에 터럭 하나를 잡아당기면, 그 자극은 온 몸을 움찔거리게 한다. 그리스도의 몸에 있는 어떤 세포의 어떠한 병리적 변화[病變]도 반드시 다른 세포에 좋지 않은 영향을 가져다주어, 다른 세포도 그와 똑 같은 해를 입게 한다. 바꾸어 말하면 건강하고 제대로 그 역할을 다하는 세포는 반드시 다른 세포에게 유익함을 선사한다. 따라서 성 바오로 사도(聖保祿宗徒)는 "은사(神恩,Charisma)는 서로 다를지라도 모두 그리스도의 몸을 세우고 존재하도록 하기 위함"이라고 말씀하신 것이다(에페4장7-16 참조).

나비효과는 사실 종교철학의 기본 이론이자 틀이다. 왜냐하면 종교철학은 사람과 우주만물이 공생 공영하는 그 현상의 진리 위에 서있기 때문이다. 사람이나 그 밖의 다른 어떤 존재도 홀로 존재할 수 없다. 사람과 만물이 평화롭게 공존하지 못하면 인간사회는 평안할 수 없으며 즐겁게 일할 수도 없다. 인간 환경이 다른 종[物種]들의 생존공간을 위협하고 침범할 때, 인간이 유발한 그 원인은 마침내 생태계의 대 혼란이라는 쓰디쓴 결과로 인간 자신에게 되돌아온다. 조류독감[禽流感], 비전형적 폐렴[非典肺炎], 광우병[狂牛症], 구제역(口蹄疫) 같은 질병들은 근래에 인간에게 충격을 주고 있는 질병으로, 인간과 다른 종의 환경이 상호영향을 주고 간섭하는 가운데 나타나는 현상이 아닌가? 그리고 이러한 것을 일러 나비효과라고 하는 것이 아닌가? 하나가 열 가지에 영향을 주고, 열 가지가 백 가지의 효과[결과]를 유발하는 것이 바로 나비효과다.

나비효과는 인간의 과학[학문]과 실제 생활의 어떤 영역에서 응용할 수 있다. 경제, 정치, 군사, 예술 등, 어느 한 분야만이 아니라, 어느 분야든지 나비효과의 관점에서 관찰 한다면, 그것들 사이의 각종 인과현상(因果現象)을 통하여 어떤 시작[출발점]이 어떤 결과를 가져오는가 하는 그 맥락을 파악할 수 있을 것이다. 어느 지역 주식 시장의 주가가 요동친다면, 그 세력은 반드시 다른 주식 시장에 영향을 주게 된다. 그리고 주식 환경의 변화를 초래하게 되고, 이는 각지의 경제 상황과 함께 또 다른 변화를 유발한다. 곧 이 같은 여파는 경제, 정치, 군사, 교육, 문화 등등 그 어느 영역이든 모두 관련되지 않겠는가?

어느 누가 '나비효과(蝴蝶效應)'라는 용어를 사용한 이래, 수많은 사람이 이 용어를 사용하여 글을 써왔는데, 이는 마치 새롭고 중요한 발견인 것처럼 보인다. 그러나 종교인의 입장에서 보면, 그것은 '나비효과'라는 하나의 이름씨[名詞]의 발명에 불과하다. 당연히 수많은 전문가나 학자는 나비효과 이론을 가지고 어떤 현상이 만들어 낼 결과를 정확히 예측하고 싶을 것이다. 그러나 종교계의 지혜로운 성인은 반복하여 오래전부터 전해오는 말씀을 가지고 사람들을 상기시킨다. "하느님의 말씀을 듣고 실행하는 사람이 곧 나의 형제이고 자매이고 어머니다."(마태12,50 참조) 프란치스코 성인은 작은 새를 형제라고 부르고, 꽃을 나의 자매라고 불렀다. 왜냐하면 그것들은 하느님의 뜻을 자연히 받들어 행하기 때문이다. 이와 같이 지혜로운 성인들이 호소한 것들은 예언이 아니라 진실한 생명 체험의 나눔으로, 그 주요한 목적은 오직 하나인데, 그것은 곧 "먼저 하느님의 나라와 그분의 의로움을 찾으면, 그 밖의 것들은 모두 곁들여 받게 될 것"(루카12,31참조)이라는 것이다. 그러므로 예측할 필요가 없고 충분히 신뢰하면 족하다. 새로운 이름씨[新名詞]를 제시할 필요가 없고, 실제로 서로 사랑한다면, 마음이 편안하고 근심 걱정이 없을 것이다.

'나비효과'는 사람들이 즐겨 사용하는 '이름씨[名詞]'이고, 늘 새롭고 신선한 것을 추구하는 현대사회에서 환영받는 용어이다. 그러나 인간사회의 지속적인 안녕과 평화를 추구한다면, 우리는 여전히 지혜로운 스승[성인]의 발걸음을 따라야 한다.

《恒毅》雙月刊 第527期(2005年2月)에 二水心台이라는 필명을 가진 이가 쓴 글 〈蝴蝶效應〉을 한글로 옮겼다(2006년2월9일 신주에서).

원문: http://www.cdd.org.tw/costantinian/532/532.htm

윤회(輪回)는 산스크리트(Sanskrit)의 삼사라(samsara)의 번역어로 그것은 본래 '함께 달리는 것, 함께 건너는 것'이라는 뜻이다. 인간의 사후(死後) 운명과 관련하여 인도 전통에서 보이는 제일 오래된 쓰임으로는 리그베다(Rig Veda)에 언급되어 있으며, 그 관념은 특히 인도에서 두드러지게 발전했다. 그리고 그것이 훗날 윤회설(輪回說)로 정착한 것으로 본다. 힌두교의 중심관념인 윤회는 불교에서도 받아들여 사용한 뒤, 불교가 유입된 동남아시아를 비롯하여 중국 · 한국 · 일본 등에도 전파되었는데, 중국에서 삼사라(samsara)는 곧 바퀴가 돌 듯 도는 것이란 뜻으로 '윤회'로 번역되었다. 한편 윤회의 기본구조는 영혼의 존재를 전제한다. 영혼은 인간 존재의 본질로 영원불변의 실체로, 사후에도 소멸하지 않는 것으로 본다. 한편 인간의 '행위'[karman, 業]는 어떤 방식으로든 영향을 주어 잠재적 힘[karman, 業力]이 생겨나게 하는데, 이것이 영혼(靈魂)에게 선한 것이든 악한 것이든 어떤 형태로는 짐을 지운다고 본다. 이와 같은 윤회에 따라 사후의 생이 결정된다고 보는 것이다. 이 글에서 내가 사용한 '윤회'라는 용어는 인도 전통이나 불교 전통에 국한하지 않고 보다 넓은 의미로 일반화하여 알아들을 수 있겠다. 그리고 이 글에서는 윤회를 가능하게 하는 인간의 '행위'[karman, 業]를 전제하고 쓰인 것으로 이해 할 수 있겠는데, 결국 하나의 행위가 그 어떤 결과를 낳고, 그것은 또 하나의 원인이 되어 또 다른 결과를 낳고, 이와 같이 인과관계가 중첩하여 다함없이[重重無盡] 계속 이어진다는 인과론(因果論)의 입장에서 이 글이 전개되었다고 볼 수 있겠다. 《佛敎印度思想辭典》(東京:春秋社,1987年版本) 484쪽 이하 참조.

그리스도의 몸[基督奧體, Corpus Christi]은 신약성경 가운데 사도 바오로가 에페소인들에게 보낸 서한(4장)에서 볼 수 있다. 교의적(敎義的)으로 역사적 · 현

실적인 그리스도의 참된 몸(corpus Christi verum)이며, 성찬(聖餐)에서 거룩하게 변화된 빵 중 실체화[實體變化, trans Substantia]된 그리스도의 몸[corpus Christi eucharisticum]인가 하면, 그리스도의 신비체(神秘體, corpus Christi mysticum)이다. 이와 같이 3가지로 구분하여 이해되는 그리스도의 몸(基督奧體, Corpus Christi)을 좀 더 살펴보면, 그 가운데서 첫 번째로는 그리스도가 마리아에게서 받은 몸을 일컫고 그리스도의 죽음과 부활에 의하여 천상의 영원한 몸으로 존재하고, 두 번째로는 천상의 몸이 지상에서도 현재한다고 이해되는 것이며, 세 번째로는 그리스도의 몸의 신비체는 바오로 신학에서 강조되는 것으로 신자들은 바로 이 몸의 지체이며 그리스도는 그 머리로서 그리스도와 신자들의 일치성을 나타낸다.

물

하느님께서 지어낸 만물은 하나하나 그 나름대로 모두 아름답다고 훌륭할뿐더러 기묘하고 특별하다. 사람은 스스로 '만물의 영장'[萬物之靈]이라 하나, 성경(聖經)의 각도에서 보면 사람이 다른 피조물에 비하여 그렇게 우수한 것 같지 않다. 왜냐하면 하느님께서 모든 것을 좋게 보셨기 때문이다. 사실 우리가 비교적 겸손한 마음의 자세로 다른 피조물을 보면, 우리 인간은 여러 면에서 자신을 다른 생물이나 무생물과 비교할 수조차 없다. 우리의 후각, 청각, 미각, 촉각, 시각을 다른 수많은 동물과 비교해 보면, 실제로 그 정도가 얼마나 둔(鈍)한지 알 수 있다. 우리의 능력도 다른 생물과 무생물의 그것과 비교가 되지 않을 정도로 떨어진다.

물(水)을 예로 들면, 그것이 할 수 있는 것을 우리 인간은 할 수 없는 것이 있다. 물은 지구 곳곳에 편만해 있는데, 그 정도를 보면, 가장 추운 곳에도 그것이 있고, 가장 더운 곳에도 그것이 있다. 아주 높은 곳에도 그것이 있고, 땅 속 깊은 곳에도 그것이 있다. 인간은 일정한 고도와 지표면에 분포하여 살고 있으니, 그 이상으로 올라갈 수도 없고, 지표 면 아래로 내려가 살 수도 없다. 물은 용기(用器)에 따라 수평을 이루기도 하고, 둥근 용기에도 담기고, 사각 용기에도 담기기도 하는 등, 자유자재하다. 그러나 사람은 형편과 경우에 따라 그렇게 쉽게 적응할 수 없다. 가는 물줄기가 오래 흐르고, 샘이 깊은 물이 오래 흐를 수 있다. 그러나 사람은 작은 곳에 머물 수 없고, 기다릴 수 없어 늘 더 큰 것과 더 빠른 것을 바라고, 서둘러 높은 지위에 오르기를 바라는데, 큰 지위에 오르고, 큰 돈을 벌고 하는 것이 어찌 물과 비교될 수 있겠는가?

물은 흐르다 장애물을 만나면 그 줄기를 바꾸고, 계속 흐를 수 없으면 그대로 머물러 언제까지든 기다릴 뿐만 아니라, 한방울씩 똑똑 떨어지는 물방울이 바위에 구멍을 낸다. 그러나 인간은 온전히 변하지 않고, 변하더라도 쉽게 통하지 않으며, 집착하고 완고하여 우둔해진다. 늘 다른 사람에게 양보를 요구하고, 늘 일이 빨리 지나고 상황이 바뀌기를 기대하며, 막다른 길에서 길이 열릴 수 있는지를 용의주도하게 지켜본다. 이런 사람을 어찌 물에 비교할 수 있으리오?

물은 열을 만나면 기체가 되고, 찬 기운을 만나면 응고되어 얼음이 되듯, 물이 세 가지 양태, 곧 액체와 기체와 고체 사이에서 이루어지는 변화는 이루 다 헤아릴 수 없다. 언제나 상황과 추이에 따라 스스로 조절할 수 있고, 그 변화는 은밀하게 이루어짐으로, 극열해지거나 하여 그 본 모습을 잃어버리지 않는다. 증기는 습(濕)하고 얼음도 습하니 물은 모두 한결 같이 습하다. 사람은 실의에 빠지면 기운을 잃어버리고, 일을 만나면 초조해지며, 자만하면 언제나 자신의 처지를 잃어버린다. 그러니 물이 상황에 처하여 그 자신이 변하는 것과 비교할 수조차 없는 것이 놀라울 일은 아니다. 물은 다소곳하게 스스로 강하지 않은가.

강물이 결빙될 때 물 속에 있는 생물은 여전히 얼음 아래서 헤엄칠 수 있다. 밀가루와 물이 서로 어울려 각종 식품이 만들어진다. 시멘트와 모래에 물이 섞여 각종 건물이 지어진다. 물은 만물에 자양분을 제공하고, 만물에 형태를 만들어 주고 그 자신은 뒤로 물러나 숨는다. 사람은 흔히 공(功)을 다투고, 그 명성을 후세에 남기고 싶어 한다. 이것은 물[水]의 감추어진 선(善)에 미치지 못하는 것이다.

물은 샘을 이루고 난 뒤, 시내를 이루고, 큰 강물을 이루고, 바다를 이루는데, 소리를 내어 흐를 수 있고, 단단한 것을 부수고, 더러운 것을 씻어낸다. 그러나 사람은 그저 흩어지는 작은 모래알갱이에 불과하고, 그 마음은 흩어져 머물지 않은 곳이 없고, 어느 곳에서든 자기 이익을 도모하는데, 이는 참으로 '만물의 영장'이라는 아름다운 명예를 누리기에는 부끄럽기 짝이 없는 일이 아닌가!

최근 동남아 해양에서 발생한 큰 재난 소식을 들은 사람들은 모두 질겁하였다. 세계 각지에서 이와 같은 재난으로 어려움을 겪는 이들을 돕는 운동이 사람들 사이에서 일어나고 있는데, 이와 같은 생명공동체 의식은 참으로 가치가 있는 것이다. 관점을 달리하여 그것을 보면, 물이 인성(人性)의 밝은 면을 환기시킨 공로가 있다고 말할 순 없을까? 물은 온화하고 부드러운가 하면, 강렬하고 변화무쌍하고, 항구하게 지속한다. 이 모든 것이 우리가 본받고, 배우고 성찰할 수 있는 가장 훌륭한 재료이다.

성경 가운데 홍수로 세상을 멸망하게 했다는 것은 하나의 신화(神話)로서, 세상에 새로운 경종을 울리는 상징이자 비유 이야기[寓言]다. 사람이 겸허하면, 반드시 그 가운데서 물을 통하여 주는 교훈을 배울 수 있다. 그렇다면 이것이 하느님의 뜻을 찾는 일이 아닌가? 어찌하여 우리는 늘 "하느님의 뜻이 어디에 있느냐?" 하고 묻는가?

《恒毅》雙月刊 第527期(2005年2月)에 二水心台이라는 필명으로 쓴 글 〈水〉을 한글로 옮겼다. (2006년2월9일 신주에서) 원문:http://www.cdd.org.tw/costantinian/527/527.htm

격주마다 하나의 언어가 사라지고 있다

옛사람은 "하늘과 땅[세상]은 어질지 않으니, 만물은 쓰일 만큼 다 쓰인 뒤에는 버려지게 마련이다"라고 하였다. 이와 같은 약육강식 (弱肉强食)의 세계에서 약한 종(種,species)과 종족이 제대로 보호받지 못하면, (스스로) 생존하기가 몹시 어렵다.

지구상의 생물은 수억 년을 거치며 진화했으며, 각종 동식물의 종(種)은 가히 수억만 종이 된다. 그러나 18세기 후반 이래로 서방의 산업혁명 이후 인간은 놀라울 정도의 속도로 성장을 구가하며, 이 지구상 곳곳에 인간의 영향력이 미치지 않은 곳이 없게 되었고, 그 때문에 일찍이 볼 수 없었던 자연 생태 환경의 파괴가 심각한 지경에 이르렀으니, 동식물의 서식지와 생존환경이 인간에 의해서 유린되었다.

그 때문에 진귀한 수많은 동식물이 하루가 다르게 소멸되어가고 있다. 매일 평균 수백 종의 동물과 식물이 이 지구상에서 사라져가고 있다. 생물의 연결고리에 대한 지식이 있는 사람들은 모두 아는 바와 같이 종(種)이 한번 사라지고 나면, 그와 연관된 다른 많은 종도 그와 더불어 재앙을 만나게 된다. 만일 지구상의 생태환경이 지금처럼 계속 악화되어 간다면, 마침내 인간의 생존도 큰 위협을 받게 될 것이다.

그런데 언어 소멸의 속도는 (생물의) 종의 소멸의 속도보다 훨씬 빠르게 진행되고 있는데, 그 상황 또한 대단히 심각하다. 언어 소멸의 속도는 포유류 동물의 2배이고, 조류의 4배이다. 평균 격주마다 한가지 종류의 언어가 사라지고 있다.

세계에 현존하는 언어는 5, 6천 종이 되는데, 현재 소멸되고 있는 속도에 따라 추산해 보면 50년 내에 적어도 그 반이 사라질 것이고, 100년 내에는 90퍼센트가 사라질 것이다. 만일 지금과 같은 추세로 계속 나아간다면, 미래에 이 세계에 남아 있게 될 언어는 아마 중국어와 영어 같은 절대 우위에 있는 극소수의 언어 뿐일 것이다.

알래스카 원주민 언어 연구소(Alaska Native Language Center)의 마이클 크라우스(Michael Kraus)의 보고에 의하면, 세계에 현존하는 언어 가운데 100분의 20에서 40이 이미 거의 소멸할 상태에 와 있으며, 단지 100분의 5에서 10만이 여전히 안전한 범위 내에 있다고 한다.

그리고 전체 언어 가운데 단지 10분의 1만이 다수가 사용하는 언어이며, 그것은 또한 관방 언어(official language)의 지위를 차지하고 있다. 만일 인류가 경각심을 가지고 즉각 필요한 조치를 취한다면, 아마 (전체 언어 가운데서) 반 정도의 언어는 100년 정도는 더 살아남을 수 있을 것이다.

하나의 '건강한 언어'는 기필코 지속적으로 새로운 사용자를 확보할 수 있고, 다음 세대까지 계속 전승되어 갈 것이며, 그렇지 못할 때, 그 언어는 소멸의 운명에 직면하게 될 것이다.

이와 같은 측면에서 볼 것 같으면, 타이완 난따오(台灣 南島)의 언어는 모두 이미 소멸의 위기에 직면해 있다. 현존하는 세 가지 종류의 평푸 족(平埔族) 언어는 아마 10년에서 20년이 채 못가서 모두 소멸되고 말 것이다.

  아홉 가지 부족으로 나뉘는 고산족(高山族)의 언어는 아마 50년 내에 소멸되고 말 것이다. 사실상 약 절반(50%)의 타이완 난따오의 언어는 이미 소멸되었고, 어떤 것은 아무런 기록조차 남아 있지 않다.

  언어는 한 민족 문화의 정수[으뜸] 가운데 한 부분이다. 언어학의 큰 스승 촘스키(A.N. Chomsky)는 "언어는 인간의 마음의 창문"이라고 일컬었다. 많은 소수민족의 언어와 중국어[漢語]의 방언(方言)은 모두 진귀하기가 이를 데 없다. 그것들은 모두 우세한 언어(예, 영어 / 중국어)에 속한다.

  이러한 언어와 그 방언은 모두 인류의 지혜의 결정품이요, 수만 년 심지어 수십 만 년 누적되어 온 지혜요 재산이다. 그것들은 인류 공동의 자산인데, 만일 그것들이 사라진다면 이는 전인류의 크나큰 손실이 될 것이다. 이러한 종류의 '문화재'의 손실은 유형의 재산과는 비교할 수 없는 것이다.

이 글은 台灣 中央研究院 言語研究所籌備處 研究員 李壬癸가《聯合報》(2001년1월30일자)에 기고한 기사이다.
한국에서 한 때 영어 조기교육과 관련한 논의가 수면 위에 떠오르고, 이에 대하여 이런저런 논의가 있었다. 그 논의는 크게 두 가지로 대별 되었던 것으로 기억한다.
  하나는 한국인이 한민족으로서 민족의식을 고양하고 그것을 이어가는 끈으로 모국어[한국어]를 잘 가꾸어 가기 위하여, 어린이들이 모어(母語)가 몸에 배기 전부터 외국어[영어]를 학습하는 것은 바람직하지 않으며, 국내에서 생활하는 대다수 국민은 살아가는 데 영어가 사실 꼭 필요한 것이 아니라는 것이었다. 다른 하나는 치열한 국제경쟁 사회에서 사실상 세계 공용어가 되다시피 한 영어를 조금이라도 일찍 배우기 시작하는 것이 개인이나 국가 경쟁력 제고에 도움이 될 것이라는 것이었다.

과문한 탓인지 모르겠으나, 이 문제가 수면 위에 잠시 떠오르는가 싶었는데, 언젠가부터 그 논의가 다시 수면 아래로 가라앉은 것 같다. 그런데 내가 보기에 언어에 대한 일반인의 주요 관심사는 언어를 통한 의사소통이라는 그 기능적 측면에 주로 집중되어 있는 것 같다.

타이완에서 간행되는 유력 일간지《聯合報》에 언어와 관련하여 흥미있는 기사가 실려 있길래, 한글로 옮겨 소개하였다. 우리나라처럼 이른바 단일 민족이 단일한 언어를 쓰는 국가의 사람들이 생각하는 언어에 대한 관심이나 태도가, 다민족으로 구성되고 다종 언어를 사용하는 나라의 사람들의 언어에 대한 관심과 태도와 비교하여, 그 차이에 대해서 생각해 보는 시간이 되었으면 한다.

숨은 공격자와 숨겨진 피해자 사이에서

___유력한 매체의 패권주의가 이른바 보편적 가치를 창출해 낸다?

CNN과 세계적으로 유명한 매체들이 9월11일 저녁 9시가 좀 지난 때부터 24시간 온통 '테러조직(恐怖組織)이 미국을 공격한 사건'을 쉼 없이 보도했다. 생생하게 살아있는 실제 공격 장면[영상]이 텔레비전의 보도를 통하여 전 세계를 놀라움에 빠뜨렸다. 미국 정부는 침통하고도 비장한 가운데 '이것은 미국에 대한 도전행위'라고 선포했다. 나아가 숨은 공격자에 대하여 선전포고를 했다. 미국정부 산하의 전 세계적 정보망은 신속히 가능한 모든 의심스러운 자들의 명단을 제시했으며, 고도의 첨단과학 전쟁 무기로 적을 궤멸시키기 위한 반격을 준비했다.

모든 것은 '정의의 이름'으로 진행되었고, 모든 수단을 동원한 테러리즘에 대한 보복은 완전히 합리화되었다. 이런 와중에 그 어느 국가도 미국의 필요에 의하여 기지를 제공한다든가, 혐의가 있는 나라의 국경을 봉쇄한다든가 하는 조치에 대하여 거절할 수 없다. 매체가 확대 재방송하는 피해자의 형상은 학살 보복을 이미 보편적 가치가 되도록 했다. 설령 그것이 며칠 후 미군이 혐의 국가의 무고한 사람들의 도시와 마을들을 파괴하고 또 그들의 피를 요구하는 전쟁을 불러일으킬 수 있음에도 불구하고 말이다.

이번에 발생한 테러 단체의 미국 공격 사건을 매체는 '세계 제일

······' 이라고 하는데, 그것이 정말 진실인가? 여기서 잠시 역사를 회고해 보자.

1. 1990년대부터 지금에 이르기까지 미군은 이라크에 대하여 '처벌성 공격'을 가하여, 100만의 이라크 민간인들이 그들의 보금자리를 잃고 떠돌아다니게 했다. 미국은 경제적으로 이라크를 수년간 봉쇄하여 옥죄었다. 이 때문에 분유의 결핍으로 굶어 죽어간 이라크의 유아들이 10만여 명이 넘는다. 이것은 '뉴욕 공격 사건'과 비교할 때 그 규모가 수십 배 더 큰 테러 행위이다. 다만 이라크 국민의 피해의 참상이 세계의 주요 텔레비전을 통하여 세상 사람들에게 알려지기 전에, 그들은 제일 비참한 '세상 사람들의 눈에 죽어 마땅한' '숨겨진 피해자'들이 된 것이다.

2. 1960년대와 1970년대의 베트남 전쟁에서 미국은 B52 폭격기로 떨어뜨린 한차례의 폭탄으로 3평방 마일의 땅을 초토화시킬 수 있었다. 베트남 국민들이 하늘에 있는 B52를 보았을 때, 이미 공격 목표권에 든 그들은 피할 수 없는 피해자가 되는 것이었다. 미군기가 베트남의 삼림과 숲에 대량으로 살포한 고엽제 때문에, 베트남은 아직까지도 수십만의 국민이 이 화학 약제 때문에 발생하는 기형아의 비참한 문제를 안고 살고 있다. 미군은 베트콩이 숨어있는 곳으로 의심되는 마을들을 절멸시키는 방식으로 끔찍한 만행을 서슴지 않았으며, 당시 미군이 저지른 죄악의 행위에 대하여 국제재판소에는 어떤 공소(控訴)도 남아있지 않다. 단지 당시 모든 서방 매체들이 편향적으로 보도한 '정의롭고 용감한' 미군에 대한 기록

만 남아 있을 뿐이며, 처참하게 피폭된 피해자의 처지는 물론 저들의 의식에서 제거되어 은밀히 감추어져 버렸다.

1950년대 한국전쟁에서 시작하여 미국은 대규모의 전쟁에서 테러의 죄악을 저질렀고, 피해국·피해 민족은 걸핏하면 백만 명의 목숨이 사라진다. 다른 한편으로 영향력이 큰 매체의 패권주의적 보도방식은 피해국이나 피해민족을 추악하게 만들며, 그들에게 깡패국가라는 혐의를 씌운다. '뉴욕 공격 사건' 이후 어찌하여 세계의 큰 매체들은 그들의 렌즈[눈]를 제3세계의 피해 입은 민간인들에게 향하지 않는가? 그들을 방문하여 그들 마음속에서부터 우러나오는 소리와 그들의 견해를 어찌하여 보도하지 않는가?

1854년 인디언 '시애틀 추장(CHIEF SEATTLE)'은 백인(白人)을 향하여 한마디 예언을 하였다. 마지막 홍인(紅人, 인디언)이 지상에서 사라질 때, 그의 이야기는 백인들 마음속에서 신화가 될 것이고, 이 해안에 우리 부족의 영혼들이 벌떼처럼 모여들 것이다; 백인의 자손들이 이 지상에서, 촌락 가운데서, 길 위에서, 숲 속에서 외롭다고 생각할 것이다. 그러나 사실 그들은 외롭지 않다. 대지에는 '홍인'의 영혼들로 충만할 것이다. 백인들은 외롭지 않을 것이다. 왜냐하면 '홍인'의 영혼은 어떠한 곤경이라도 다 뚫고 나가기 때문이다.

숨겨진 피해자가 숨은 공격자로 바뀌어졌다. 인디언 '시애틀 추장'은 일찍이 1백 년 전에 이미 이것을 예언했다.

이 글은 Newsletter of the Regional Association of Major Religious Superiors of Men and Women in Taiwan(中華民國 90年10月 出刊) 5쪽에 실린 것으로,

原住民族部落工作隊가 기고한 글 〈隱藏性攻擊者與被隱藏受害者之間—媒體霸權打造的普世價值〉을 한글로 옮겼다. (2001년10월24일 신주에서)

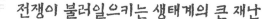

전쟁이 불러일으키는 생태계의 큰 재난

이라크 영토에서 벌어지고 있는 전쟁이 가져올 엄청난 재난, 예 컨대 유전 파괴로 누출되는 원유가 오염시키는 바다와 그에 따라 오염된 곳에서 서식하는 각종 조류와 어류 등의 수생 생물의 죽음 과 같은 재앙에 대하여 과학자들은 이미 여러 번 경고했다. 전쟁터 에서 사용하는 생화학무기는 현대인은 물론 전쟁터에 있는 모든 이들로 하여금 불임이나 기형아의 출생을 비롯하여 예기치 못한 질병의 발생으로 고통을 받게 할 수 있다. 이러한 것이 전쟁터에 멀리 떨어져있는 이곳 타이완 사람(혹은 한국 사람)과 무슨 상관이 있 는가?

전 세계적인 일련의 운동은 사람들에게 이번 전쟁이 사회·정치 ·민생에 주는 영향이 대단히 크다는 것을 분명히 체감하게 하고 있 다. 그런데 생태계의 입장에서 볼 때 대관절 이번 중동 전쟁이 이 지구상에 살고 있는 사람들의 장래의 생활환경에 어느 정도의 영 향을 줄 것인가?

필자는 얼마 전 일본 교토(京都)에서 개최된 제3차 세계 물 회의 (The 3rd World Water Forum)에 참석하고 돌아왔다. 전 세계의 기상변 화와 물의 각종변화와 운동현상의 변화라는 의제를 다루었는데, 이미 분명한 증거들이 웅변적으로 말해주고 있듯이, 그것은 바로 인간들이 배출하는 과도한 이산화탄소와 매우 밀접한 관계가 있다는 것이다.

전 세계가 주목하고 있는 이 중동전쟁에서, 미군이 이라크에 수천 발의 미사일을 발사하고 투하할 때, 그리고 이라크가 미군의 침입을 막기 위하여 유정(油井)을 파괴할 때, 하늘을 뒤덮고 치솟는 불길과 연기, 모래바람과 함께 대기를 뒤덮는 매캐한 연기가 가득 찬 전쟁터는 이미 거의 계량할 수 없을 만큼 엄청나게 많은 양의 화석연료에서 나오는 탄산물질이 연소되어 대기층 속에 뒤섞였는지 모른다. 유정의 손실은 아마 계량해 낼 수 있을 것이다. 그러나 전쟁 때문에 발생한 계량할 수 없는 엄청난 양의 폐기는 대기층에서 순환하며 기후 변화를 가속하고 촉진시킬 것이며, 그 대가로 이 기후변화가 유발시키는 홍수나 가뭄으로 전 세계 사람들이 겪게 될 생명의 위협과 재산상의 손실은 엄청날 것이다.

전 세계 사람들 가운데 아무도 이런 기상 재해의 위협에서 제외되지 않는다. 이것이 이 전쟁이 초래하는 또 다른 생태계의 재앙이 아니겠는가! 사람과 사람 사이에서 발생한 전쟁은 사람과 자연의 조화를 유지하지 못하도록 하며, 이 때문에 대자연의 반격은 무형의 발걸음으로 인간을 압박할 것이다.

지구 온난화의 근원은 이산화탄소의 과도한 배출이다. 어느 한 지역의 공업지대[공단]나 전쟁터에서 발생하는 오염물질은 그 밖의 다른 지역에 이르기까지 기상이변과 수질오염을 가져올 뿐 아니라, 그 이상의 심각한 자연재해를 유발시킨다. 일본 도쿄대학의 발표에 의하면 2000년 9월 일본 동쪽 해안에서 발생한 호우로 나고야는 하루 강우량이 428mm였다고 한다. 타이완에서도 2001년 9월 태풍 나리가 내습할 때 호우집중현상이 발생하여, 페이췌이(翡

쪽) 댐의 하루 강우량이 468mm나 되어 타이베이에 대홍수가 일어났다. 곧 이어 2002년에는 타이완에서 유사이래 최대의 한발[가뭄]이 발생했다. 그 때문에 많은 댐이 수량과 수질 악화에 직면했고, 물이 모이는 곳[지역]의 토양이 훼손되는 재해가 발생했다. 이와 같은 극단적 사건은 국내의 수[물]자원의 관리에 있어서 대단히 큰 충격을 주었고, 민생의 안전을 크게 위협했으며, 이로써 사람들의 마음에 큰 걱정과 우려를 자아냈다.

1990년 이래로 전 세계 여러 지방에서 연속해서 발생한 한발[가뭄]의 햇수가 증가 추세에 있고, 또 많은 지역에서 홍수의 공포에 직면해 있다. 국내에서 댐의 물이 부족할 때, 수자원 관리의 어려움에 직면하여 물 사용료를 조정해야 할 때, 혹은 우리가 텔레비전에서 자연환경 및 생태계가 전쟁 때문에 파괴되고 훼손되는 것을 목격할 때, 우리는 한층 더 스스로를 경계하지 않을 수 없다. 우리는 더 이상 과도한 자원 낭비를 하지 않도록 하여, 인간과 자연의 평화를 도모하고, 서로 화목할 수 있도록 해야 하며, 나아가 인간이 지구상에서 계속 생존해 나갈 수 있는 바른 길을 모색하고 그 길로 나아가도록 노력해야 하지 않겠는가!

2003년3월25일자《中國時報》에 당시 국립 타이완 대학교 환경공학과 박사 과정에 있는 陳怡靜이 기고한 글 〈戰爭帶來生態浩劫〉을 한글로 옮겼다 (2003년3월25일 신주에서).

필자는 이 글에서 당시 미국과 영국이 이라크를 침공하여 벌어진 전쟁을 실마리로 하여, 지구의 환경오염과 기후변화의 위기를 진단했다. 그런데 사실 그 전에도 그랬듯이 그 뒤에도 이와 유사한 일[전쟁]이 여러 차례 반복되었

다. 그러고 보면 매우 씁쓸하지만, 이 지구[별]에서 지구[자연]와 거기에 의존하여 사는 인간의 최대의 적은 역시 인간이 아닐 수 없다. 탐욕과 자기 눈 앞의 이익에 골몰한 인간은 자신의 불의한 행위로 스스로 제 무덤만 파는 게 아니라, 자신의 삶의 터전인 지구마저 끊임없이 수탈하고 있으니, 가히 목불인견(目不忍見)이 아닐 수 없다.

인간은 진화했는가?

　진화에 대한 논의를 시작하면 대개 다윈의 진화론에 대하여 언급하지 않을 수 없다. 그러나 단세포에서 다세포로, 무척추동물에서 척추동물·어류·양서류·파충류·조류에서 포유류에 이르기까지 두루 다 살펴보고 그것들 하나하나에 대한 자세하고 깊은 논의는 생략한다. 여기서는 다만 호모 사피엔스(Homo sapeins, 智人)가 출현하여 오늘에 이르기까지 30만 년이 지났는데, '인간의 능력은 과연 진화했는가'에 대하여 논의하려고 한다.

　이 문제를 논의할 때, 오승은(吳承恩, 1506-1582)의 《서유기(西遊記)》에서부터 그 논의를 시작하는 것이 가장 적절해 보인다. 오승은은 아마 중국에서 (그리고 세계에서) 가장 위대한 예언가요 공상과학(SF) 소설가일 것이다. 오승은이 지어낸 손오공(孫悟空)은 원래 화과산(花果山)의 원숭이 두목이었다. 보리 조사(菩提祖師)를 스승으로 삼은 인연으로 끊임없이 수련하여 '진화'하고, 나중에는 원숭이 대왕[齊天大聖]이 되고, 곤두박질 한 번에 10만8천리를 가고, 가슴의 터럭을 뽑아 입으로 훅 불어 백 개 혹은 천 개나 되는 자신의 분신을 만드는데, 이것은 바로 오승은의 머릿속에 있는 인간 진화의 극치를 보여주는 것이다.

　오늘날 인간은 이러한 '상상'을 모두 실현해 냈다. 그 진행 속도를 보면, 최근에 마라톤 기록을 깬 케냐의 선수[엘리우드 킵초게]는 두 시간에 42킬로미터를 달렸으니, 한 시간에 21킬로미터를 달린 셈이다. 그러나 인간은 일찍이 도구를 이용하고, 말 타는 법을 배워, 한 시간에 60킬로미터를 갈 수 있었다. 다시 말하면 인간은 각종 도구, 곧 자동차·고속철도·제트기·미사일 등을 만들어 끊임없이 속도를 증가시켜 왔고, 심지어 우주선은 이미 태양계를 벗어나 날고 있으니, 한 번 곤두박질로 10만 8천리를 가는 것은 그리 멀리 간 것도 아니다. 먼 곳에 있는 소리도 들을 수 있는 초인적인 청력(順風耳)과 먼 곳에 있는 것도 볼 수 있는 천리안(千里眼)에 대해서는 더 말할 것도 없으니, 스마트폰을 열면 거기에 모든 것이 다 있다.

여기서 컴퓨터부터 언급하겠다. 1973년 타이완 대학교 의과대학에는 컴퓨터가 없어서, 당시 의과대학 교수들의 다수의 자료는 내가 처리하여 분석했다. 그때 내가 사용한 것은 법과대학 구내에 있는 경영관에서 사용하는 IBM system 3, CPU는 고작 128K이고, 프로그램 코딩을 하려면 먼저 CPU 공간이 충분한지부터 계산해 봐야 했으나, 오늘날은 어떤 스마트폰이든지 스마트폰 1대의 CPU가 그 당시 컴퓨터 1대의 천만 배를 넘어선다. 모어의 법칙(摩爾定律)에 의하면 18개월마다 칩[晶片]의 용량과 속도가 배가 증가하니, 인간 능력의 진화는 계속된 것이다. 가슴의 터럭을 뽑아 입으로 혹 불어 여러 개의 손오공 분신을 만들어낸 것이, 2018년초에 마침내 실현되었다. 인간은 1996년에 처음으로 돌리양을 복제했는데, 그로부터 20년이 지난 뒤 중국에서 원숭이 두 마리를 복제하여 중중(中中)과 화화(華華)라는 이름을 각각 붙여주었다. 인간이 이와 같이 영장류를 복제할 수 있다는 것은 사실상 인간을 거의 복제할 수 있는 정도가 되었다는 것을 말한다. 그러나 이러한 복제 행위가 각국의 윤리 기준에 부합되지 않아 저지되고 있을 뿐이다.

인간이 인간을 죽이는 행위에 있어서도 하루가 다르게 변하고 있다. 옛날에 검[칼]을 무기로 이용하던 때에는 하루에 사람을 죽이는 숫자가 극히 제한되어 있었으나, 총 그리고 심지어 대포를 사용한 두 차례의 세계대전 4년 동안에 5천5백만 명이 죽었다. 그러나 오늘날 만일 핵전쟁이 발발하면, 다탄두 미사일 1발로 한두 시간 내에 1, 2차 세계대전의 사망자를 모두 합친 수를 초과하여 사람을 죽일 수 있다.

국가와 국가 사이에 전쟁이 끊임없이 계속되고, 그 와중에 삶의 터전을 잃은 사람들이 고향과 고국을 떠나 난민이 되어 끊임없이 유랑하는 것이 일상이 되었다. 멀리 볼 것도 없이 2015년도 유엔 난민국의 통계에 의하면, 전세계에 4천1백3십만 명이 전쟁 난민이 되어 떠돈다고 한다. 선홍색 상의를 걸친 시리아 어린이가 터키 해변 백사장에 누워있는 사진이 전세계 많은 이들로 하여금 말을 잃고 눈물을 흘리게 했다. 각국 정부가 많은 돈을 들여 무기를 구입하고, 여러 해가 지난 뒤 그것들을 폐기하는데, 만일 이렇게 낭비되는 예산을 국민의 건강을 증진시키고 교육의 질을 개선하고, 기아로 허덕이는 사람들을 구제하는데 사용할 수 있다면, 그것이 훨씬 더 좋은 일이 아니겠는가?

인간과 자연이 함께 어울려 가기가 더욱 어려워지고 있다. 인간이 직간접적으로 멸종시킨 지구의 종(種)이 1970년에서 2014년까지 40퍼센트가 되었고, 2020년까지 무려 70퍼센트에 이르는 종이 멸종 될 것으로 본다. 이러한 것이 지구 생태계에 미치는 영향은 실로 매우 엄중하다. 대량으로 배출하는 탄소(碳)는 지구 온난화를 촉진하는데, 거기에 더하여 브라질과 인도네시아 우림(雨林)이 대폭 파괴되었다. 스웨덴의 16세 소녀[그레타 툰베리]가 트럼프에게 분노하고 전세계 지도자들에게 호통을 쳤다. "당신들은 매우 대범합니다. 오직 돈 때문에 우리 젊은 세대의 미래를 망치고 있습니다." 어떤 변화가 있겠는가? 분명한 것은 인간이 인간과 인간·인간과 사회·인간과 자연의 관계를 발전시키는 데 있어서 제대로 된 진화(進化)가 없고, 어떻게든 오직 인간 자신을 훼멸(毀滅)시키는 방향으로 끊임없이 나아가고 있다는 것이다.

그래서 이렇게 묻지 않을 수 없다. 인간은 정말 '진화'했는가?

民國109年(2020年)2月19日자《聯合報》에 실린 楊志良의 〈人類是否進化了？〉를 한글로 옮겼다. 공공위생 전문가 楊志良은 타이완에 있는 중화민국 정부의 衛生福利部[보건복지부] 장관을 역임하고, 2020년 현재 타이완의 亞洲大學 명예교수로 있다. (2020년 2월 20일 新竹 香山에서)

무엇이 세계화인가?

　지금 이 지구상에 살고 있는 사람들은 이른바 '세계화'의 격랑에 휩말려 들어갔으며, 그 때문에 빈부격차는 날이 갈수록 심화되고 있다. 세계에서 제일 돈이 많은 358명의 대부호가 소유한 총 재화(돈)가 무려 그들과 같은 지구상에 생존하고 있는 전체 인구의 반이 소유한 금액에 버금가는 것으로 추정하고 있다. 참으로 믿기 어렵지만, 이것이 엄연한 현실이지 않은가? 세계화가 가져오는 충격, 고통, 불공평, 인간 존엄성의 상실과 존재하는 모든 것의 물화(物化) 현상, …… 그 때문에 인간과 인간 생존의 모태인 사회와 자연 생태계는 엄청난 고통을 치르고 있다. 우리 자신에게 이처럼 엄청난 고통과 희생을 요구하는 세계화가 진행되는 상황에서 우리는 과연 어떻게 대응해야 인간으로서 최소한의 품위를 지니고 생존하고 삶을 유지해 갈 수 있나? 아니면 마치 불가항력으로 보이는 이 세계화가 혹자가 강변하듯 미래를 향한 유일한 출구인가?

　'세계화'란 이 낱말이 상아탑은 물론 저잣거리에서도 대단히 유행하고 있다. 정책을 결정하는 각 나라의 정부와 정당의 수뇌들, 상공업계, 노동조합의 수뇌들은 물론 방송과 신문 잡지 같은 일반 대중매체는 세계화가 우리에게 주는 영향과, 그것이 우리생활을 어떻게 변화시켜 가는지를 끊임없이 읊고 있다. 각국 정부의 정책 결정자들은 기회 있을 때마다 세계화가 얼마나 중요하며, 그것이 우리생활에 얼마나 좋은지를 선전한다. 그런데 대단히 역설적인 것은 세계화가 가져오는 각종문제와 마주쳤을 때, 그것은 모두 세계화의 문제이며, 그들의 정부와는 무관하다고 말하는 점이다. 그러면 도대체 세계화는 무엇이며, 무엇이 세계화인가?

먼저, 이른바 세계화의 정의에 대하여 이야기해보자. 많은 사람이 지난 20년간 국제무역 및 국가의 경계를 넘어선 투자의 자유화를 세계화라고 보았다. 세계화는 현재 진행형으로 지금도 여전히 각국의 경계를 넘어 들어가서, 세계경제를 한 몸으로 만든다. 이를 일컬어 사람들은 '지구촌'이 되었다고 한다. 이와 같은 현상이 좋은 것인지 나쁜 것인지는 보는 사람의 입장에 따라 서로 다르다. 이런 가운데 대다수의 사람들은 세계화를 자연스런 과정으로 본다.

이와 같은 상황을 머리 속에 그리며, 세계화가 진행되는 4가지 점에 주목해 보자:

1. 세계화 과정에서 국제 무역과 투자는 불가피하다. 그렇다면, 상공업계 및 각종 기업과 그들의 해외활동은 자연히 세계화와 그 변화과정의 관건이 된다.

2. 국제무역과 투자가 급증하는 가운데 각국의 경제는 이 세계 안에서 이미 한 덩어리가 되었다.

3. 세계경제의 변화속도는 이전에 비하여 갈수록 빠르게 진행된다.

4. 세계화에 망라된 각종 변화는 모두 지난 20년간에 일어난 것이다.

그런데 세계화에 대한 이와 같은 정의는 아래에서 보듯이 3가지 엄중한 문제를 안고 있다.

먼저, 만일 끊임없이 증가하는 국제무역과 투자의 과정을 세계화로 간주하면, 그것은 그렇게 새로운 것이 아니라는 것을 알아야 한다. 오늘날 국제무역이 성장하고 투자가 증가하는 것은 유럽제 국주의 확장의 일환이며, 그것은 그들 바깥 세계에서 시장과 원료를 찾아 나서는 사업의 하나로서, 이는 사실상 500년 전에 이미 시작된 것이다. 따라서 지금 진행되고 있는 이름하여 세계화라고 하는 것은 사실은 이전부터 진행되어 온 것이 옷만 바꾸어 입은 형국이고, 배만 갈아 탔을 뿐이기 때문에, 선량한 사람들이 지구촌 사람들 모두 함께 잘 살 수 있다고 소박하게 생각하는 그런 의미의 국제무역과 투자가 아닌 것이다. 그러므로 그 안에 내포된 것은 실제로 소박한 사람들의 생각을 훨씬 넘어선다.

둘째로, 어떤 의미에서 국가와 국가의 경계선이 사라지고 있는데, 과연 이것이 환영할 일인가? 우리는 실로 국제적이며 세계적인 경제제도 안에서 살아간다. 그러나 국가의 경계라는 것은 과거에 그랬듯이 여전히 그 자체의 기능과 작용이 있다. 기업가에게 있어서 국가와 국가 사이의 자본의 이동은 의심의 여지없이 쉬운 일이다. 다만 이것은 여전히 각국 정부의 적극적인 지지가 필요하고, 각국 정부가 국제협약 및 기타 협의사항에 서명함으로써 비로소 가능한 것이다. 그러나 보통 사람들이 국경을 넘나 들기는 여전히 쉬운 일이 아니다. 보통 사람들에게 있어서 국경은 여전히 넘나 들기 쉽지 않으니, 그들은 여전히 자신이 처한 입장과 속한 국가에 따라서 여권을 만들고 비자를 얻고 또 출입국 할 때 여러 가지 제약을 받는다. 그러므로 지구촌 운운 하지만, 실제로 힘이 있는 사람들이나 지구를 하나의 촌(village)으로 실감할 수 있는 형편이고 보니, 대다수 보통 사람들에게는 그것이 촌으로 불려질 수 없을 것 같다. 왜냐하면 그것은 보통 사람들은 쉽게 출입할 수 없도록 여전히 엄격하게 무장되어 있는 보루와 같기 때문이다. 이름하여 지구촌 안에 있는 대다수의 사람들은 언제나 그렇듯이 돈 많은 부호와 힘[권력]이 있는 사람들에게 봉사할 뿐이다.

세 번째로, 세계화는 사실 혹자가 말하는 것처럼 자연스런 변화가 아니다. 왜냐하면 모든 무역과 투자와 관련된 정책과 결정은 기업 및 정부가 자발적으로 처리하는데, 이러한 정책과 결정은 기업과 정부에 속한 그들 자신이 정한 전략에서 나오고, 또한 이러한 전략의 목적은 십중팔구 그들 서로간의 공동의 이익을 촉진하는 것을 벗어나지 않기 때문이다. 이와 같이 그들 서로의 이익을 위하여 그들은 서로 권력(power)을 잘 운용하여 위에서 언급한 그러한 변화를 촉진하고 있는 것이다. 세계경제에서 제일 중요한 힘[권력]은 대기업의 힘이며, 그들이 추구하는 이익(利益)은 곧 이윤(利潤)이다. 이것도 역시 새로운 것이 아니며, 더욱이 이는 아주 비자연적(非自然的) 현상이다.

다만 문제는 앞에서 언급했듯이 이러한 과정이 이미 500년 전부터 면면히 이어 내려오고 있는 것인데, 지난 20년과 그 이전을 비교할 때, 과연 다른 점은 무엇인가? 이를 달리 물어볼 것 같으면, 어찌하여 지난 20년간 오늘날 우리가 목격하는 그와 같은 '세계화'가 발생했는가?

이 문제에 답하기 위하여, 다음의 3가지 점을 생각해 볼 필요가 있다.

첫째, 지난 20년간의 기술의 진보, 특히 컴퓨터 과학과 통신, 정보 및 운송의 속도 모두 실로 괄목할 만치 엄청나게 발전했다. 기업은 새로운 기술을 응용하여 해외활동을 촉진하고 이윤을 증가시켜 왔다. 이러한 까닭에 어떤 사람들은 세계화를 '전자시대의 자본주의'라고 정의를 내리기도 한다. 그런데 그 내용은 이것으로 제한되지 않는다.

대기업은 70년대 중반부터 사회적 장애를 제거하고 폭리를 취하기 시작했다. 그리고 지난 20년은 노동자 집단의 권리가 점차로 박탈당한 20년이었으니, 실제적인 임금은 감소되고 생활수준 및 삶의 질은 떨어졌고, 그들의 권익을 보장하는 제도 역시 무력화되고, 그들에 대한 정부의 실제적인 뒷받침도 줄어들고, 공공 서비스 부문과 그 장치도 정부의 손에서 떠나 점차 사유화되고, 일자리 보장도 갈수록 어려워질뿐더러, 기업들로부터 보다 염가의 노동을 요구 당해온 것이다.

둘째, 과거 50년간 유럽과 미국 및 동아시아 지역의 기업들의 해외 투자는 이전에 비하여 대단히 증가하였다. 그 가운데, 영국, 미국, 프랑스, 독일, 일본, 캐나다 등지에 있는 기업의 해외 확장은 최전성기를 누렸다. 그들 기업들의 이익은 나날이 증대하였고, 세계 경제 구도 안에서 그들의 역할 역시 나날이 증대되었으니, 그들이 만든 상품은 나날이 세계시장을 지배하였다. 이러한 기업들을 일컬어 국경을 넘나들며 활동하는 '다국적기업'이라고 하는데, 지난

20년간 그들의 규모와 권력[힘]은 크게 증가하였다. 이들 다국적 기업은 나날이 놀라울 정도로 번창하고, 그들의 힘(power)도 더불어 나날이 증대되고 있으니, 이것이 이른바 세계화의 중요한 특징인 것이다.

『One Spirit』Newsletter of the Regional Association of Major Religious Superiors of Men and Women in Taiwan 2001년8월호 1-2쪽에 실린 〈什麼是全球化?〉이다.

세계화(globalizaiton)니 신자유주의(neo-liberalism)니 하는 주제와 관련하여 20여 년 전에 쓰인 글들을 지금의 관점에서 보더라도, 다만 시간의 흐름에 따른 수치의 변화 증가세는 있을지언정, 그 기본 생리와 그 때문에 야기되는 현상[양상]은 크게 달라 보이지 않는다. 그리고 시간이 흐를수록 그 때문에 소득 집중 현상이 가속화함으로써 야기된 빈부격차 심화 현상 때문에, 그 반작용으로 새로운 경제체재에 대한 기대가 커지고, 그것과 관련한 여론이 과거에 비하여 좀 더 조명을 받는 것 같다. 오늘날 한국 정부가 이른바 포용성장(inclusive growth) 정책을 실제로 구현해 나가는 것도 신자유주의 경제체재 아래서 첨예화된 소득 양극화[빈부격차] 현상을 극복하려는 일환이라고 하겠다.

왜 부유한 나라가 가난한 나라의 부채를 탕감해야 하는가

희년은 일종의 정의의 원칙이다

성경에 기록된 계산법에 따르면, 희년[禧年 혹은 聖年]은 50년마다 한번씩 지내는 것이다. 그때는 땅도 쉬도록 경작을 하지 않고, 노예는 다시 풀어주어 자유롭게 하고, 채무(債務)는 탕감해 주고, 전답과 재산은 다시 고르게 분배한다. 레위기 25장 1절-55절은 하느님께서 가난한 이(貧窮人)의 편에 선다는 것을 충분히 보여준다. 희년에 토지와 재산이 원래의 주인에게 귀속되고, 노예가 석방되어 다시 자유를 얻고, 자원이 다시 새롭게 분배되는 것은 고통 받는 이스라엘 백성들이 다시 새로운 기회를 얻는 것을 상징하는 것이다. 요더(J.H. Yoder)에 의하면 희년은 채무가 면제되어, 사람들마다 그들의 조상들에게서 물려받은 재산을 되돌려 받는 것이며, 땅을 쉬게 하고, 소유한 노예를 석방하는 규정을 포함한다.

희년이 다가오면 안식년(安息年)을 지키고 토지를 완전히 쉬게 하고, 사람들은 야생식물을 채취하여 배를 채운다. 한청량(韓承良) 신부의 해석에 의하면 희년은 일종의 정의의 원칙(正義的原則)일 뿐이며, 이스라엘 백성들로 하여금 땅의 진정한 주인이 하느님이고, 인간은 단지 그 관리자에 불과하므로 세계를 소유할 수 없다는 것을 알게 하도록 하는 것이다. 그 밖에 가난한 이를 보살피고 그들과 함께 생활하며 그들을 부축해 주어야 한다. 또한 필요한 것을 빌려주되 이자를 취해서는 안 되고, 그들에게 양식을 제공해 주되 폭리를 취해서는 안 되는 것이다. 비록 고대 근동지방의 경제 문건 가운데서 이자를 면제해주고 높은 이자를 취하지 못하게 하는 기록이 있었을지라도, 오직 이스라엘만이 가난한 사람들에게서 이자를 취하는 것을 완전히 금지했다는 것은 한 번 기억할 만한 가치가 있는 것이다.

끝으로, 노예를 석방시키는 원칙에 대하여 살펴보자. 고대 각국은 모두 노비(奴婢) 제도가 있었다. 전쟁 때 잡혀온 포로, 채무를 갚을 능력이 되지 못해서 노비가 된 경우, 노비의 부모에게서 태어나서 세습된 노비, 친지나 친구가 보내준 노비, 부모가 물려준 노비가 있다. 어떠한 이유와 경로를 통해서 노비가 되었든지 간에, 노예가 되었다는 것은 자유를 박탈 당했다는 것이다. 희년은 이스라엘의 노예를 해방시켜서 그들이 다시 자유를 얻도록 요구한다.

이상에서 우리는 희년의 규정을 볼 수 있었다. 희년은 인도적(人道的) 사회윤리를 건설하고 관리하는 자산을 선용하도록 요구하여, 환경과 사회가 공평한 대접과 인도적 대우를 받도록 요구한다. 이러한 원칙에 의하여, 자연스럽게 제3세계의 채무 문제에 접근할 수 있을 것이다.

제3 세계 국가의 채무 문제

인류의 경제 성취는 제2차 세계대전 후에 대폭 성장하였다. 그러나 지금도 몇몇 국가는 여전히 가난하여 해당 인구의 98.1%의 사람들이 하루 평균 미화 2달러로 생활하고 있으며, 심지어 몇몇 국가는 국민들의 기본적인 음식과 건강을 돌볼 정도도 제공할 방법조차 없는 실정이다. 통계에 따르면, 매년 제3 세계 국가가 그들의 채무를 갚아나가는 금액이 서방의 부유한 국가의 기부금의 3배를 훨씬 넘어선다고 한다. 아프리카의 여러 나라의 경우 그들이 자신들의 채무를 갚기 위한 지출이 위생과 복지를 위한 지출의 4배를 넘어선다. 과거 30년간 제일 부유한 인구의 20퍼센트와 제일 가난한 인구의 20퍼센트의 비율은 원래의 30 :1에서 배가 증가하여 60 :1이 되었다. 이 비율이 무엇을 말하는가 하면, 그것은 그동안 가난한 국가가 부유한 국가로부터 돈을 빌려서 그들의 상태를 전혀 개선하지 못했다는 것을 보여줄 뿐 아니라, 오히려 그와 정반대로 그 부채는 갈수록 늘어나기만 했고, 전 세계의 빈부격차는 날이 갈수록 심화되고 있다.

제3 세계 국가의 채무는 그들의 경제성장을 막을 뿐 아니라 국민들의 건강과 교육 그리고 식수원과 음식물 섭취와 같은 인간의 기본적인 모든 수요를 희생시킨다. 모잠비크의 경우를 실례로 삼아볼 것 같으면, 그 부채가 전국민 총생산 액수의 430%에 달하며, 매년 국가 예산의 33%를 그들의 채무와 그 이자를 갚는데 사용한다. 반면에 국가 예산 가운데서 교육을 위해서는 8%를, 의료 위생을 위해서는 3%만이 할당 되었을 뿐이다. 그리고 말라위의 경우는 의료 예산이 인구 당 미화 2달러에 불과하며, 이것은 영국의 그것의 약 300분의 1에 불과하다.

이와 같은 제3 세계 국가의 채무는 도대체 어떻게 하여 형성된 것일까? 간단히 말하면 60년대에 미국 달러가 평가절하되어 석유의 가격상승을 가져왔다. 산유국의 누적된 대량의 화폐는 신속하게 서방국가의 은행으로 흘러들어갔으며, 서방세계는 그것으로 인하여 야기된 낮은 이자문제와 경제위기에 봉착했고, 그 돈들은 낮은 이자로 대량으로 제3세계로 수출되었다. 수많은 제3세계 국가들은 경제개발을 도모했으며 여기에 서방국가들의 격려로 국제통화기금(IMF)과 세계은행(WB)에서 돈을 빌렸다. 70년대 후반이 되자, 국제 정세는 불리하게 바뀌었다. (제3세계에서) 그 동안 이루어진 많은 투자금·원금이 회수되지 않아서, 수입보다 지출이 많아지면서 채무는 채무를 낳는 악순환이 되었으며, 결국은 파산이 선고되었다.

이러한 거액의 외채 가운데 많은 액수는 본래 야심 많은 (제3 세계의) 정객(政客)과 서방국가 간의 비밀교역에 의한 결과이며, 국민에게는 그 교역에 의한 이익이 돌아가지 않았다. 서방의 몇몇 국가와 국제 조직은 70년대 말에 이러한 채무 위기에 대하여 이미 경각심을 가졌고, 몇 가지 해결 방안을 마련했다. 그러나 그 시행의 결과로 사회예산이 더욱 대폭 감소하지 않으면 안 되었으며, (제3 세계의) 토지는 이른바 경제 작물을 심어서 외채를 갚는 데 사용되었고, 국민은 주요한 기본 식량의 수요조차 결핍되었다. 게다가 상환할 거액의 외채는 날이 갈수록 늘어가고, 그 기한도 요원하여 기약할 수 없는 실정이 된 것이다.

따라서, '빈곤한 국가의 채무 탕감'이라는 이 개념이 한 번 나온 뒤에, 이 개념은 전 세계 각지의 수많은 민간조직, 환경보호단체, 국제인권조직과 교회의 지지를 받게 되었다. 세계 각지에서 1천7백만 개의 서명이 이루어졌고, 8대 공업국(G8)이 지난 세기말에 가진 국제 회의 때에 실제적 행동으로 몇 개의 빈곤한 국가의 채무를 취소해주도록 강력히 요구되었다(미화 약 1천억 달러).

사회와의 화해—사회와 경제 정의 유지

국가 구성원인 인간이 파산하고 나면 국가는 존재 의미가 없으며, 세세 대대로 그 자손들은 영원히 갚지 못할 부채를 안고 살아가야 한다. 아이가 출생하여 한 무더기의 갚지 못한 채무를 짊어지고, 그것을 또 그다음 세대에 물려줄 뿐이다. 하나의 국가가 만일 1원을 벌고 10원을 갚아야 하는 이런 상태가 계속되면 사실상 그것은 또 다른 형태의 노예제도이며, 영원히 뒤집을 수 없고 기약할 수 없는 노예 아닌 노예생활을 지속하게 된다. 물론 빈곤한 국가가 상환할 수 없는 외채는 마치 노예의 몸에 두른 쇠사슬과 같으며, 노예 아닌 노예로서 한평생 허리 한 번 제대로 펴보고 살 수 있는 날은 아마 기약할 수 없는 요원한 미래에나 가능할 것이다.

그러므로 국제사회가 제3 세계의 국가의 채무를 소멸해 달라는 요구의 본래 의미는 그들의 채무 부담을 제거하여, 그들이 새로운 시작을 하도록 기회를 주어야 한다는 것이다. 이것은 분명히 정의(正義)의 문제이다. 물론 그것을 집행할 때 주의해야 할 점이 여전히 많다. 곧 그 채무를 없앤 뒤에 우리는 어떻게 빈곤한 국가의 국민들이 온전한 사회복지를 얻도록 할 것인가, 또 어떻게 비적 떼와 같은 무리들이 그 나라를 통치하는 일이 없도록 할 것인가 같은 문제를 잘 다루어 나가야 할 것이다. 또 다른 측면에서 혹자는 만일 어느 일정 부분의 채무가 합리적이라고 본다면, 우리는 어떻게 하나의 표준을 만들어서 빌린 자와 빌려준 자 모두에게 합리적인 보장을 해주어야 하는가 하는 대안을 마련해야 할 것이라고 본다.

새로운 천년기에 우리 모두 사회정의에 대한 관심을 재고해야 할 것이다. 만일 그리스도 강생 2천년이 지난 오늘에도 사회적으로 여전히 각종 불의가 존재한다면, 이 천년기는 거듭 우리가 사회의 공의(公義)를 위해서 분연히 일어나도록 일깨운다.

Newsletter of the Regional Association of Major Religious Superiors of Men and Women in Taiwan(中華民國 90年10月 出刊) 3-4쪽에 실린 것으로, 香港正義和平委員會가 기고한 글 〈解除第三世界債務〉을 한글로 옮겼다. (2001년10월27일 신주에서)

이른바 새로운 천 년이 시작되는 시점에 쓰인 글로, 이 글이 쓰인 지 어느새 거의 20년이 다 되어 간다. 그러나 시간이 그렇게 흘렀어도 이 글의 취지는 여전히 살아있다고 본다. "제3세계의 부채를 탕감하라." 제3천년기의 문턱에 들어설 때 교회는 화해를 주제로 삼았다. 화해는 여러 방면에서 이루어져야 한다. 곧 하느님과의 화해, 인간과의 화해, 대자연과의 화해 그리고 자기 자신과의 화해는 물론, 사회와의 화해도 이뤄져야 한다. '사회와의 화해'는 바로 '사회정의와 경제정의'를 이루는 것이다. 역대 교황은 이미 국제사회에 제3세계의 채무[외채]를 탕감할 것을 요구했다. 본문에서는 레위기 25장 1절-55절을 기초로 삼아, 제3세계의 채무 탕감의 필요성에 대하여 성찰한다.

더불어 살며 함께 만들어 가는 세상_공유경제

공유경제란 무엇인가?

공유경제(The Economy of Communion :약칭 EOC)는 국제적인 남녀 전문가들이 기업 운영에 있어 도움이 필요한 사람들을 돕기 위하여 시작한 일종의 기업모형(a business model)이다. 공유경제는 "그들 가운데에는 궁핍한 사람이 하나도 없었다."(사도행전4,34a)는 예루살렘에 있던 초기 그리스도교 공동체의 모범에 따라 인간다운 세상을 건설하고 실현하려는 목적으로 끼아라 루빅(Chiara Lubich,1920-2008)이 1991년 5월 브라질의 상 파울로에서 시작하였다.

그들의 주요한 관심은 필요한 사람들을 돕는 일만이 아니라 서로간의 관계를 구축하는 일이다. 공유경제는 그들이 기업 경영을 통하여 남긴 이익으로 필요한[궁핍한] 사람들을 도울 뿐 아니라, 그 이윤을 고용자와 고객과 공공부문에 적절하게 배분[분배]한다. 공유경제의 시작이 종교적인 운동[포콜라레,Focolare]에 의해 주도되기는 했어도, 그것은 특정 종교들의 관점에 기울지 않고, 오직 더 나은 세상을 건설하기 위하여 전념해오고 있다.

공유경제는 오늘의 세상을 변화시켜 보다 나은 내일을 만들어 내기 위하여 함께 일한다. 단지 서로의 삶과 그 삶에서 생겨나는 일들을 귀 기울여 듣고[경청] 서로 적극 참여함으로써, 우리의 삶을

구성하고 지탱하는 문화에 점차 영향을 미치고 변화시켜서 보다
나은 환경을 만들 수 있다.

공유경제의 역사

공유경제는 1991년 시작되었고, 그 뒤 새로운 경제 모형의 디딤
돌을 마련하고 조금씩 그 동력을 얻고 있다. 이 공유 경제는 공유
문화(the culture of communion)와 불가분의 관계에 있다. 공유 문화는
'모든 사람은 뭔가 줄 수 있는 것을 가지고 있다'는 믿음에 기초한
다. 실제로 누구나 이해할 수 있고, 주의를 기울일 수 있고, 용서할
수 있고, 심지어 그저 작은 미소라도 지을 수 있다. 최초의 공유경
제 기업은 필요를 느끼는 수백 명의 사람들이 초기 자본금(the initial
capital) 마련을 위한 배당금(shares)을 사들이기 위하여 흔히 닭과 다
른 가축들을 팔아 자금을 마련하여 함께 투자하고 적극 참여함으
로써 시작되었다. 이렇게 시작된 공유경제 기업은 2011년 기준으
로 전 세계에 모두 750개가 넘으며, 이 기업들은 그들 주변에 있는
사람들의 필요를 충족시키기 위하여 계속 함께 일하며 공유경제를
유지해 나가고 있다.

공유경제의 목표

기업들은 공유경제의 계획과 설계의 기둥이다. 기업들은 통상적인 이익을 얻기 위하여 자유롭게 기업 경영에 임하고, 다음 세 가지 목표에 부응할 수 있도록 기업의 이익을 삼등분하여 배분한다.

이윤의 1/3은 필요한 사람들 곧 새로운 일자리를 만들어내고, 공유경제를 고취시키고 그 정신을 공유하는 사람들과 함께 시작하는 과정에서 즉각적인 필요를 알선해주는 등의 일을 위해 사용한다. 다시 말하면 사업의 발전과 일자리 창출과 복지와 공동선(the common good)을 향한 모든 내외적 기업 생활의 발전을 위하여 지원한다.

이윤의 1/3은 '주는 문화(Culture of Giving)'를 확산시키고, 공유경제를 위하여 상호 필요불가결하며 필요한 가치들을 확산시키는 데 사용한다. 곧 서로를 위하는 호혜성과 우애와 연대로 특징되는 경제와 사회의 통합적 발전의 선결 조건인 '주는 문화'를 확산시킬 수 있도록 지원한다.

이윤의 1/3은 무보수일 때조차도 효과적이고 경쟁력 있는 기업의 발전을 위하여 사용한다. 서로 의지하고, 보완해주고 일치를 이루는 토대 위에서 공유된 계획에 의하여, 사람과 공동체가 그들의 필요를 충족시키고 발전할 수 있도록 지원한다.

공유기업이 추구하는 새로운 이상

　여기서 언급하는 공유기업은 '일치의 영성'의 향기를 발산하고, 일반 생활 안에서 일치의 은사[카리스매]를 드러내며, 효과성과 형제애를 연계시키며, 경제행위를 변화시킬 수 있도록 '주는 문화'의 역량에 의지하며, 가난한 사람을 주요한 문제로 여기기보다는 오히려 공동선을 위한 소중한 자원으로 여긴다.

　덧붙이면, 앞서 보았듯이 애초에 포콜라레 운동과 관련한 기본 정신에 입각하여 등장한 '공유경제(The Economy of Communion)'와 별개로, 1980년대부터 세계적으로 자본주의 경제 시스템에서 기존의 기업 모형과 다른 '공유경제(Sharing Economy)'에 입각한 새로운 기업 모형이 등장했다. 그리고 오늘날 그러한 공유경제에 기반한 기업들의 숫자가 많이 증가했고, 그 기업들의 규모도 상당하다. 그러나 한글로 이 둘 모두 '공유경제'로 번역되고 실제로 그 강령들(statements)에 있어서 공통된 요소도 없지 않아 이 두 모형이 자칫 혼동될 수 있지만, 실제로 기업의 기본 배경과 생태 그리고 운영철학 및 이익 배분 등에 있어서, 이 두 '공유경제'는 서로 그 이념과 지향점을 달리한다. (2011년 6월 17일 신주에서)

참고 자료:
Definition of Economy of Communion (EoC) / Official EoC website
What is the Economy of Communion in Freedom? / Living Magazine
Resources on Economic Justice / Fordham University
Economy of Communion official homepage
http://en.wikipedia.org/wiki/Economy_of_Communion_in_Freedom